Monika und Udo Tworuschka

Die Welt der Religionen
Der Islam

Gütersloher Verlagshaus

Impressum

Originaltitel:
Monika und Udo Tworuschka, „Der Islam" („Die Welt der Religionen"),
© Chronik Verlag im Wissen Media Verlag GmbH, Gütersloh/München 2007

Bibliografische Information der Deutschen Nationalbibliothek
Die Deutsche Nationalbibliothek verzeichnet diese Publikation in der Deutschen Nationalbibliografie;
detaillierte bibliografische Daten sind im Internet über http://dnb.d-nb.de abrufbar.

Projektleitung: Petra Niebuhr-Timpe
Redaktionelle Mitarbeit: Antje Kleinelümern-Depping, Kunigunde Wannow
Bildredaktion: Anka Hartenstein, Andreas Zevgitis
Bildlegenden: Dr. Erik Hirsch
Register: Friederike Ilse
Kartenredaktion: Dr. Matthias Herkt
Medienbereitstellung: Martin Leist, Daniela Wuttke
Visuelle Konzeption/Layout und Satz: Axel Brink, Stephanie Küpper, Impuls Communications, Hattingen
Herstellung: Martin Kramer
Umschlaggestaltung: Beate Nottbrock, Gütersloh, unter Verwendung der folgenden Abbildungen:
betender Moslem, Koran: dpa Picture-Alliance GmbH, Frankfurt / Muslimin mit Tschador: laif, Köln/Reporters /
Kaaba: TopFoto, Kent/Photri / Ali-Qapu Palast Isfahan: Corbis GmbH, Düsseldorf/Orezzoli

Druck und Einband: MOHN Media • Mohndruck GmbH, Gütersloh

Printed in Germany

ISBN: 978-3-579-06481-9

1. Auflage der Lizenzausgabe mit freundlicher Genehmigung des Chronik Verlages
Gütersloher Verlagshaus, Gütersloh, in der Verlagsgruppe Random House GmbH, München 2007

Dieses Werk einschließlich aller seiner Teile ist urheberrechtlich geschützt. Jede Verwertung außerhalb der
engen Grenzen des Urheberrechtsgesetzes ist ohne Zustimmung des Verlages unzulässig und strafbar.
Das gilt insbesondere für Vervielfältigungen, Übersetzungen, Mikroverfilmungen und die Einspeicherung
und Verarbeitung in elektronischen Systemen.

Trotz sorgfältiger Recherche konnten nicht alle Rechtsinhaber ermittelt werden bzw. die Quelle konnte nicht
eindeutig festgestellt werden. Es wird gegebenenfalls um Mitteilung gebeten.

www.gtvh.de

Inhaltsverzeichnis

Vorwort — 8–9

ENTSTEHUNG UND WESENTLICHE MERKMALE

Mohammed — 10–17

Historischer Überblick — 18–19

Die Lehre des Islam — 20–25

Der Koran — 26–29

Die fünf Säulen des Islam — 30–33

Die Wallfahrt nach Mekka — 34–37

Die wichtigsten religiösen Feste — 38–41

Feste am Lebensweg — 42–47

Die Moschee — 48–51

Die heiligen Städte — 52–57

Die islamische Umma — 58–61

Der Sufismus — 62–65

ISLAMISCHE ETHIK

Das islamische Menschenbild — 66–69

Die Rolle der Frau — 70–73

Geschlechterbeziehungen und Sexualität — 74–77

Geburtenregelung — 78–79

Bildung und Erziehung — 80–83

Die Haltung zu Reich und Arm — 84–87

Die islamische Kleidung — 88–91

Speisevorschriften — 92–95

Gesundheit und Krankheit — 96–99

Sport und Leibesübungen — 100–103

Umweltschutz — 104–107

Die Einstellung zur Tierwelt — 108–111

Der Islam und die Medien — 112–113

Musik und Tanz — 114–117

Die Haltung zu Frieden und Gewalt	118–121	Der Islam im 20. Jahrhundert	170–173
Der Umgang mit Fremden	122–125	Krisenherd Nahost	174–177
Menschenrechte	126–129	Die Islamische Republik Iran	178–181
Herrschaft und Demokratie	130–133	Der Islam in Griechenland	182–185
Das Rechtssystem des Islam – die Scharia	134–137	Der Islam in der Türkei	186–189
Re-Islamisierung und Fundamentalismus	138–143	Der Islam in Amerika	190–193
Gewinnstreben und Geldgeschäfte	144–147	Der Islam in Deutschland	194–195
		Sondergemeinschaften im Islam	196–201

GESCHICHTE UND AUSPRÄGUNG IN EINZELNEN LÄNDERN

		Wichtige Organisationen	202–203
Sunniten und Schiiten	148–149	Glossar wichtiger Fachbegriffe	204–209
Die Zeit der Omajjaden	150–153	Personen- und Sachregister	210–214
Der Herrschaft der Abbasiden	154–157	Weiterführende Literatur	215
Islam in Al-Andalus	158–163	Abbildungsverzeichnis	216
Das Osmanische Reich	164–165		
Die islamische Welt im 19. Jahrhundert	166–169		

Vorwort

Unser Verhältnis zum Islam ist bis heute von geschichtlich gewachsenen Vorurteilen bestimmt. Die allgemeine Weltlage sowie die jüngsten politischen Ereignisse haben dazu beigetragen, dass auch die gegenwärtige Begegnung mit dem Islam von Vorbehalten und Ängsten getrübt wird. Daher besteht ein neuer Informationsbedarf über die religiösen, rechtlichen, politischen, kulturellen und gesellschaftlichen Aspekte des Islam. Fehlendes und fehlerhaftes Wissen, Stereotypen und Vorurteile müssen durch Sachwissen ersetzt werden.

Seit den Anschlägen des 11. Septembers 2001 in den USA und den daraus resultierenden politischen Vergeltungsaktionen hat sich die gesamte Weltpolitik verschoben. Unsere Wahrnehmung des Islam hat jetzt eine weit dramatischere Dimension erfahren. Die meisten Muslime und Islamkenner betonen zwar zu Recht, dass solche Anschläge und auch Selbstmordattentate dem Geist des Korans widersprechen. Doch laute Stimmen in der islamischen Welt versuchen, die Terrorakte, wenn auch aus unterschiedlichen Gründen, zu entschuldigen, ja bejubeln sie sogar offen. Trotz des Wissens darum, dass der Islam eindeutig von Terroristen missbraucht wird, macht sich in der nichtislamischen Welt Unsicherheit breit.

Nennen sich die Helfer und Hintermänner solcher Anschläge nicht selber Muslime? Lassen sich Islam und unsere Vorstellung von Demokratie und offener Gesellschaft in Einklang bringen? Ist der Islam eine Religion des Terrors oder ein missverstandener Glaube? Handelt es sich bei der Auseinandersetzung mit der islamischen Welt gar um einen „Kampf der Kulturen"?

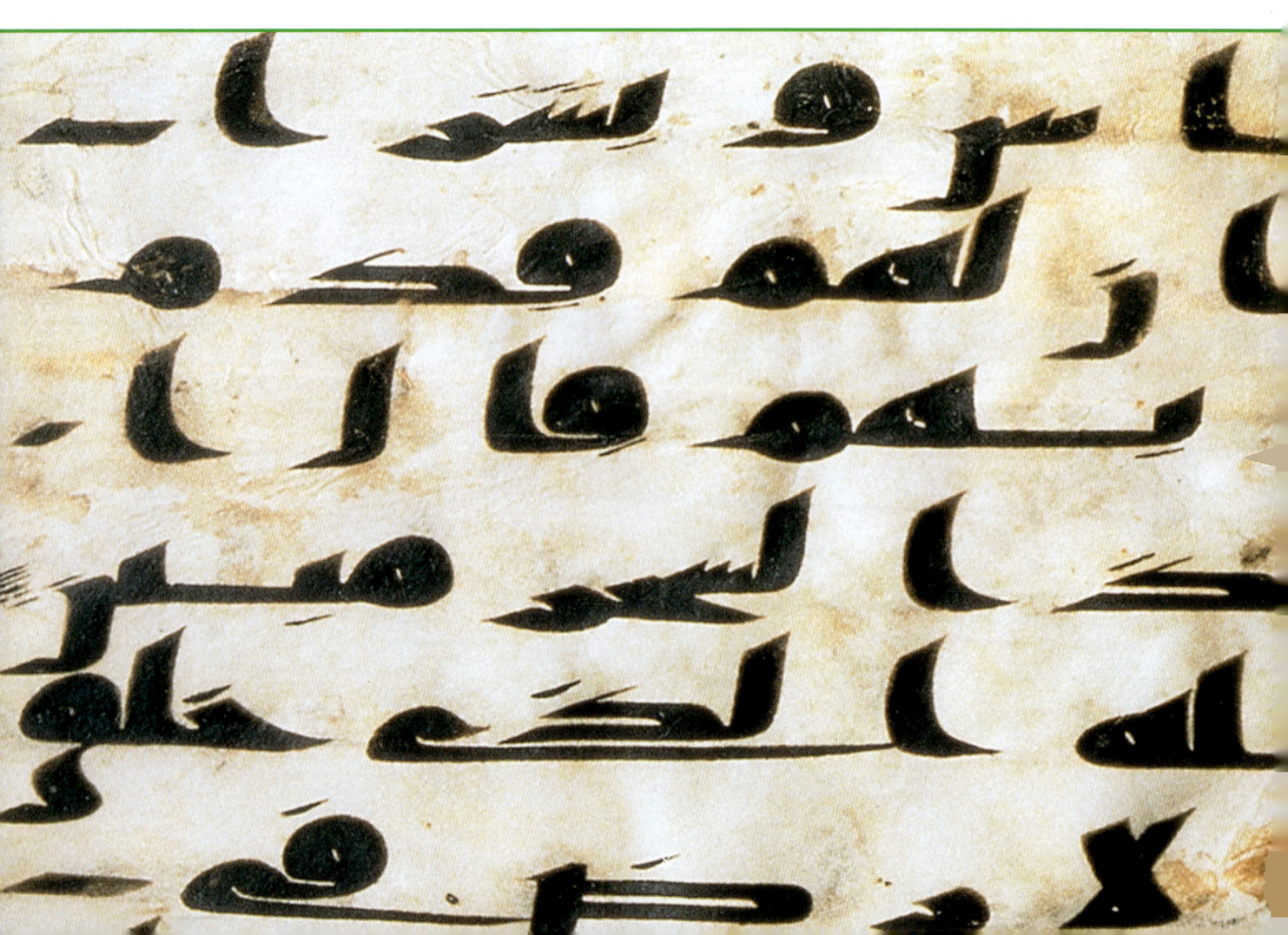

Vielleicht benötigte der Westen nach dem Zerfall des sowjetischen Großreiches aber auch nur ein neues Feindbild? Ist es nicht gefährlich, sich ausschließlich an den gegenwärtigen spektakulären politischen und religiösen Brennpunkten zu orientieren? Werden die eindeutig überwiegenden friedfertigen Aspekte des Islam in unseren Medien überhaupt hinreichend wahrgenommen und vermittelt?

Der vorliegende Band will eine Antwort auf das immer dringender gewordene Informationsbedürfnis geben. Er stellt die Entstehung und die Geschichte, die Glaubensgrundlagen und die religiöse Praxis des Islam allgemein verständlich dar. Außerdem erschließt er auf elementare Weise anschaulich die islamische Lebens- und Alltagswelt sowie die Antwort des Islam auf aktuelle Fragen unserer Zeit. Frieden, Gewalt, Toleranz, Dialogbereitschaft, Demokratie, Wirtschaftsethik, Menschenrechte, Fundamentalismus, Stellung der Frau, Sexualität und Familienplanung gehören zu den erörterten brisanten Themen. Einen besonderen Schwerpunkt bilden Fragen, die in vergleichbaren Büchern selten behandelt werden: die Einstellung des Islam zu Umwelt, Tieren, Erziehung, Sport, Medien, Musik und Tanz, auch zu ganz alltäglichen Fragen wie Ernährung und Kleidung.

Die Transkription ist bewusst nicht immer konsequent und bedient sich u.a. allgemein üblicher Schreibweisen (zum Beispiel Omar/Othman statt Umar/Uthman oder Hedschra statt Hidschra).

Monika & Udo Tworuschka

MOHAMMED
Das Siegel der Propheten

Mohammed wurde 569/70 in Mekka geboren und gehörte zu einem weniger wohlhabenden, aber angesehenen Klan der Banu Haschim (Haschemiten) vom Stamme der Quraisch. Mekka war damals eine wichtige Handelsstadt und ein bedeutendes Wallfahrtszentrum. Mohammeds Vater Abdallah starb noch vor der Geburt des Sohnes, seine Mutter Amina, als er sechs Jahre alt war. Zwei Jahre wur-

Der Prophet Mohammed im Kreise seiner Gefährten; türkische Miniaturmalerei, um 1559/1600.

Wie sich der Gläubige in der Gegenwart des Propheten verhalten soll

„Wenn er die Moschee des Propheten betritt, so ist es besonders empfehlenswert, ein Gebet von zwei rak'a im Säulengang zu vollführen. Dann soll er sich dem edlen Grabe in Richtung auf seine Gebetsrichtung nahen und vier Ellen vom Kopfteil des Grabes entfernt stehen, so dass die Lampe über seinem Haupte ist und der Nagel in der Wand der edlen Umzäunung der Lampe gegenüber ist, und wer dem Nagel gegenübersteht, steht dem Gesicht des Propheten gegenüber.

Hier soll er stehen und den unteren Teil der Umgrenzung des Grabes ihm gegenüber betrachten, die Augen niedergeschlagen in Ehrfurcht, Demut und Verehrung. Dann soll er sagen: ‚Friede sei mit Dir, du Freude von Gottes Schöpfung! Friede sei mit dir, du Geliebter Gottes; Friede sei mit dir, du Herrn der Gesandten Gottes! Friede sei mit Dir, du Siegel der Propheten!'."
(Zitiert bei Annemarie Schimmel: Und Muhammad ist Sein Prophet. Düsseldorf, Köln 1981, S. 167).

de Mohammed von seinem Großvater Abdalmuttalib erzogen, bis ihn nach dessen Tod sein Onkel Abu Talib in die Obhut nahm. In dieser Zeit hütete Mohammed zusammen mit anderen Jungen seines Alters die Herden des Stammes.

Abu Talib bildete Mohammed zum Kaufmann aus. Mit 25 Jahren lernte Mohammed die wohlhabende Kaufmannswitwe Chadidscha kennen, deren Handelsgeschäfte er betreute. Die selbstbewusste Frau bot ihm 595 die Ehe an. Der 15 Jahre älteren Chadidscha bewahrte Mohammed immer eine tiefe Zuneigung. So lange sie lebte, nahm er keine weitere Ehefrau. Auch Chadidscha hielt zu ihrem Mann, sogar als dieser selber und andere Zeitgenossen ernsthafte Zweifel an der Echtheit seiner Offenbarungen hegten. Chadidscha gebar sieben Kinder, von denen nur die Tochter Fatima länger am Leben blieb und selber Nachkommen hatte. Nach ihrem Tod ging Mohammed noch weitere Ehen ein.

Auserwählung zum Propheten

Um das Jahr 610 begann Mohammed, sich immer intensiver mit religiösen Fragen zu beschäftigen. Immer wieder zog er sich in dieser Zeit zu einsamen Andachtsübungen auf den Berg Hira bei Mekka zurück. In einer Vision erhielt er von dem himmlischen Boten Gabriel den Auftrag, den Menschen von dem einen barmherzigen Schöpfergott zu erzählen. Angesichts des nahe bevorstehenden Ge-

MOHAMMED

Mohammed und Abu Bakr während der Hedschra (Auswanderung) in der Höhle. Türkische Miniaturmalerei, 17. Jh.

WESENTLICHE MERKMALE

MOHAMMED

richtes sollte Mohammed die Menschen zu radikaler Umkehr und einem geänderten Lebenswandel bewegen. Mohammed nannte seine Botschaft *Islam*: freiwillige „Hingabe an den einen Gott".

Seine ersten Anhänger waren jüngere Leute aus vornehmen, wenn auch aus weniger einflussreichen Familien. Und vor allem Angehörige der unteren sozialen Schichten, zum Beispiel Sklaven, waren von seiner Botschaft beeindruckt.

Durch die Kritik am unsozialen Verhalten der mekkanischen Kaufleute waren Mohammeds Predigten ein Angriff auf den Kult und die Wallfahrtsfeste, denn diese konzentrierten sich um das Heiligtum der Kaaba und brachten den führenden Familien wirtschaftliche Vorteile. Die ersten Muslime wurden daher beschimpft und verfolgt. Mohammed selbst genoss den Schutz seines Onkels Abu Talib. Obwohl dieser selber sich nie zu Mohammeds Botschaft bekannte, stellte er sich aus Gründen der Stammessolidarität vor seinen Neffen.

Die Zeit in Medina

Als der Widerstand in Mekka auf unerträgliche Weise zunahm, fanden einige Anhänger Mohammeds zeitweise bei dem christlichen Herrscher in Abessinien Asyl. In der Zwischenzeit musste die muslimische Gemeinde in Mekka weitere Schikanen und Boykottmaßnahmen erleiden. Nach Abu Talibs Tod war auch Mohammed nicht mehr sicher in Mekka. Schließlich kam es zu Verhandlungen mit Abgesandten aus der nordwestlich gelegenen Siedlung Yathrib, dem späteren Medina (Madinat an-Nabi = Stadt des Propheten). Diese Abgesandten benötigten einen Schiedsrichter für ihre Stammesstreitigkeiten und erklärten sich bereit, Mohammed anzuerkennen.

622 siedelte Mohammed mit seinen Getreuen nach Medina über. Dieses Jahr der *Hedschra* (Auswanderung) gilt bis heute als

Mohammed hält am 9. Dhul-Hidscha 632 seine Abschiedspredigt im Uranah-Tal des Berges Arafat in der Nähe von Mekka.

WESENTLICHE MERKMALE

das Jahr eins der islamischen Zeitrechnung. Die 623 von Mohammed erlassene Gemeindeordnung von Medina beschäftigte sich mit Glaubensfragen und Problemen des Zusammenlebens innerhalb der islamischen *Umma* (Gemeinschaft).

Mohammed reitet bei seiner Himmelfahrt auf dem Buraq, ihm voran schwebt der Erzengel Gabriel; persische Miniatur, 1539–1543

Kämpfe mit den Mekkanern

Nach der Hedschra musste sich Mohammed auch als politisches Oberhaupt bewähren, denn die Mekkaner blieben weiterhin erbitterte Gegner. Im März 624 errangen die Verbündeten Mohammeds bei Badr einen militärischen Sieg, dem bald eine Niederlage bei Uhud folgte. Weitere kriegerische Auseinandersetzungen, unter anderem eine Belagerung Medinas, folgten. In Medina entstanden Konflikte, die jüdische Bevölkerung der Stadt wurde verfolgt: 624 wurde der Stamm der Qainuqa, 625 der Stamm Nadir vertrieben. 627 fanden die Männer des jüdischen Stammes Quraiza den Tod, weil man ihnen Verrat während der so genannten Grabenschlacht bei der Belagerung Medinas vorwarf.

Dass verfeindete Stämme gegenseitig ihre Karawanen überfielen, war im damaligen Arabien an der Tagesordnung. Die Vertreibung und in einem Fall sogar Vernichtung eines jüdischen Stammes verurteilen wir vom heutigen Standpunkt aus. Vom damaligen Rechtsempfinden aus betrachtet handelte es sich um Vergeltungsmaßnahmen gegenüber untreuen und mit Gegnern kollaborierenden Bündnispartnern. Das Recht auf Leben beschränkte sich im Arabien vor Mohammed auf die eigene Familie beziehungsweise den eigenen Stamm sowie auf Verbündete. Ein universales Menschenrecht konnte es aufgrund der fehlenden Menschheitsidee nicht geben.

Vergeblich versuchte Mohammed 628, eine Wallfahrt in seine Heimatstadt Mekka zu unternehmen. Erst im Jahr 630 zog er anlässlich eines Beduinenstreits in Mekka ein. Dort wurde ihm nur geringer Widerstand geleistet, und Mohammed selbst behandelte die meisten Gegner unerwartet milde. Mohammed starb 632 in Medina als Führer fast der gesamten arabischen Halbinsel, nachdem er vorher eine Abschiedswallfahrt nach Mekka unternommen hatte. Die von ihm verkündete Religion des Islam gehört bis heute zu den großen Weltreligionen.

Wie die Muslime Mohammed sehen

Mohammed verstand sich als Prophet Gottes, der den Menschen den Koran brachte, so wie vor ihm andere Gesandte ihren jeweiligen Völkern heilige Schriften überbracht hatten; zum Beispiel: Mose den Juden die Tora, Jesus den späteren Christen das Evangelium.

Mohammed betonte stets, dass er nichts sein wollte als ein normaler Mensch und Diener Gottes. Deshalb lehnen die Muslime die Bezeichnung „Mohammedaner" ab. Im Zentrum ihres Glaubens steht nicht Mohammed, sondern die von ihm überbrachte heilige Schrift des Korans.

Dennoch gibt es im Koran Verse, die auf Mohammeds überdurchschnittliche Rolle hinweisen. In Sure 21,107 heißt es, dass er als „Barmherzigkeit für die Welten gesandt wurde"; in Sure 33,56 ist davon die Rede, dass „Gott und die Engel ihn segnen".

Im Volksglauben entwickelte sich der Brauch, auch Mohammed anzubeten und ihn darum zu ersuchen, bei Gott Fürbitte einzulegen. Diese Form der Mohammedverehrung wurde von den muslimischen Theologen jedoch nie gutgeheißen.

Ebenso wie das Leben anderer Religionsstifter wurde das Leben Mohammeds nach seinem Tod von Legenden umrankt. So wurde seine Geburt von Wunderzeichen begleitet: der Palast des persischen Herrschers zitterte; ein wunderbares Licht drang aus der Brust seiner Mutter bis zu den Schlössern Syriens; ein See trocknete aus; Sterne neigten sich tief zur Erde. Während seiner Kindheit beschatteten Engel den Propheten und reinigten sein Herz. Ein christlicher Mönch, dem der junge Mohammed auf einer Handels-

MOHAMMED

Die Berufung Mohammeds

„Als ich schlief, so erzählte der Prophet später, trat der Engel Gabriel zu mir mit einem Tuch wie aus Brokat, worauf etwas geschrieben stand, und sprach: ‚Lies!'

‚Ich kann nicht lesen', erwiderte ich.

Da presste er das Tuch auf mich, so dass ich dachte, es wäre mein Tod. Dann ließ er mich los und sagte wieder: ‚Lies!'

‚Ich kann nicht lesen', antwortete ich. Und wieder würgte er mich mit dem Tuch, dass ich dachte, ich müsste sterben. Und als er mich freigab, befahl er erneut: ‚Lies!'

Und zum dritten Male antwortete ich: ‚Ich kann nicht lesen.' Als er mich dann nochmals fast zu Tode würgte und mir wieder zu lesen befahl, fragte ich aus Angst, er könnte es nochmals tun: ‚Was soll ich lesen?'

Da sprach er: ‚Lies im Namen Deines Herrn, des Schöpfers, der den Menschen erschuf aus geronnenem Blut! Lies! Und der Edelmütigste ist Dein Herr, Er, der das Schreibrohr zu brauchen lehrte, der die Menschen lehrte, was sie nicht wussten'.

Ich wiederholte die Worte, und als ich geendet hatte, entfernte er sich von mir. Ich aber erwachte, und es war mir, als wären mir die Worte ins Herz geschrieben.

Sodann machte ich mich auf, um auf den Berg zu steigen, doch auf halber Höhe vernahm ich eine Stimme vom Himmel: ‚O Mohammed, du bist der Gesandte Gottes, und ich bin Gabriel!' Ich hob mein Haupt zum Himmel, und siehe, da war Gabriel in der Gestalt eines Mannes, und seine Füße berührten den Horizont des Himmels. Und wieder sprach er: ‚O Mohammed, du bist der Gesandte Gottes, und ich bin Gabriel!'

Ohne einen Schritt vorwärts oder rückwärts zu tun, blieb ich stehen und blickte zu ihm. Dann begann ich, mein Gesicht von ihm abzuwenden und über den Horizont schweifen zu lassen, doch in welche Richtung ich auch blickte, immer sah ich ihn in der gleichen Weise. Den Blick auf ihn gerichtet, verharrte ich, ohne mich von der Stelle zu rühren."

(Aus Ibn Ishaq: Das Leben des Propheten).

reise begegnete, weissagte seine zukünftige Bedeutung. Eine andere Legende erzählt davon, dass Mohammed zu Lebzeiten auf einem geflügelten Fabeltier namens Buraq eine Nachtreise bis nach Jerusalem unternahm.

Die Verehrung des Propheten heute

Bis heute wird Mohammed von den islamischen Gläubigen verehrt. Man nennt seinen Namen daher nie, ohne den Satz hinzuzufügen: "Möge Gott Wohlgefallen an ihm haben und ihn gesund erhalten." Man schwört bei seinem Namen und nennt mit Vorliebe die eigenen Kinder nach ihm. Eine Beleidigung des Propheten gilt als schweres Verbrechen.

Große Empörung rief daher Salman Rushdies Roman „Die Satanischen Verse" (1989) hervor, denn der Roman stellte grundsätzlich die Glaubwürdigkeit des Propheten in Frage. Der islamische Prophet erscheint als Betrüger und Bastard, wird in obszöner Sprache verunglimpft. Auch wurde ihm ein homosexuelles Verhältnis zum Erzengel Gabriel angedichtet und seine Ehefrauen werden zu den Huren im ersten Bordell der Stadt in Beziehung gesetzt. Muslime auf der ganzen Welt empfanden dies als abscheulichen Religionsfrevel, „schlimmer als Pornographie". Der frühere Rektor der Al-Azhar-Moschee sagte vor vielen Jahren zu dem anglikanischen Bischof

Diese Miniatur zeigt die berühmte Schlacht von Badr, in der Mohammed 624 mit seinem Heer die riesige Streitmacht Mekkas besiegte.

in Ägypten, „das größte Ärgernis, das die Christen bei ihren muslimischen Freunden erregen, ohne es eigentlich zu wissen, entstünde daraus, dass es ihnen völlig an Verständnis für die Verehrung mangele, die der Prophet Muhammad im Leben der Muslime genieße" (zitiert bei Annemarie Schimmel: Und Muhammad ist Sein Prophet.). Vor diesem Hintergrund sind auch die heftigen Proteste im Februar 2006 gegen die Mohammed-Karikaturen zu verstehen, die in einer dänischen Zeitung veröffentlicht und in anderen europäischen Zeitungen nachgedruckt wurden.

Die Nachkommen des Propheten genießen besonderes Ansehen. Im schiitischen Islam muss das Oberhaupt der Gemeinde, der Imam, von Mohammed und seinen Nachfahren abstammen.

In neuerer Zeit wird auch der Geburtstag des Propheten feierlich begangen. Man veranstaltet Fackelzüge, verschenkt Süßigkeiten und spendet Mahlzeiten für die Armen. Es werden Gebete gesprochen und Gedichte zur Erinnerung an Mohammed vorgetragen. Wichtige Ereignisse aus dem Leben Mohammeds werden an anderen islamischen Feiertagen begangen: Empfäng-

WESENTLICHE MERKMALE

MOHAMMED

Mohammeds Auftrag

*„O ihr Menschen,
ich bin der Gesandte Gottes
an euch alle, dessen das Reich
der Himmel und der Erde ist.
Es gibt keinen Gott außer ihm;
er macht lebendig und lässt sterben.
Drum glaubt an Gott und
seinen Gesandten."*
(Sure 7,158).

*„Wir haben dich gesandt als einen
Zeugen und Verkünder froher Botschaft
und Warner, damit ihr an Gott und
seinen Gesandten glaubt, ihm helft und
ihn ehrt und ihn morgens
und abends preist."*
(Sure 48,8-9)

nis Mohammeds, Nacht der Berufung, Nacht der Himmelsreise und Nacht der Bestimmung (Beginn der Offenbarungen durch den Erzengel Gabriel).

Bald nach Mohammeds Tod wurden seine Lebensweise und Aussprüche *(Sunna)* zur Richtschnur für die Gläubigen. Mohammed wurde darüber hinaus in verschiedenen Bereichen als Vorbild und Lehrer empfunden.

Besondere Bedeutung besitzt Mohammed in der islamischen Mystik. Seine Himmelfahrt gilt dort als Vorbild für den inneren Aufstieg der menschlichen Seele zu Gott. Ebenso wird Mohammed als eine Gestalt verklärt, die „als Licht der Rechtleitung" die Menschen zu Gott führt.

Vorbildcharakter hat Mohammed auch im politischen Bereich. Er gilt als Ideal des gerechten Staatsoberhauptes in einer Zeit, als die Einheit der islamischen Gemeinschaft noch Wirklichkeit war. Viele heutige Denker sehen Mohammed auch als Sozialreformer, der sich als Verfechter einer gerechten Gesellschaftsordnung für Brüderlichkeit und Solidarität einsetzte.

Pilger haben sich in der Nähe der Höhle im Berg Hira versammelt, wo Mohammeds Offenbarungen begannen

WESENTLICHE MERKMALE

HISTORISCHER ÜBERBLICK
Daten und Fakten zum Islam

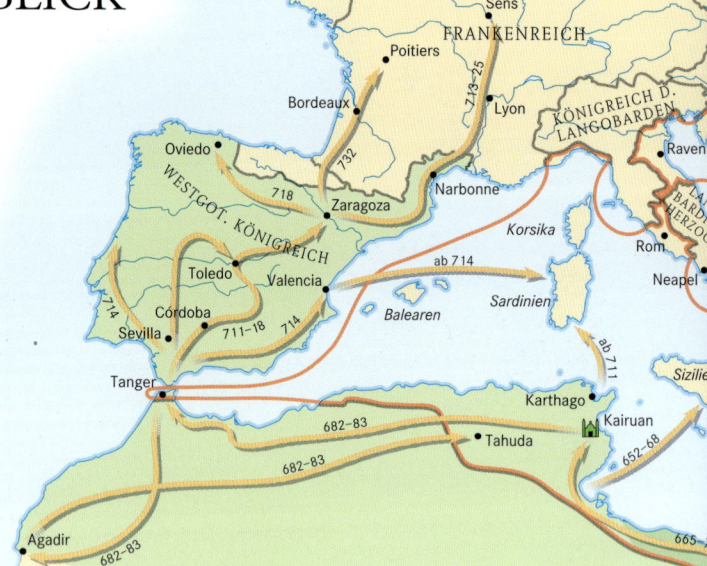

569/70–632 Lebenszeit Mohammeds
573–634 Lebenszeit von Abu Bakr, Schwiegervater des Propheten und sein erster Nachfolger
633 Abu Bakr ordnet die schriftliche Sammlung der Koransuren an, die von seinem Nachfolger Omar fortgesetzt wird
592–644 Lebenszeit von Omar ibn al-Khattab, zweiter „rechtgeleiteter" Kalif (ab 634) der Sunniten; 644 ermordet
634 Feldzüge nach Syrien und in den Irak
637 Einführung der Zeitrechnung nach der Hedschra
639–641 Vordringen nach Nordafrika und Ägypten
644–656 Othman ist dritter „rechtgeleiteter" Kalif. Er lässt die kanonische Fassung des Korans ausarbeiten.
645–653 Weitere Eroberungen in Zypern, Sizilien, Aserbaidschan, Armenien, Afghanistan und Indien
656 Ermordung Othmans
656–661 Ali Ibn Abi Talib, Vetter und Schwiegersohn Mohammeds, ist vierter „rechtgeleiteter" Kalif; wird 661 ermordet
657 Schlacht von Siffin am Euphrat
658 Das Schiedsgericht zwischen Ali und Moawija verweigert Ali die Legitimation im Amt, syrische Truppen huldigen Moawija, die Partei der Charidschiten sagt sich von Ali und Moawija los
661–750 Dynastie der Omajjaden
680 Yazid I. folgt seinem Vater Moawija auf den Thron
684/85 Marwan al-Hakam ist vierter Kalif der Omajjaden
687–705 Regierungszeit Abd al-Maliks
711 Der Feldherr Tarik überschreitet die Meerenge bei Gibraltar; die Muslime erreichen über Südpersien das Industal
749–754 Herrschaft von Abu'l Abbas, dem ersten Abbasidenkalif
754–775 Herrschaft von Kalif al-Mansur, Bruder von al-Abbas und eigentlicher Begründer des abbasidischen Staates
755–788 Herrschaft von Abd ar-Rahman I. von Córdoba
756–1031 Emirat/Kalifat von Córdoba
762/63 Bagdad wird Hauptstadt des Abbasidenreichs
765 Spaltung der Schia, Zwölferschiiten bilden langfristig die Mehrheit der Schiiten; die Minderheit der Ismailiya (Siebenerschiiten) spaltet sich ab
775–785 Herrschaft von al-Mahdi, dritter Kalif der Abbasiden
785 Bau der großen Moschee von Córdoba
796/96 Al-Hakam I. in Spanien, Aufstände in Córdoba, Stadtstaat in Toledo
785–786 Herrschaft von al-Hadi, vierter Kalif der Abbasiden
786–809 Herrschaft von Kalif Harun al-Rashid; gilt unter dem Einfluss der Märchen von „Tausendundeine Nacht" als Inbegriff von Macht und Pracht des Abbasidenkalifats

800 Islamische Kaufleute in China, Gründung einer Papierfabrik in Bagdad
809–813 Herrschaft von Kalif al-Amin; Konflikt zwischen Arabern und Persern
Ab 810 Der Jurist ash-Shafii lehrt in Bagdad; Systematisierung der Rechtsquellen
813–833 Herrschaft des Abbasidenkalifen al-Mamun; Ausbau der Verwaltung und Blütezeit der Kultur, theologische Auseinandersetzung über Erschaffenheit oder Unerschaffenheit des Korans
822–852 Herrschaft von Abd ar-Rahman II. von Córdoba
829 Haus der Weisheit in Bagdad gegründet, Übersetzung griechischer Werke ins Arabische
833–842 Herrschaft von Kalif al-Mutasim; Bildung einer Leibgarde aus türkischen und anderen Truppen
842–847 Herrschaft von al-Wathiq, Sohn von al-Mutasim, danach verschiedene Aufstände und Unruhen; Beginn des Niedergang des Kalifats
884–861 Herrschaft des Abbasidenkalifs al-Mutawakkil, Verfolgung der Schiiten
869–883 Aufstand der Zanj (schwarze Sklaven) im Süden des heutigen Irak
867–945 Die Provinzen lösen sich von der abbasidischen Staatsgewalt
912–961 Herrschaft von Abd ar-Rahman III.; das spanische Omajjadenreich erlebt seinen kulturellen Höhepunkt
945 Die Buyiden erobern Bagdad und regieren anstelle des Kalifen
969 Die ismailitischen Fatimiden erobern Ägypten; Gründung von Kairo und Bau der al-Azhar-Universität als Zentrum der Ismailiya
996–1021 Herrschaft des Fatimidenkalifen al-Hakim; Hamza ibn Ali entwickelt die Lehren, welche später die Grundlage der Drusenreligion bilden

HISTORISCHER ÜBERBLICK

998–1030 Mahmud von Ghazna führt Feldzüge nach Nordwestindien, Chorasan, Westpersien und Pandschab; stellt die Gebiete unter islamische Herrschaft

1099 Die Kreuzfahrer erobern Jerusalem

1031–1086 Taifa-Königreiche in Andalusien

1055 Die Seldschuken erobern Bagdad, die Abbasiden bleiben nominelle Herrscher

1086–1147 Herrschaft der Dynastie der Almoraviden in al-Andalus

1135 Entstehung von Sufi-Bruderschaften und Sufi-Orden

1143 Erste westliche Koranübersetzung durch den englischen Theologen Robert von Ketton

1147–1225 Herrschaft der Dynastie der Almohaden in al-Andalus

1187 Rückgewinnung Jerusalems durch Saladin

1232–1492 Herrschaft der Nasriden in Granada

1250–1517 Die Mamluken herrschen in Ägypten

Ab 1301 Aufstieg der Osmanen

1453 Der osmanische Sultan Mehmet II. erobert Konstantinopel

1492 Die Muslime in al-Andalus verlieren Granada an die christlichen Rückeroberer

Ab 1502 Herrschaft der Safawidendynastie in Persien

Ab 1556 Mogulreich in Indien

1683 Scheitern der zweiten Belagerung Wiens

1798–1801 Napoleons Ägyptenexpedition

1803 Ägypten löst sich vom Osmanischen Reich

Ab 1849 Herrschaft der Wahhabiten von Saudiarabien

1850 Singapur wird Zentrum des Islam in Ostasien

1914 Das Osmanische Reich wird Verbündeter der Mittelmächte im Ersten Weltkrieg

1924 Abschaffung des Kalifats

Ab 1946 Die meisten Staaten des Nahen und Mittleren Ostens erlangen ihre Unabhängigkeit

1962 Gründung der „Liga der islamischen Welt"

1972 Entstehung der „Organisation der Islamischen Konferenz"

1979 Islamische Revolution im Iran

WESENTLICHE MERKMALE

Die Lehre des Islam
Gottesvorstellung und Glaubenslehren

Zentrales Wesensmerkmal des Islam ist *Tauhid* (Einheit), der Glaube an die Einheit und Einzigkeit Gottes. Muslime vertrauen sich aus freien Stücken diesem barmherzigen und gütigen Gott an.

Der Islam als Religion der Schöpfung

Der Begriff Islam hat mehrere Bedeutungsebenen: Wie Buddhismus, Hinduismus, Konfuzianismus, Judentum, Christentum ist Islam die Bezeichnung einer konkreten Religionsgemeinschaft. Dar-

Gott hat zu allem die Macht

„Den einen Gott preist alles, was im Himmel und auf der Erde ist. Er ist der Mächtige und Weise. Er hat die Herrschaft über Himmel und Erde. Er macht lebendig und lässt sterben und hat zu allem die Macht. Er ist der Erste und der Letzte, deutlich erkennbar und zugleich verborgen. Er weiß über alles Bescheid". *(Sure 57,1–3)*

über hinaus gilt der Islam als *Din al-fitrah* (Religion der Schöpfung), als die eine und wahre, ewige, von der Schöpfung an existierende Menschheitsreligion. Sure 7,172 handelt davon, dass Gott zu Beginn seiner Schöpfung allen von ihm jemals geschaffenen Menschen eine einzige Frage stellt: „Bin ich nicht Euer Herr?". Und alle Menschen bejahen dies. Der Inhalt dieser Uroffenbarung ist also der reine Monotheismus. Als natürliche Religion ist er gleichsam allen Menschen eingepflanzt. Gott hat mit allen Menschen – nicht nur mit einem bestimmten Volk – einen *Ahd* (großer Bund) geschlossen.

Das Denkmal der 99 schönen Namen Gottes in der jordanischen Stadt Muta

Der Thronvers

„Gott ist einer allein. Es gibt keinen Gott außer ihm. Er ist der Lebendige und Beständige. Ihn überkommt weder Ermüdung noch Schlaf. Ihm gehört alles, was im Himmel und auf der Erde ist. Wer könnte außer mit seiner Erlaubnis am Jüngsten Tag bei ihm Fürsprache einlegen? Er weiß, was vor und hinter ihnen liegt. Sie aber wissen nichts davon – außer, was er will. Sein Thron reicht weit über Himmel und Erde, und es fällt ihm nicht schwer, sie vor Schaden zu bewahren. Er ist der Erhabene und Gewaltige". *(Sure 2,255)*

Der Islam stellt sich in zwei Teilen dar: Glaubensbekenntnis und Pflichtenlehre. Das Glaubensbekenntnis enthält fünf (beziehungsweise sechs) Artikel: Glaube an den einen und einzigen Gott, Glaube an Gottes Engel, Glaube an Gottes Bücher, Glaube an Gottes Gesandte, Glaube an den Jüngsten Tag. Die islamische Hauptströmung der Sunniten fügt noch den Glauben an die Vorherbestimmung hinzu.

Im Rahmen der Pflichtenlehre sind die fünf *Arkan* (Säulen) bedeutsam: persönliche und gesellschaftliche Handlungen zugleich. Sie werden von den Gläubigen gemeinsam und öffentlich verrichtet. Für den Islam spielen gemeinsame kultische Handlungen eine ebenso wichtige Rolle wie das richtige Verhalten in der Gesellschaft.

Der Glaube an Gott

Die Mitte der islamischen Gotteserfahrung ist der Glaube an den einen und einzigen Gott. Muslime auf der ganzen Welt bezeugen täglich und öffentlich in der *Schaha-*

DIE LEHRE DES ISLAM

Das Wort Allah in arabischer Kalligraphie dargestellt; oben links: „Majestät der Majestäten" oder „Gepriesen sei Seine Herrlichkeit".

WESENTLICHE MERKMALE

da (Zeugnis): „Ich bezeuge, dass es keine Gottheit gibt außer dem Gott, und ich bezeuge, dass Mohammed der Gesandte des Gottes ist". Der Islam lehnt alles ab, was auch nur entfernt eine Verfälschung des Einheitsgedankens bedeuten könnte:

„Sprich: Er ist Gott, ein Einziger, Gott, durch und durch. Er hat weder gezeugt, noch ist er gezeugt worden. Und keiner ist ihm ebenbürtig" (112,1–4). Die schwerste Sünde ist es, Gott andere Wesen „beizugesellen" und damit seine Einheit zu beeinträchtigen. Die Aussage des Korans „Ihm gleicht nichts" (42,11) schiebt Vorstellungen einen Riegel vor, nach denen Gott menschliche Gestalt annehmen kann. Gott wird als der Fürsorgende (16,80f.) und ganz Nahe gesehen. Er ist dem Menschen „näher als seine eigene Halsschlagader (50,16). Die „schönsten Namen Gottes" (7,180; 59,24) wurden von der Tradition auf die Zahl 99 festgelegt. Abgesehen von Gottes Einheit und Transzendenz beziehen sich diese Namen vor allem auf Gottes schöpferisches Wirken, seine Barmherzigkeit, Vorhersehung und Aufgabe als gerechter Richter. Mehr als 700-mal erwähnt der Koran Gottes *Rahma* (Barmherzigkeit), preist Gott als barmherzigen Erbarmer.

Viele Muslime beginnen ihre täglichen Verrichtungen mit diesem Hinweis auf Gottes Barmherzigkeit. So leiten manche Politiker mit der Formel „Im Namen des barmherzigen Gottes" ihre Reden ein und stellen sie wichtigen Dokumenten voran.

Werft euch vor Adam nieder

„Und wir haben doch euch Menschen geschaffen. Hierauf gaben wir euch eine ebenmäßige Gestalt. Hierauf sagten wir zu den Engeln: ‚Werft euch vor Adam nieder!' Da warfen sie sich alle nieder außer Iblis. Er gehörte nicht zu denen, die sich niederwarfen. Gott sagte: ‚Was hindert dich daran, dich niederzuwerfen, nachdem ich es befohlen habe?' Iblis sagte: ‚Ich bin besser als er. Mich hast du aus Feuer erschaffen, ihn nur aus Lehm.' Gott sagte: ‚Geh vom Paradies hinab auf die Erde! Du darfst darin nicht den Hochmütigen spielen. Geh hinaus, du gehörst künftig zu denen, die gering geachtet sind.' Iblis sagte: ‚Gewähre mir Aufschub bis zu dem Tag, da die Menschen vom Tod erweckt und zum Gericht versammelt werden!' Gott sagte: ‚Du sollst zu denen gehören, denen Aufschub gewährt wird'." *(Sure 7,11–15)*

Der Glaube an Gottes Engel

Die himmlischen Engel loben Gott und preisen seine Herrlichkeit. Im Auftrag Gottes bewachen und schützen sie auch die Menschen, verzeichnen ihre Taten, nehmen die Seelen der Toten in Empfang. Der Koran erwähnt einige Engel mit Namen, zum

Der Erzengel Gabriel; persische Miniatur aus der Handschrift des Zakariya al-Qazwini, um 1440

DIE LEHRE DES ISLAM

Beispiel Dschibril (Gabriel), der Mohammed den Koran überbrachte. Der Koran unterscheidet zwei weitere Engelgruppen: die „Wächter der Hölle" (74,31) und die „Nahegebrachten" (4,172). Ursprünglich war auch der Teufel Iblis ein Engel. Er wurde jedoch aus dem Paradies vertrieben, weil er sich weigerte, vor dem Menschen niederzufallen. Der Mensch steht über den Engeln, weil er im Gegensatz zu den sündlosen Himmlischen zwischen Gut und Böse wählen kann.

Der Glaube an Gottes Bücher

Der Glaube an Gottes Bücher umfasst im Wesentlichen den Psalter, die Tora, das als ein Buch aufgefasste Evangelium und an erster Stelle den Koran: „Ich glaube an all das, was Gott an Schriften herab gesandt hat. Und mir ist befohlen worden, ich soll mit Gerechtigkeit unter euch richten" (42,15).

Der Glaube an Gottes Gesandte

Einige Suren (3,33; 4,163ff.; 6,83ff.) erwähnen vorislamische Gesandte, die verschiedenen Völkern eine Schrift zur Rechtleitung brachten, zum Beispiel Mose und Jesus. Da die Menschen nicht auf die göttliche Botschaft hörten, wurden immer neue Gesandte beauftragt, die Menschen zu warnen und auf den rechten Pfad zu führen. Im Unterschied zu den Propheten überbrachten die Gesandten den Menschen Schriften. Der letzte Gesandte Mohammed gilt als „Siegel der Propheten" (33,41), weil es nach ihm keine rechtmäßigen Propheten mehr geben wird.

Ibrahim (Abraham) im Islam

Darüber hinaus erwähnt der Koran frühere Gesandte: zum Beispiel Ibrahim (Abraham). Er hat im Islam eine herausragende Bedeutung: „Er war ein Wahrhaftiger und ein Prophet" (19,41). Der Koran sieht Ibrahim als ersten Muslim und „Anhänger des reinen Glaubens" (2,135). Ibrahim wird verehrt als „Vorbild für die Menschen" (2,124), „Anvertrauter" bzw. „Freund Got-

Das Paradies von Mohammed; persische Miniatur aus „Die Geschichte von Mohammed" 1030, Persische Schule (11. Jh.)

tes". Neben Musa (Mose), Issa (Jesus) und den übrigen Propheten Israels spielt Ibrahim als Verkünder der gleichen göttlichen Offenbarung in allen Zeitabschnitten der mekkanischen Periode eine bedeutende Rolle. Bereits die historisch gesehen 7. Sure (87,18f.) erwähnt Ibrahim. Mit dem Hinweis auf die Schriften Ibrahims und Musas sollen die mekkanischen Polytheisten von der Wahrheit überzeugt werden. Wenn der Koran Juden und Christen tadelt, beruft er sich auf den kompromisslosen Monotheismus Ibrahims. Der Koran bringt Ibrahim in Verbindung mit Bau (2,127) und Reinigung der Kaaba von Götzen (22,26). Außerdem gilt Ibrahim als Begründer der Wallfahrt (3,97). Der Koran erzählt von Ibrahims Gotteserkenntnis, seiner Kritik am polytheistischen Götterglauben, davon, wie er seinen Vater verlässt, wie er für die vom Untergang bedrohte Stadt Sodom bittet, von Ibrahim unter der Eiche von Mamre und der Geschichte der Opferung seines Sohnes Isaak. Gott verhindert, dass Ibrahim sein Vorhaben in die Tat umsetzt und seinen Sohn umbringt. In Erinnerung daran begehen die Muslime am zehnten Tag des Wallfahrtsmonats ihr größtes Fest, das Opferfest.

Mohammed ging von der Verwandtschaft der drei „Abrahamsreligionen" (Judentum, Christentum, Islam) aus und stellte sich in die Reihe der früheren Propheten (Adam, der Erwählte Gottes; Noah, der Prophet Gottes; Abraham, der Freund Gottes; Mose, das Wort Gottes; Jesus, der Geist Gottes).

Rund 40 Suren (u. a. 2; 7; 17; 20; 26; 28) erwähnen zum Teil in fortlaufenden Erzählungen den Gesandten Musa (Mose). Der von Gott mit einer monotheistischen Botschaft Betraute gerät in große Bedrängnis, wird jedoch durch die Vernichtung seiner Feinde gerettet. Außerdem gilt Musa als großer Führer der Israeliten, als Gesetzesempfänger und Gesetzesverkünder. Am häufigsten schildert der Koran sein Auftreten vor dem Pharao.

Issa (Jesus) im Islam

Der Gesandte Issa (Jesus) spielt im Islam eine sehr bedeutende Rolle. Erwähnt wird er in 15 Suren, das heißt in etwa 100 Versen. Im Allgemeinen findet sich der Issa-Stoff in einen Rahmen von Prophetenerzählungen eingefügt (19,1–40). Er gilt als *Abd* (Diener), *Nabi* (Prophet), *Rasul* (Gesandter), *Al-Masih* (Messias), *Kalima* (Wort Gottes), *Ruh* (Geist Gottes) und Überbringer des als ein Buch aufgefassten *Indschil* (Evangelium). Issa wird als „Sohn der Maria" gese-

Jesus und Mohammed reiten auf Esel und Kamel zum Jüngsten Gericht. Aus der Universalgeschichte des Gelehrten Rashid ad-Din, 1307.

hen, nicht aber als „Sohn Gottes", weil dies gegen den Monotheismus verstößt. Issa wird als Zeuge gegen die Christen angerufen: Statt in seiner Botschaft den bereits von anderen Propheten vor ihm verkündeten Monotheismus hervorzuheben, haben die Christen Issa vergöttlicht und in ihrer Trinitätslehre zu Einem von Dreien gemacht. Issa ist gestorben, zu Gott erhöht (3,48), aber nicht gekreuzigt worden (4,154ff.). Wie die anderen Propheten und Gesandten vor ihm sollte Issa den einen und einzigen Gott verkünden: „Gott ist mein Herr und euer Herr; dient ihm also! Das ist ein gerader Weg!" (19,36; 43,64 u. ö.). Issa werden außerordentliche Beschaffenheiten zugesprochen, die sonst in ihrer Gesamtheit im Koran keinem anderen Menschen, nicht einmal Mohammed, zugeschrieben werden: Wie Adam (3,59), so entstand er ohne menschlichen Vater – einfach auf einen Befehl Gottes. Issas Mutter Maria wird wegen ihrer Reinheit über „die Frauen in aller Welt" gehoben (3,42). Issa wirkt außergewöhnliche *Aya* (Zeichen) – Wundertaten, Heilungen, Totenerweckungen. Er selbst gilt als „Zeichen Gottes", mit dem Gott die Menschen auf sich hinweisen und ihnen mitteilen will, dass er vorhat, ihnen mit Barmherzigkeit zu begegnen. Dieser Zeichencharakter unterscheidet Issa von allen anderen Propheten, sogar von Mohammed.

Der Issa des Sufismus, der islamischen Mystik, ist ein heimatlos-asketischer Wanderer.

Auch moderne islamische Denker beschäftigen sich mit Issa. Islamische Sozialisten haben ihn als Sozialreformer und Bruder Mohammeds charakterisiert; denn beide Persönlichkeiten hätten schließlich versucht, die Menschheit von Tyrannei und Ungerechtigkeit zu befreien.

Der ägyptische Schriftsteller und Orthopäde Mohammed Kamil Husain gewann mit seinem 1954 erschienenen Jesus-Roman „Sündige Stadt" (gemeint ist Jerusalem) einen Literaturpreis seines Landes. Er schildert die Atmosphäre in Jerusalem am

Wenn die Sonne sich verschleiert

„Wenn die Sonne sich verschleiert und die Sterne erblassen,
Wenn die Berge schwanken, Kamelstuten sind verlassen, wenn die wilden Tiere sich rotten, wenn das Meer aufgejagt,
Wenn die Seelen sich paaren, wenn man die getöteten Töchter fragt,
Um welcher Schuld sie ermordet, wenn Rechnung ist vorgebracht,
Wenn der Himmel enthüllt ist, das höllische Feuer entfacht,
Wenn nahe der Paradiesesgarten, dann erkennt die Seele, was sie gemacht."
(Sure 81 in der Übersetzung von Richard Hartmann: Die Religion des Islam, 1944)

Kreuzigungstag und erörtert unter psychologischem Blickwinkel die Folgen, die dieses Ereignis für das allgemeine christliche Bewusstsein hatte. Husain ist Optimist: Wenn alle an der Kreuzigung beteiligten Personengruppen sich von ihrem Gewissen hätten leiten lassen, wäre die furchtbare Tat verhindert worden.

Der Glaube an den Jüngsten Tag

Unmittelbar nach dem Eintritt des Todes erscheint der Todesengel Izrail und trägt die Seele des Verstorbenen zu einem Zwischengericht in den Himmel. Nur der Seele eines gläubigen Menschen wird dort die Aussicht auf das spätere Paradies zuteil; den anderen dagegen bleibt es verschlossen. In beiden Fällen kehrt die Seele zum Körper zurück. Nach der Bestattung wird das Zwischengericht im Grab fortgesetzt. Dem Verstorbenen wird eine Buchrolle mit seinen dort verzeichneten guten und schlechten Taten um den Hals gehängt. Zwei Engel konfrontieren den Toten mit folgenden Fragen: Wer ist dein Gott? (Antwort: Allah) – Wer ist dein Prophet? (Antwort: Mohammed) – Welches ist deine Religion? (Antwort: Islam) – Welches ist deine Gebetsrichtung? (Antwort: Mekka). Wenn der Tote die richtigen Antworten weiß, bestätigen ihm die Engel seinen Eingang in das Paradies. Weiß er sie aber nicht, bestrafen ihn die Engel schon im Grab und bestätigen das zuvor erfahrene himmlische Urteil. Die Seelen gelangen entweder in das Paradies oder ins Höllenfeuer. Für gläubige Seelen, die in ihrem Leben gesündigt haben, gibt es einen Läuterungszustand.

Im Anschluss an Zwischengericht und -zustand folgt eine Phase des Wartens bis zum endgültigen Gericht. Dann bläst der Engel Israfil die Posaune und alle Lebewesen, auch die Engel, werden sterben. Gott wird zunächst die Engel, dann Mohammed, schließlich alle Menschen zum Endgericht wecken. Die Verdammten müssen in die Hölle, die Gerechten und Gläubigen aber ziehen in das Paradies. Zahlreiche Koranverse schildern eindrucksvoll den Anbruch der Endzeit.

Der Tag der Auferstehung

Nach diesen dramatischen Endzeiterscheinungen folgt die allgemeine Auferstehung. Gott weckt die Toten auf und erscheint als Richter der Welt. Die Propheten werden als Zeugen über die Völker befragt, zu denen sie einst geschickt wurden. Die Gesandten und die Engel dürfen mit Erlaubnis Gottes Fürsprache einlegen. Dann spricht Gott das Urteil unter Berücksichtigung des Glaubens und der Taten der Menschen. Die Höllenqualen der Unglassungen und Gottlosen sind fürchterlich. Die Schilderungen des Paradieses enthalten die Aussicht auf wunderbare Freuden, herrliche Gärten, reichliche Früchte und verlockende Jungfrauen (14,23; 36,55ff.; 52,17ff.; 55,46ff.; 76,5ff.). Auch den Frauen werden die Wonnen des Paradieses zuteil: „Gott hat den gläubigen Männern und Frauen Gärten versprochen, in deren Niederungen Bäche fließen, dass sie ewig darin weilen, und gute Wohnungen in den Gärten von Eden. Aber Wohlgefallen Gottes bedeutet noch mehr als alles dies" (9,72). Die höchste Seligkeit des Paradieses jedoch ist schließlich die Schau Gottes.

WESENTLICHE MERKMALE

DER KORAN
Wort Gottes und Rechtleitung

Die ursprüngliche Bedeutung des Wortes Koran ist nicht vollständig geklärt. Wahrscheinlich handelt es sich um ein arabisches Lehnwort aus dem Aramäischen in der Bedeutung „Lesung, Rezitation". Auch die Bedeutung „Lektionar" im Sinne einer Sammlung von Textabschnitten *(Perikopen)* ist möglich. Der Koran besteht aus 114 Kapiteln *(Suren)*, die sich aus Versen *(Aya)* zusammensetzen. Die Suren sind nicht zeitlich, sondern nach abnehmender Länge angeordnet. Die zweite und längste Sure besteht aus 286 Versen, die 114. nur aus drei. Jede Sure – bis auf eine – trägt eine Überschrift. So heißt Sure zwei „Die Kuh" und Sure vier „Die Frauen". Diese Titel geben jedoch keineswegs immer das Thema der gesamten Sure an.

„Trag vor in des Herren Namen, der euch schuf aus blutigem Samen! Trag vor! Er ist der Geehrte, der mit dem Schreibrohr lehrte, was noch kein Menschenohr hörte. Doch der Mensch ist von störrischer Art, nicht achtend, dass er ihn gewahrt. Doch zu Gott führt einst die Fahrt".
(Sure 96,1–8)

Die mekkanischen Phasen

Man teilt den Koran nach den jeweiligen Orten der Entstehung der Suren in drei mekkanische und eine medinensische Phase ein. Die Suren der ersten mekkanischen Phase sind von dem Gedanken an die unmittelbare Ankunft des Jüngsten Gerichts sowie der Vorstellung des barmherzigen Schöpfergottes bestimmt. Im Gegensatz zu den vorislamischen Göttern handelt dieser nicht willkürlich, sondern wendet sich jedem Lebewesen fürsorglich und gerecht zu. Mohammed versuchte in dieser Zeit, die ungläubigen Mekkaner zu dem einen Gott zu bekehren. Daher schildern viele der frühen Suren die Belohnung der Frommen und die Höllenqualen der Sünder. Der Stil dieser Gerichtspredigten ist eine dichterisch anmutende Reimprosa. Ähnlich wie die Schwüre und Sprüche der altarabischen Wahrsager zeichnen sich die frühen Korantexte durch kurze rhythmische Verse aus.

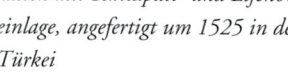

Kunst mit religiösem Gehalt: Korankasten mit Schildpatt- und Elfenbeineinlage, angefertigt um 1525 in der Türkei

In der zweiten mekkanischen Phase werden diese Endzeitgedanken durch mancherlei Beispiele aus der Natur und warnende Geschichten erläutert. Der ekstatische Redestil nimmt ab, die Verse werden länger und es kommt zu Wiederholungen. Bei den warnenden Geschichten handelt es sich zum Teil um Überlieferungen aus der arabischen Welt, aber auch um jüdische und christliche Themen. Diese „Straflegen-

Der tunesische Historiker Mohammed Talbi (geb. 1921), herausragender Denker, Regimekritiker und Pionier des christlich-islamischen Dialogs, zeigt einen Ausschnitt des Korans.

den" berichten oft von dem Schicksal früherer Propheten. Es wird geschildert, wie ein Prophet auftritt und die Menschen warnt. Diese schenken seiner Botschaft jedoch kein Gehör, worauf Gottes Strafe folgt. Typisch für die frühen Verkündigungen sind auch Schwurformeln, deren Form von den altarabischen Wahrsagern übernommen wurde. Davon zu trennen sind Verwünschungsformeln gegen konkrete Gegner Mohammeds in Mekka.

DER KORAN

Ein Muslim mit Gebetskette liest im Koran.

WESENTLICHE MERKMALE

In der dritten mekkanischen Phase wird die Sprache des Korans prosaischer. In dieser Periode, vereinzelt auch früher, begegnen uns Gleichnisse, die u. a. den Umgang von Gläubigen mit Ungläubigen behandeln oder herausstellen, wie bedeutsam es ist, nur an den einen Gott zu glauben.

Die medinensische Phase

In dieser Phase konnte sich Mohammed nicht mehr damit begnügen, eine auf das Jenseits gerichtete Botschaft zu verkünden.

„Seid rechtgläubig gegen Gott und setzt ihm kein Wesen zur Seite; denn wer Gott ein Wesen zur Seite setzt, der gleicht dem, was vom Himmel herab fällt, aber von den Raubvögeln erhascht oder vom Sturm an einen entfernten Ort verweht wird". *(Sure 22,32)*

Er musste eine soziale Ordnung schaffen. Die Suren aus dieser Zeit enthalten daher vorwiegend Bestimmungen des familiären und gesellschaftlichen Zusammenlebens, der Verteidigung nach außen, Kriegführung und Behandlung von Nichtmuslimen. Der Stil dieser Suren erinnert bisweilen an juristische Werke. Für alle Offenbarungsphasen sind hymnische Texte typisch, die Gottes wunderbare Schöpfung preisen.

Die Offenbarungen des Korans geschahen auf mündlichem Wege. Mohammed trug seinen Getreuen die Offenbarungen so lange vor, bis diese sich

den Text eingeprägt hatten. Nach islamischer Tradition fand die endgültige Redaktion unter dem Kalifen Othman (um 650), also nicht einmal 20 Jahre nach dem Tode des Propheten statt. Bis dahin kursierten noch mindestens vier weitere Sammlungen. Sie unterschieden sich in erster Linie durch die Anordnung der Suren und kleinere textliche Abweichungen. Einige Islamwissenschaftler setzen dagegen die endgültige Textgestaltung erst durch Abd al-Malik (um 690) an. Neuere angelsächsische Ko-

Mädchen in einer Koranschule in der indischen Stadt Fatehpur Sikri, Provinz Uttar Pradesh

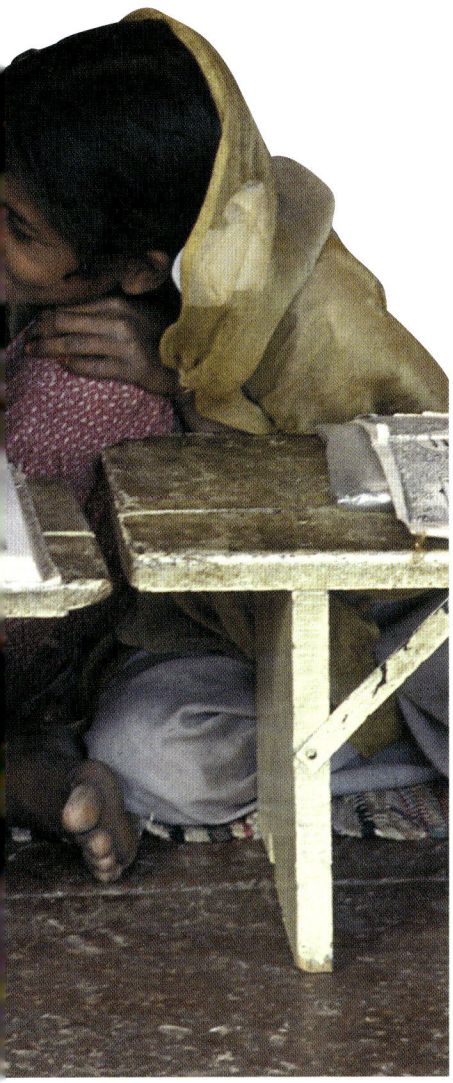

ranforschungen haben die Autorschaft Mohammeds grundsätzlich in Frage gestellt und den Koran als Ergebnis interreligiöser Auseinandersetzungen von Gelehrten einer synkretistischen Gemeinde in Mesopotamien mit jüdischen und christlichen Gegnern im 8./9. Jahrhundert gedeutet. Auch wenn diese radikale Ansicht von der Islamwissenschaft im Allgemeinen nicht geteilt wird, so wird man die Entstehung des Korans nicht mehr Mohammed allein zuschreiben. „Die koranischen Texte dokumentieren in vielerlei Hinsicht einen als ‚Versuch und Irrtum' charakterisierbaren Prozess der allmählichen Annäherung von Text und Hörererwartungen: sie zitieren Übersetzungen, Nachfragen und Einwände des Publikums (…). Man wird folglich die im Verlauf der Koranexegese entstehende und sich im Folgenden mehrfach wandelnde Gemeinde als ‚passive Mitautoren' betrachten müssen" (Angelika Neuwirth).

Die Bedeutung des Korans für Muslime

Für Muslime ist der Koran der wichtigste Glaubensinhalt. Er übersteigt erheblich die Bedeutung, welche die Bibel für Christen hat. Der Koran ist das direkte „Wort Gottes". Doch hat ihn nicht etwa ein Mensch aufgrund göttlicher Eingebung verfasst. Mohammed verhielt sich beim Offenbarungsempfang vollkommen passiv. Daher darf der verbal inspirierte Koran nicht mit Werken menschlicher Literatur auf eine Stufe gestellt werden.

Da der Koran auf Arabisch zu den Menschen herabgesandt wurde, zeichnet sich diese Sprache durch eine besondere Weihe aus. Für Muslime ist sie heilig, erhaben und geheimnisvoll zugleich. Engagiert vorgetragene Koransuren vermögen nicht nur bei Muslimen Ergriffenheit und feierliche Gefühle auszulösen.

Inzwischen ist der Koran in fast alle Sprachen der Welt übertragen worden. Diese Übersetzungen können aber niemals das arabische Original ersetzen. Daher lernen muslimische Kinder in den Koranschulen,

DAS WICHTIGSTE GEBET

Die erste Koransure heißt „Die Eröffnende" (al-Fatiha). Sie ist das wichtigste islamische Gebet. Nicht von seinem Inhalt, wohl aber von seiner Bedeutung her ist es mit dem christlichen „Vaterunser" vergleichbar:

„Im Namen Gottes, des Barmherzigen, des Erbarmers!
Lob sei Gott,
dem Herrn der Welten,
dem Barmherzigen, dem Erbarmer,
dem Herrn des Gerichtstages.
Dir dienen wir,
und Dich bitten wir um Hilfe:
Führe uns den geraden Weg,
den Weg derer, denen Du Gnade erwiesen hast,
nicht derer, die dem Zorn verfallen sind,
noch derer, die in die Irre gehen".

die Korantexte auf Arabisch zu lesen und vorzutragen.

Es gibt Muslime, die das ganze Koranbuch auswendig rezitieren können. Sie werden *Hafiz* (Bewahrer) genannt. Ein Hafiz nimmt den Koran in sein Herz, Gemüt und seinen Verstand auf, wird eins mit dem Wort, seinem Klang und Rhythmus.

Der Koran gilt als das Abbild eines vor aller Schöpfung existierenden Urbuches, der „Mutter des Buches", mit der er in allen Einzelheiten übereinstimmt. Gott selbst hat mit seiner „göttlichen Feder" diese Schrift verfasst. Jeder einzelne Koranvers gilt als wunderbares „Zeichen" *(Aya)*.

Islamische Theologen arbeiteten später die Lehre von der Unübertrefflichkeit des Korans aus: Das Koranbuch enthalte keine inneren Widersprüche und nur zutreffende Prophezeiungen, ja sogar die Vorwegnahme einer Reihe naturwissenschaftlicher Erkenntnisse.

WESENTLICHE MERKMALE

DIE FÜNF SÄULEN DES ISLAM
Die Grundpflichten der Muslime

Rituelle Fußwaschung in der Mannheimer Yavuz-Sultan-Selim-Moschee, der zweitgrößten Moschee Deutschlands

Muslime leben auf der ganzen Welt und naturgemäß gibt es daher große, kulturell bedingte Unterschiede in der Ausübung ihrer Religion. Eines aber verbindet alle Muslime: die fünf religiösen Hauptpflichten.

Die erste Säule: das Glaubenszeugnis (die Schahada)

Die erste Pflicht des Muslims ist das Aussprechen des Glaubenszeugnisses (*Schahada*). Das Verb *schahida* bedeutet „bezeugen, Zeugnis ablegen" und wird auch in der juristischen Sprache verwendet, zum Beispiel für einen Unfallzeugen. Ein Muslim bezeugt nicht nur den einen und einzigen Gott. Zugleich verneint er alles, was diese Einheit in Frage stellt. Wer andere Größen wie Personen, Reichtum, Interessen an die Stelle Gottes setzt, begeht *Schirk* (Beigesellung), treibt also Götzendienst.

> „Ich bezeuge, dass es keine Gottheit gibt außer dem Gott.
> Ich bezeuge, dass Mohammed der Gesandte des Gottes ist".
> (Sure 9,71)

Die zweite Säule: das rituelle Pflichtgebet (die Salat)

Fünfmal am Tag, zu genau festgesetzten Zeiten, sollen Muslime das rituelle Pflichtgebet verrichten. Es hat nichts mit dem freien, spontanen Gebet zu tun, das Muslime bei verschiedenen Anlässen sprechen. Das rituelle Gebet mit seinen genau vorgeschriebenen Grundpositionen (Stehen, Beugen, Niederwerfen, Sitzen) bringt die „Anwesenheit des Herzens" zum Ausdruck, versinnbildlicht die demütige Ergebenheit und das Vertrauen in Gottes umsorgende Barmherzigkeit.

DIE FÜNF SÄULEN

Vor dem Pflichtgebet müssen sich die Muslime reinigen. Auch ihre Kleidung und der Ort, an dem sie beten, müssen rein sein. Muslime beten in Richtung Mekka und zu folgenden Zeiten: vor dem Morgengrauen, am Mittag, am Nachmittag, am Abend (mindestens eine Stunde vor Sonnenuntergang) und vor Einbruch der Nacht.

Richtiges Beten bezieht Eltern, Verwandte, Freunde, Hilfsbedürftige mit ein. Am Freitagmittag sollen die Gläubigen zum Pflichtgebet die Moschee aufsuchen. Dann versammeln sich alle Betenden in Reihen hinter ihrem Imam, dem Vorbeter. Frauen beten von Männern getrennt.

Die dritte Säule: das Fasten (der Saum)

Der *Ramadan* ist der neunte Monat des islamischen Mondkalenders und dauert 29 beziehungsweise 30 Tage. Jedes Jahr beginnt dieser Fastenmonat im europäischen Kalender etwa elf Tage früher als im Vorjahr. Beginn und Ende des Fastenmonats sind am Erscheinen des jeweiligen Neumondes abzulesen, sobald wieder das „Neulicht" sichtbar wird, meist zwei bis drei Tage nach Neumond. Viele Muslime gehen dem Fastenmonat erwartungsvoll entgegen. Das göttliche Gebot des Fastens bedeutet eine noch intensivere Hingabe an Gott, noch größere Solidarität mit den Mitgläubigen in der ganzen Welt. Gefastet wird von der Morgendämmerung bis zum Untergang der Sonne, je nach Jahreszeit bis zu 20 Stunden. Während des Zeitraums

> *„Ihr Gläubigen!*
> *Euch ist vorgeschrieben zu fasten,*
> *so wie es den Menschen,*
> *die vor euch lebten,*
> *vorgeschrieben war.*
> *Vielleicht werdet ihr*
> *gottesfürchtig sein (...).*
> *Gott will es euch leicht und*
> *nicht schwer machen"*.
> (Sure 2,183–185)

Indonesische Muslime in Banda Aceh beim Pflichtgebet auf ihren Gebetsteppichen in einer der typischen Gebetspositionen

WESENTLICHE MERKMALE

der Hölle enthalten sich alle Erwachsenen, ihrer Sinne mächtigen und gesunden Muslime der Nahrung, Getränke, Genussmittel (zum Beispiel Rauchen) und des Geschlechtsverkehrs.

Das Fastengebot stellt die Muslime ausdrücklich in die jüdische und christliche Fastentradition. Der Islam will dem Menschen nur das abverlangen, was dieser auch wirklich leisten kann. So sind etwa Altersschwache, unheilbar Kranke und Kinder vom Fasten befreit. Reisende, schwangere und stillende Frauen, Kranke und Alte können ihr Fasten verschieben. Menstruierende Frauen dürfen nicht fasten. Liberale muslimische Theologen neigen dazu, Schwerstarbeitern eine Unterbrechung des Fastens zu gestatten. Vertreter bestimmter

„Wahre Frömmigkeit besteht nicht darin, dass ihr eure Gesichter beim Gebet nach Osten oder Westen wendet. Fromm sind vielmehr die, welche an Gott, den Jüngsten Tag, die Engel, das Buch und die Propheten glauben und ihr Geld aus Liebe zu ihm den Verwandten, den Waisen, den Armen, den Reisenden und den Bettlern zukommen lassen und es für den Loskauf von Gefangenen und Sklaven ausgeben. Fromm sind auch die, welche das Gebet verrichten und die soziale Pflichtabgabe entrichten und angesichts von Not, Leid und Unglück standhaft sind. Dies sind die wahrhaft Frommen und Gottesfürchtigen". *(Sure 2,177)*

Berufe (zum Beispiel Piloten) sind aufgrund von besonderen Rechtsgutachten vom Fasten befreit. Als Ersatzleistung müssen sie jedoch einen Armen einen Monat lang so mit Grundnahrungsmitteln versorgen, wie sich selber oder Geld in spenden.

Fasten verändert das Bewusstsein, daher gilt der Ramadan als hervorragende Gelegenheit, sich Gott konzentriert zuzuwenden. Das islamische Menschenbild basiert auf der Ganzheit des aus Körper, Geist und Seele bestehenden Menschen. Kein Gebet „im stillen Kämmerlein" ist gefordert, sondern der volle Einsatz des Körpers und die geistig-innere Haltung, ohne die das Fasten wertlos wäre.

Wie alle übrigen islamischen Pflichten ist das Fasten eine gemeinschaftliche Handlung

Gebetsketten an der Wand eines türkischen Gebetshauses

DIE FÜNF SÄULEN

und reiht den einzelnen Muslim in die große Umma ein.

Das Fasten hat zudem eine wichtige ethische Seite: Es ist ungültig, wenn der Muslim lügt und betrügt, anderen Menschen übel nachredet, grobe und verletzende Worte gebraucht. Jeden Abend findet das Fastenbrechen statt, eine Feier im Kreise von Verwandten, Nachbarn und Freunden. Auch hier ist es guter Brauch, sich besonders um die Mittellosen zu kümmern. Der Ramadan ist eine Zeit der Buße und Versöhnung. Man soll die Abendstunden nutzen, um wieder Frieden zu stiften. Zwei Höhepunkte hat die Ramadanzeit: die „Nacht der Bestimmung", die üblicherweise am 27. Ramadan gefeiert wird und den Abschluss der Fastenzeit mit dem großen „Fest des Fastenbrechens".

Tief ins Gebet versunkene Muslime in einer türkischen Moschee

Die vierte Säule: die Pflichtabgabe (die Zakat)

Zakat ist eine steuerähnliche Pflichtabgabe, kein freiwilliges Almosen. Das Wort leitet sich von dem arabischen Verb *zaka* (reinigen) ab, und Muslime deuten es als eine von Habgier reinigende Handlung. Zakat ist von Dankbarkeit gegenüber Gott geprägt, denn er hat es seinen Geschöpfen ermöglicht, auskömmlich zu leben. Die Begüterten haben die Pflicht, mit ärmeren Mitmuslimen ihren Besitz zu teilen. Die Armen besitzen sogar das Recht auf einen Teil des Besitzes der Bessergestellten.

Die fünfte Säule: die Wallfahrt nach Mekka (die Hadsch)

Die Pilgerreise nach Mekka bedeutet für jeden Muslim den Höhepunkt des religiösen Lebens. Einmal im Leben sollte jeder Muslim die große Wallfahrt nach Mekka unternehmen, die eine beeindruckende Erfahrung der islamischen Gemeinschaft darstellt.

Teilen und Verzicht im Ramadan

„Wer es im Fastenmonat bis Viertel nach fünf Uhr nicht geschafft hat, sein Ziel zu erreichen, verbringt mindestens noch die nächste Viertelstunde dort, wo er stecken geblieben ist. Die meisten Autofahrer auf Kairos überlasteten Straßen sind für diese Situation ausgerüstet und bereit, ihre mitgebrachte ‚Notration' zu teilen. Wer nichts dabei hat, muss nur die Fensterscheiben herunter kurbeln und wird alsdann von allen Seiten mit getrockneten Früchten, Saft in Plastiktüten und Süßigkeiten beworfen. (…)

Die Bewohner der Kairoer Elendsviertel haben sich schon gegen Mittag mit Sonderbussen auf den Weg ins noble Viertel Mohandessin gemacht. Vor den eleganten Boutiquen und Restaurants des Schehad-Boulevards sind Stände aufgebaut, die kostenlos Mahlzeiten an Bedürftige ausgeben. Der Besitzer eines Reisebüros hat auf offenem Feuer zwei Hammel braten lassen, die kurz vor iftar, sorgfältig zerlegt, auf großen Platten mit Reis zu Tischen getragen werden, vor denen Dutzende von Menschen Platz genommen haben. Die Speisen werden begeistert kommentiert, aber niemand rührt sie an, bis der Maghreb-Ruf ertönt. Einige Straßenzüge weiter hat ein Juwelier einen Vier-Sterne-Koch beauftragt, drei verschiedene Sorten gehaltvolle Suppen zuzubereiten, die von livrierten Kellnern in Porzellanschalen geschöpft werden. Vor der Dependance einer internationalen Fastfood-Kette werden an diesem Abend für alle Hamburger, Chicken wings und Pommes ausgegeben, dazu Fladenbrot und Wasser aus Tonkrügen.

Im Monat Ramadan können die Armen von den Speisen kosten, die sie sonst nur aus dem Fernsehen kennen. Doch um satt zu werden, muss man nicht nach Mohandessin kommen. Auch in den traditionellen Vierteln, vor Moscheen, auf öffentlichen Plätzen, vor Geschäften und Privathäusern ist reichlich, wenn auch in bescheideneren Kompositionen für Speis' und Trank gesorgt. Wer immer etwas erübrigen kann, gibt den Armen, spricht sich mit seinen Nachbarn ab, legt gegebenenfalls zusammen und stiftet in diesem Monat wenigstens eine Mahlzeit. Wer kein Geld hat, kann seine Dienste anbieten, beim Aufbau der Stände, der Speiseausgabe oder beim Aufräumen danach."
(Aus der Ost-West-Wochenzeitung Freitag vom 17.12.1999)

WESENTLICHE MERKMALE

Die Wallfahrt nach Mekka
Die fünfte Säule des Islam

Tausende von Pilgern umkreisen die von der Qiswa (Tuch) eingehüllte Kaaba in Mekka.

Die Wallfahrt nach Mekka ist die fünfte Grundpflicht der Muslime. Jeder erwachsene, gesunde und finanziell hinreichend ausgestattete Muslim soll einmal im Leben nach Mekka pilgern. Dabei lebt er Ereignisse aus dem Leben seines Stammvaters Ibrahim (Abraham) nach und erinnert sich daran, dass Mohammed selbst vor seinem Tod eine Abschiedswallfahrt nach Mekka unternommen hat.

Es gibt die kleine und die große Wallfahrt. Die kleine Wallfahrt, *Umra*, kann jeder Muslim allein zu jeder beliebigen Zeit unternehmen. Die große, *Hadsch*, vollziehen Muslime gemeinsam. Sie findet jährlich in den ersten beiden Wochen des Pilgermonats Dhul-Hidscha statt. Zu Beginn tauschen die Pilger ihre Alltagskleider gegen Pilgergewänder ein. Männer tragen zwei ungesäumte weiße Tücher und Sandalen. Frauen unterliegen keinen besonderen Kleidervorschriften, doch verzichten sie auf Schmuck und Make-up. Die Pilgerkleidung symbolisiert das Zurücklassen des Alltags und die Gleichheit aller Gläubigen vor Gott.

Stationen des Gebets

In Mekka treffen sich Muslime aus vielen Ländern. Am heiligen Ort spüren sie besonders, dass sie eine weltweite Gemeinschaft sind. Unterschiedliche Hautfarben und Nationalitäten, soziales Ansehen und Reichtum spielen während der Wallfahrt keine Rolle.

Die schwarze steinerne Kaaba steht im Hof der großen Moschee in Mekka. Dieses „erste Haus" hat nach der Überlieferung Ibrahim (Abraham) für den einen Gott gebaut. Bedeckt wird das Ge-

Jehan Sadat berichtet von der Wallfahrt nach Mekka

„Hier bin ich, Herr! Hier bin ich. Hier bin ich, Deinem Befehl zu folgen. Du hast nicht Deinesgleichen. Hier bin ich, Deinem Befehl zu folgen. Gelobt seist Du! Allgroßmütiger, Allerbarmer, Allmächtiger. Du hast nicht Deinesgleichen. Hier bin ich!

Immer wieder (…) psalmodiere ich das traditionelle Gebet der Pilger auf der Wallfahrt nach Mekka. (…)

Jeden anderen Gedanken aus meinem Kopf verbannend, konzentrierte ich mich ausschließlich auf Liebe und Frieden. Weltliche Probleme und Gefühle sollten nicht mitgebracht werden auf dieser Reise (…). Mit den Ritualen der Pilgerfahrt hatte ich schon vor der Abreise aus Ägypten begonnen, indem ich mich in den Ihram, den Zustand der Reinheit, versetzte. Nachdem ich mein Make-up entfernt, meinen Schmuck abgelegt und als Symbol für die Befreiung der Seele von allen Unreinheiten ein langes Bad genommen hatte, legte ich das lange weiße Gewand der Pilger an und versteckte mein Haar unter einem sauberen weißen Tuch. (…)

Die Ausmaße des Haram verschlugen mir den Atem, sieben Haupttore führten auf den riesigen, rechteckigen Innenhof, der eine halbe Million Menschen zu fassen vermochte. Auf allen Seiten war er von Bogen und Säulengängen aus weißem Marmor umschlossen. Sieben reich verzierte Minaretts überragten das breite Flachdach über den Kolonnaden (…).

Nirgendwo habe ich die Macht des Glaubens so stark empfunden. Im Gebet mit den anderen Pilgern neigte ich mich demütig vor Allah und wurde von Allah dafür erhoben. Vor Allah gibt es keine Unterschiede der Rasse, der Klasse oder der Geschlechter. Im Haram war es den Frauen verboten, Nase und Mund mit einem Schleier, die Hände mit Handschuhen zu bedecken." *(Jehan Sadat: Ich bin eine Frau aus Ägypten, 1989)*

Pilger wandeln in einer Halle zwischen den Hügeln von as-Safa und al-Marwa. Der Mittelgang wird für die Gebrechlichen frei gehalten.

WESENTLICHE MERKMALE

Muslimische Pilger sprechen am Berg Arafat Wallfahrts-(Talbija) und Bittgebete.

bäude von einem schwarzen, mit goldbestickten Koranversen verzierten Tuch. Sieben Mal umkreisen die Pilger betend die Kaaba. Viele versuchen, das Heiligtum zu berühren, den schwarzen, an der Ostwand eingemauerten Stein zu küssen. Die Muslime folgen damit dem Vorbild Mohammeds, der nach der Überlieferung den Stein geküsst hat.

Nachdem die Pilger die Kaaba sieben Mal umkreist haben, laufen sie ebenso oft zwischen den beiden nahe gelegenen Hügeln Safa und Marwa hin und her. Denn

Vollzieht die Wallfahrt und den Besuch der Kaaba

„Und vollzieht die Wallfahrt und den Besuch der Kaaba zum Gefallen Gottes (…). Die Wallfahrtsmonate sind bekannte Monate, wenn sich daher jemand die Wallfahrt in diesen Monaten auferlegt hat, so soll es während der Wallfahrt keinen Beischlaf, keinen Frevel, keinen Streit geben und was ihr an Wohltat tut, das weiß Gott. (…) Und wenn ihr herbeieilt vom Berg Arafat, so gedenkt Gottes bei der heiligen Stätte und gedenkt seiner, wie er euch geleitet hat ungeachtet dessen, dass Ihr früher unter den Irrenden ward. (…) Und wenn ihr eure Riten vollzogen habt, so gedenket Gott wie ihr früher eure Väter gepriesen, und mit noch viel mehr Lob." (Sure 2, 196–200)

als Ibrahim auf der Reise nach Mekka seine Frau Hagar und ihren kleinen Sohn Ismail in der Wüste zurückließ, suchte Hagar verzweifelt Wasser für ihren Sohn. Dabei soll sie sieben Mal zwischen den beiden Hügeln hin- und hergelaufen sein, bis sie schließlich die Quelle Zamzam fand.

Am neunten Tag des Pilgermonats brechen die Pilger nach einem Gottesdienst in der Großen Moschee zum Berg Arafat auf. Am „Berg der Gnade", wo Mohammed seine letzte Predigt hielt, treffen sich alle

WALLFAHRT NACH MEKKA

Pilger steinigen symbolisch den Teufel in Mina. Orangefarbene Tragen stehen für die Versorgung von Verletzten bereit.

Pilger zum wichtigsten Geschehen der Wallfahrt. Mit den Worten „Da bin ich, Herr", drücken sie aus, dass sie sich an diesem heiligen Ort von der Gegenwart Gottes überwältigt fühlen. Sie bitten um Vergebung ihrer Sünden.

Sieben gesammelte Steinchen wirft jeder Pilger nach seiner Ankunft in Mina am folgenden Morgen gegen Steinsäulen. Durch diese symbolische Steinigung des Teufels fühlen sie sich erneut ihrem Stammvater Ibrahim nahe. Auch er vertrieb einst mit Steinen den Teufel, als dieser ihn daran hindern wollte, seinen Sohn Ismail zu opfern.

Am zehnten Tag des Pilgermonats feiern Muslime in aller Welt das Opferfest. In Mina gedenken die Pilger des Opfers von Ibrahim und der Rettung seines Sohnes Ismail. Jeder, der es sich leisten kann, opfert ein Schaf oder eine Ziege. Zum Abschluss werden erneut die Haare geschnitten und die Pilger kehren über Mina nach Mekka zurück, wo sie abermals sieben Mal die Kaaba umkreisen. Nach dem Ende der offiziellen Wallfahrt besuchen viele noch das Grab des Propheten in Medina.

WESENTLICHE MERKMALE

DIE WICHTIGSTEN RELIGIÖSEN FESTE
Besondere Tage im Jahreslauf

Wie in allen Religionen, so werden auch im Islam zahlreiche verschiedene Feste im Jahreslauf gefeiert – entweder zum Gedenken an ein historisches Ereignis oder als Symbol für die Zugehörigkeit zur muslimischen Gemeinschaft. Da die Feste nach dem Mondkalender berechnet werden, verschieben sie sich von Jahr zu Jahr um zehn oder elf Tage. Gleichzeitig hat das Mondjahr nur 354 Tage und ist daher kürzer als das Sonnenjahr. Die Jahresanfänge und damit die Monate wandern also durch die Jahreszeiten.

Muharram

In Erinnerung an die Auswanderung des Propheten Mohammed von Mekka nach Medina begehen die Muslime am Muharram, dem ersten Monat ihres Kalenders, den Neujahrstag. Der erste Muharram ist kein großer Feiertag. Die Gläubigen schenken sich jedoch Süßigkeiten, erzählen spannende und erbauliche Geschichten von Mohammed und seinen Prophetengefährten. Nach unserer Zeitrechnung wanderten die Muslime im Jahr 622 aus, dem Jahr eins ihrer Zeitrechnung.

Die Schiiten feiern am ersten Muharram kein Neujahr, sondern den Beginn ihres Trauermonats, in dem sie des gewaltsamen Todes Hussains gedenken, des Enkels des Propheten Mohammed.

Aschura-Tag

Der Aschura-Tag am zehnten Muharram ist der Höhepunkt des Monats für die Schiiten. An diesem höchsten Feiertag gedenken

Bedürftige Muslime bei einer kostenlosen Speisung im Fastenmonat Ramadan in Kairo

sie des Märtyrertods von Hussain. Die Söhne des Kalifen Ali, Hussain und Hassan, wurden im Jahre 680 bei Kerbela von dem omajjadischen Kalifen belagert. Hussain fand dabei den Tod. Die schon einen Tag vor Aschura beginnenden Festlichkeiten erreichen in Prozessionen und Passionsspielen ihren Höhepunkt. Für Männer und Frauen werden getrennte Versammlungen abgehalten, bei denen die Leiden des Prophetenenkels vorgetragen werden. Die Frauen sind in dunkle Gewänder gehüllt. Türken feiern Aschura als Fest der Errettung der Arche Noahs. Als diese nämlich am Berge Ararat strandete, wurde ein Festessen aus allen Lebensmittelresten gekocht. Darum bereiten türkische Muslime am zehnten Muharram eine Süßspeise aus 40 Zutaten. Man verteilt sie auch an Nachbarn und Freunde.

Die fünf Heiligen Nächte
Nacht der Empfängnis des Propheten

Am Anfang des Monats Radschab feiern Muslime die Empfängnis des Propheten Mohammed. Nach der Überlieferung gelangte das göttliche Licht auf der Stirn von Mohammeds Vater Abdallah in den Schoß seiner Mutter Amina. In der Türkei wird diese Nacht wie weitere andere vier Nächte als Kandil (Licht)-Nacht begangen. In diesen Nächten werden die Moscheen hell erleuchtet.

Lailat al-Miradsch
(Nacht der Himmelsreise)

An dem am 27. Radschab begangenen Fest der Himmelsreise des Propheten erinnern sich Muslime daran, dass Mohammed auf dem geflügelten Reittier Buraq nachts von Mekka nach Jerusalem flog und dort die früheren Propheten Abraham, Mose und Jesus traf.

Lailat al-Bara'a
(Nacht des Schuldenerlasses)

Diese den Gläubigen freigestellte Feier in der Nacht vom 14./15. Schaban ist ein Bußtag. Die Frommen bitten Gott, der al-

Ein senegalesischer Hirte mit seiner Herde von Schafen, die für das Opferfest bestimmt sind

WESENTLICHE MERKMALE

le Taten der Menschheit des vergangenen Jahres aufgeschrieben hat, um Vergebung ihrer Sünden.

Lailat al-Qadr (Nacht der Macht/Bestimmung)

Die Nacht der Macht/Bestimmung wird meist in der 27. Nacht des Fastenmonats Ramadan gefeiert. Dabei gedenken Muslime der Offenbarung der ersten fünf Verse der 97. Sure des Korans an Mohammed. Die türkische Bezeichnung des Festes lautet Kadir Gecesi.

DIE MONATE DES ISLAMISCHEN KALENDERS

Muharram (30 Tage)
Safar (29 Tage)
Rabi I (30 Tage)
Rabi II (29 Tage)
Dschumada (30 Tage)
Dschumada II (29 Tage)
Radschab (30 Tage)
Schaban (29 Tage)
Ramadan (30 Tage)
Schauwal (29 Tage)
Dhul-Qa'da (30 Tage)
Dhul-Hidscha (29 Tage, in Schaltjahren 30)

Ein neuer Monat beginnt immer 2–3 Tage nach Neumond, wenn die Mondsichel wieder sichtbar ist.

Maulid an-Nabi (Mohammeds Geburtstag)

Größere Geburtstagsfeiern von Mohammed gehen auf das 10./11. Jahrhundert in Ägypten zurück. In der Geburtstagsnacht am 12. Tag des dritten Monats des islamischen Mondjahres erleuchten ungezählte Kerzen und Lampen die Moscheen in der Türkei. Der Tag heißt Mevlid Kandil (Lichterfest zum Geburtstag). Die Muslime begehen ihn mit besonderen Zusammenkünften, gedenken des Propheten mit Lobprei-

Die Badshahi Moschee in Lahore (Pakistan) ist zu Ehren Mohammeds festlich erleuchtet.

RELIGIÖSE FESTE

sungen und Erzählungen aus seinem Leben. In Pakistan dreht sich der ganze Monat um das Andenken an den Gottesgesandten.

Id al-Fitr (Fest des Fastenbrechens)

Dieses dreitägige Fest (türkisch: Ramasan Bayrami oder Šeker Bayram) am Ende der Fastenzeit mit seinen Glückwünschen und Geschenken ist für viele Muslime der Höhepunkt des Jahres. Der türkische Name Šeker Bayram bedeutete zunächst wohl „Dankfest". Heute wird er mit den an diesem Tag verschenkten Süßigkeiten (Šeker = Zucker) in Verbindung gebracht. Das Fest ist eine Zeit der Danksagung, weil Gott den Muslimen die Einhaltung des Fastens ermöglicht und ihre Übertretungen vergeben hat. Man besucht Freunde und Verwandte. Jeder nicht unter Armut leidende Muslim soll Bedürftige durch eine Gabe an der Festfreude teilnehmen lassen.

Id al-Adha (Opferfest) / Hadsch (Wall- oder Pilgerfahrt nach Mekka)

Im Mittelpunkt dieses viertägigen höchsten islamischen Festes (türkisch: Kurban Bayram) im Monat Dhul-Hidscha steht die Hingabe des Menschen an Gott und Gottes Barmherzigkeit. Bis zu zwei Millionen Muslime reisen anlässlich dieses Festes jedes Jahr nach Mekka, um die vorgeschriebene Wallfahrt vorzunehmen. Gleichzeitig mit den Mekkapilgern feiern Muslime in aller Welt ein viertägiges Opferfest, in dem sie eine Art Vorwegnahme der Auferstehung sehen. Der Anlass zu diesem Fest ist die Erzählung des Abrahamopfers. Sie ist

Beim Nahen des Ramadans ziehen traditionell Trommler durch die Straßen und kündigen den Beginn des Fastenmonats an.

in der Hebräischen Bibel und im Koran (Sure 37,100ff.) enthalten: Gott forderte Abraham auf, seinen Sohn Ismail (Isaak) als Zeichen des Gehorsams zu opfern. Im letzten Augenblick verzichtete Gott jedoch auf das Opfer des Kindes und schickte an dessen Stelle ein Schaf. Zur Erinnerung kaufen viele muslimische Familien, die es sich leisten können, ein Schaf. Sie schlachten es nach den religiösen Regeln und verzehren es gemeinsam. Bedürftige erhalten ein Drittel des Fleisches, ein weiteres Drittel steht der Verwandtschaft zu. Das letzte Drittel ist für die Familie selbst bestimmt. Neben dem gemeinsamen Festmahl besucht man die Moschee und liest im Koran. Auch Geschenke werden an diesem Tag verteilt.

Das Opfer Abrahams

„Und als er das Alter erreichte, wo er mit dem Vater (Abraham) arbeiten konnte, sagte dieser: ‚O mein lieber Sohn, ich sehe im Traum, dass ich dich opfere, überlege nun, was du meinst'. Er erwiderte: ‚O mein Vater tue, was dir befohlen, du wirst mich, so Gott will, als einen der Standhaften finden'.

Und als die beiden sich dem Befehl Gottes gefügt und er ihn auf die Schläfe gelegt hatte, da riefen wir ihn: ‚O Abraham, du hast wirklich das Traumgesicht wahr gemacht! Also belohnen wir die Rechtschaffenen.' Dies, dies war offenbare Prüfung, und wir lösten ihn durch ein großes Opfer aus und ließen sein (Abrahams) Gedenken unter den Späteren weiterleben. Friede sei über Abraham. Also belohnen wir die Rechtschaffenen."
(Sure 37, 102–109)

41

WESENTLICHE MERKMALE

Feste am Lebensweg
Besondere Tage im Leben eines Muslims

Persönliche Feste prägen das soziale Miteinander. Wie überall stellen sie auch in der islamischen Welt die privaten Höhepunkte eines Lebens dar und werden entsprechend gefeiert.

Geburt und Namengebung

Schwangerschaft und Geburt gelten im Koran als Zeichen der Auferstehung – denn Gott kann, wie es im Koran heißt, die Menschen aus dem Grab genauso wie aus dem Mutterschoß hervorholen.

Kinder werden als Geschenke Gottes betrachtet. Ein Neugeborenes soll als Erstes den *Adhan*, den Gebetsruf, hören. Während dieser ihm in das linke Ohr geflüstert wird, vernimmt es das Glaubensbekenntnis durch sein rechtes Ohr. Oft wird dem Baby ein wenig Zucker oder Honig auf die Zunge gelegt, damit es ein glückliches Leben haben soll. Ein Gebet begleitet diesen Brauch. Aus vorislamischer Zeit ist die Sitte erhalten geblieben, ein Tier zu schlachten und das Fleisch an Bedürftige zu verteilen.

Die Namengebung (*Aqiqah*) erfolgt am 7. oder 40. Tag. Ein *Hodscha* (Prediger) beziehungsweise *Imam* (Geistlicher) oder eine angesehene Person hebt das Kind hoch, hält dabei seinen Kopf in

„Die stolzen Eltern verkündeten das Ereignis oft, indem sie ihr Haus mit Lichtern schmückten oder Lichterketten an Bäume und Sträucher hängten. Anlässlich der Sebua am siebten Tag brachten alle Dorfbewohner der Familie ein Geschenk: eine Ente, eine Gans, manchmal sogar ein Schaf, Brotlaibe oder fetir meschaltet, ein sehr nahrhaftes, mit Sahne gebackenes Brot, das mit Honig gegessen wird. Einige brachten auch Geldgeschenke, die dann als Schuld betrachtet und dem Geber in derselben Höhe zurückgezahlt wurden, sobald diesem ein Kind geboren wurde. Doch weil das Geschenk eines Kindes oft das größte von allen war, fürchteten die Eltern sich oft vor Neidern. Daher waren Geschenke, die den bösen Blick bannten, auch am beliebtesten – die Hand der Fatima, der Prophetentochter, sowie auch Goldmedaillons oder Armbänder, in die Worte der Sure Ya Sin eingraviert waren. Um sich aber noch wirksamer zu schützen, flochten die jungen Eltern im Dorf dem Kind blaue Perlen in die Stirnhaare, damit jedem, der das Baby bewunderte, zuerst die Farbe Blau ins Auge fiel."
(Jehan Sadat: Ich bin eine Frau aus Ägypten 1989, S. 160 f.)

Chamsa („fünf") oder Hand der Fatima, ist ein beliebtes Glücks- und Schutzamulett; verbreitet in Nordafrika und dem östlichen Mittelmeerraum; türkisch, 19. Jh.

FESTE AM LEBENSWEG

Richtung Mekka und spricht ihm bestimmte Koranabschnitte und dreimal seinen Namen ins rechte Ohr. Anlässlich der Namengebung findet oft ein Festessen mit Freunden und Verwandten statt.

Die ersten 40 Tage nach der Geburt bleiben Mutter und Kind im Allgemeinen zu Hause. Entweder bei der Namengebung oder am Ende der 40 Tage singt ein Geistlicher das *Mevlut*, ein Gedicht auf die Geburt Mohammeds. Da Mutter und Kind sich in den ersten 40 Tagen besonders durch den „bösen Blick" gefährdet fühlen, wird das Kind durch ein Amulett davor geschützt, das häufig aus blauen Glasperlen und zum Teil auch aus Gold und Silber besteht. Nach dem siebten Tag können allerdings auch diese vormals guten Beschützer nicht mehr helfen und sogar gefährlich werden. In manchen Ländern wird dem Kind daher noch etwas Haar abgeschnitten und

> ### DIE WAHL DES NAMENS
>
> Eine Überlieferung Mohammeds lautet: „Am Tag des Jüngsten Gerichts werdet ihr bei euren Namen gerufen werden und bei denen eurer Väter. Wählt daher schöne Namen aus!" Nach einer anderen Tradition hat ein Vater drei Pflichten: seinem Sohn einen Namen zu geben, ihn schreiben zu lehren und zu verheiraten.
>
> Viele Muslime nennen ihre Kinder nach ihrem Propheten Mohammed oder Ahmad. Auch die Namen der Frauen des Propheten oder bedeutender Gestalten aus der islamischen Geschichte sind gefragt: Ali, Fatima, Aischa, Chadidscha, Hassan, Hussain, Hakim, Tariq, Ibrahim und andere.

in Gold aufgewogen. Der Gegenwert des Goldes wird dann an Arme und Bedürftige verteilt, auch um Gott gegenüber Dank für das Geschenk des gesunden Kindes zu zeigen. Manchmal wird auch etwas Haar als eine Art Opfer verbrannt. In einem Festzug, an dem sich alle Kinder und die weiblichen Mitglieder des Haushalts beteiligen, wird das Neugeborene anschließend durch das Haus getragen. An die älteren Kinder werden bei dieser Gelegenheit Süßigkeiten verteilt.

Wenn ein Kind vier Jahre ist, lernt es zum ersten Mal eine Koranpassage auf Ara-

Mit Festuniformen und Schärpe („Was Gott will") geschmückte türkische Jungen vor ihrer Beschneidung

WESENTLICHE MERKMALE

bisch auswendig. Daher heißt der vierte Geburtstag auch *Bismillah* („Im Namen des barmherzigen Erbarmers"). Alle 114 Suren des Korans bis auf die neunte beginnen so.

Beschneidung

Für muslimische Jungen ist die Beschneidung ein sehr wichtiges Fest im Lebenskreis. In manchen Ländern findet sie etwa sieben Tage nach der Geburt statt. Oft wird ein islamischer Junge aber auch im Alter von neun Jahren oder sogar noch später beschnitten, wenn er schon vorher Religionsunterricht hatte und in der Lage ist, den Koran im arabischen Original zu lernen.

Ausgeführt wird die kleine Operation entweder von einem Arzt oder einem ausgebildeten Beschneider. Durch die Beschneidung wird der Junge in die *Umma* (arabisch: Gemeinschaft; türkisch *Ümmet*) aufgenommen. Fast immer ist die Beschneidung ein großes Familienfest. Die meisten in Deutschland lebenden türkischen Eltern lassen ihre Söhne während eines Heimaturlaubs beschneiden. Dort ist es einerseits Tradition und daher für die Jungen leichter zu verstehen, und andererseits können so auch Verwandte und Freunde besser eingeladen werden. Da das Beschneidungsfest sehr aufwendig gefeiert wird, also dementsprechend teuer ist, richtet man die Feierlichkeiten oft für mehrere Jungen der Verwandtschaft gemeinsam aus.

Bereits mehrere Tage vor dem Ereignis tragen die Jungen ein Festkleid und erhalten Geschenke. Der erste Tag des zweitägigen Festes heißt „Henna-Abend". Dabei werden dem Jungen drei Finger mit Henna rot gefärbt. Diesen Abend feiert der Junge noch in der Gesellschaft der Frauen. Am nächsten Tag beginnt das Fest der Männer. Koranlesungen finden statt, und nach Gebeten und Moscheebesuch führen die erwachsenen Männer den Jungen in

Frauen bemalen einer Braut im traditionellen tunesischen Hochzeitsgewand die Hände mit Henna. Henna dient als Schmuck und auch zum Schutz gegen äußere Gefahren.

FESTE AM LEBENSWEG

WESENTLICHE MERKMALE

einer Prozession durch die Stadt. Anschließend wird der Knabe beschnitten. Nach dem Eingriff müssen die Jungen einige Tage eine Art Nachthemd tragen. Alle, die einen Jungen in einem solchen Gewand sehen, beglückwünschen ihn und schenken ihm Süßigkeiten oder Geld.

Hochzeit

Die Ehe ist im Islam nicht in erster Linie eine religiöse, sondern eine zivile Angelegenheit. Trotzdem gilt sie als Zeichen *(Aya)* Gottes. Der Koran empfiehlt die Ehe, in der beide Partner einander in Liebe, Barmherzigkeit und Verständnis zugetan sein sollen. Der vorher abgeschlossene Ehevertrag, bei dessen Unterzeichnung zwei männliche oder ein männlicher und zwei weibliche Zeugen zugegen sein sollen, legt die Bedingungen fest. Ein männlicher Verwandter der Braut fungiert als *Wali* (Beschützer, Wohltäter). Er ist dazu bevollmächtigt, die Rechte und Pflichten der Braut vertraglich abzusichern. Die Frau erhält eine so genannte Morgengabe, die ihr beim Scheitern der Ehe zurückgezahlt wird.

Die Unterzeichnung des Vertrags ist eine relativ schlichte Angelegenheit. Der religiöse Aspekt der Eheschließung kommt dadurch zum Ausdruck, dass der Imam oder eine andere religiöse Autorität anwesend ist. Nach der Unterschrift führt der Geistliche die Hände des Paares zusammen. Anschließend sprechen die Anwesenden die erste Sure des Korans, die „Eröffnende". Die Hochzeit besteht aus drei Teilen: dem Unterzeichnen des Vertrags, dem Zug der Braut in das Haus des Bräutigams sowie einem großen anschließenden Festessen.

Vor allem im Leben einer islamischen Frau ist die Hochzeit ein wichtiges Ereignis. Die Frau wechselt dabei aus ihrer Herkunftsfamilie in die Familie des Bräutigams. Den ersten Abend der Hochzeitsfeier, den „Henna-Abend", verbringt die Braut zu-

Traditionelle Hochzeit in Tadschikistan. Das Brautpaar und die Gäste ziehen durch die Straßen des Ortes.

sammen mit weiblichen Gästen im Hause ihrer Eltern. Dabei eröffnen die Braut und die Schwester des Bräutigams den Tanz (türkisch *Görümce*). Die Männer feiern getrennt mit dem Bräutigam. Am folgenden Tag wird die Feier fortgesetzt. Gegen Abend ziehen Frauen und Männer zusammen mit der Braut in das Haus des Bräutigams. Dann wird von einem männlichen Mitglied der Familie des Bräutigams ein rotes Band zerschnitten, mit dem der Brautvater zuvor die Braut gebunden hat. Die Braut begrüßt die Familie des Bräutigams, und die Feier wird in dessen Haus fortgesetzt, wobei jedoch Frauen und Männer wieder getrennt feiern. Am dritten Tag schließlich wird die gesetzliche Trauung vor einer staatlichen Behörde vollzogen.

Natürlich gibt es beim Ablauf der Feier regionale Unterschiede. Auch schwindet die strenge Geschlechtertrennung dort, wo westlich-europäischer Einfluss Oberhand gewonnen hat.

Begräbnis

Muslime betrachten das irdische Leben als ein vorübergehendes Geschenk Gottes. Der Tod ist für sie nichts Negatives und resultiert nicht, wie im Christentum, aus der Sünde. Wie das Leben, so ist auch der Tod von Gott „geschaffen" worden, um die Menschen zu prüfen. Wenn ein Mensch stirbt, so geht er in die Obhut Gottes ein. Eine sehr große Sünde wäre es, an Gottes Barmherzigkeit zu zweifeln. Dies wäre sogar letztlich ein Zweifel an Gott selbst. Niemals soll ein Muslim die Hoffnung aufgeben: „Wer würde die Hoffnung auf die Barmherzigkeit seines Herrn aufgeben! Das tun nur diejenigen, die irregehen" (15,56). Häufig zitiert man im Todesfall die folgende Sure: „Wir gehören Gott und zu ihm kehren wir zurück". (2,156)

Nach Ansicht des bedeutenden Theologen al-Ghazali (1058–1111) unterbricht der Tod zunächst den Zusammenhang zwischen Körper und Geist. Der Tod wird als ein Übergehen vom „Haus der Vergänglichkeit" in das „Haus der Beständigkeit" gesehen. Gott lässt den Menschen sterben, doch erweckt er ihn zu neuem, herrlicherem Leben. Unmittelbar nach dem Tod, bereits im Grab, setzt die Verklärung der Frommen und die Bestrafung der Sünder ein. Obwohl Gott auch der Richtende ist, so hat er sich „zur Barmherzigkeit verpflichtet" (6,12.54). Den gläubigen Muslim erwartet der „Garten der Ewigkeit", das Paradies mit seinem höchsten Lohn, der „Schau Gottes".

In den meisten islamischen Ländern ist eine praktische Einstellung zum Tod zu beobachten. Darin äußern sich zwar verhaltene Verzweiflung, aber auch stille Ergebenheit und Zuversicht auf ein besseres Geschick. Trauerbräuche tragen dazu bei, den Kummer nicht zu verdrängen. Die Praxis der Klageweiber ist ein wichtiges Ventil für den Umgang mit den angestauten Gefühlen. Übertriebenes Beklagen des Todes gilt jedoch als verwerflich, denn es entspricht nicht dem Ernst und der Feierlichkeit, die den Übergang zum anderen Leben begleiten sollen.

Die Leiche wird in zwei bis drei Tücher eingehüllt und in einem schlichten Holzkasten oder auf einer Bahre zum Friedhof getragen. Für jeden Sargträger ist es eine Ehre, den Toten tragen zu dürfen. Unterwegs soll der Leichenzug an einer Moschee Halt machen. Dort hält ein Imam ein Gebet. Koranlesungen begleiten den Zug schließlich von der Moschee bis zum Grabplatz, wo der Leichnam in der Erde versenkt wird. Der Friedhof soll außerhalb der Stadt liegen und schmucklos sein. Das Grab selbst soll so angelegt sein, dass der Tote auf der rechten Seite mit dem Gesicht nach Mekka gerichtet ruht. Alle Gräber sollen gleich einfach sein, auch die Grabsteine sind nicht besonders geschmückt.

Die unmittelbare Trauerzeit soll nach einem Prophetenwort drei Tage nicht überschreiten. In den folgenden 40 Tagen werden Koranlesungen und Armenspeisungen in der Moschee veranstaltet.

Seit 1866 bestehender Friedhof der Türk Sehitlik Camii (Türkische Märtyrer- bzw. Gefallenen-Moschee) in Berlin-Neukölln

WESENTLICHE MERKMALE

DIE MOSCHEE
Funktion und bauliche Merkmale

Ein Meisterwerk islamischer Baukunst: Die Emam-Moschee (bis 1979 Königsmoschee) in Isfahan, Iran wurde im 17. Jahrhundert von Shah Abbas I. erbaut.

Außenansicht der Großen Moschee von Djenne, Mali (Anfang 20. Jh.)

DIE MOSCHEE

Die Moschee ist „der Ort, an dem man zum Gebet niederfällt". Schon zu Mohammeds Lebzeiten wandte man den arabischen Begriff *Masdschid* (= Moschee) auf Gebäude an, wo man Gott verehrte, sich zum öffentlichen und privaten Gebet zusammenfand. Die erste Moschee nach der in Mekka gelegenen Kaaba errichtete man in Medina. Im Laufe der Geschichte entwickelte sich der Moscheebau zu einer eigenen Kunstform. Je nach Epoche und Region lassen sich verschiedene Moscheetypen unterscheiden.

Minarett und Muezzin

Die meisten Moscheen besitzen einen oder mehrere Türme, Minarett genannt. Diese Bezeichnung stammt von dem arabischen Begriff für Leuchtturm *(Minara)*. Minarette mit einem quadratischen Schaft haben ihre Vorbilder in den antiken Leuchttürmen. Sie befinden sich vor allem an Moscheen im Mittelmeerraum. In Iran, Indien, Zentralasien und der Türkei sind eher Rundtürme verbreitet. Meistens besitzen die Minarette eine Innentreppe, über die der *Muezzin* zum Balkon hochsteigt. Es gibt aber auch Minarette mit einer Außentreppe.

Vom Minarett aus ruft der Muezzin (Gebetsrufer) die Gläubigen fünfmal am Tag zum rituellen Pflichtgebet. Der Gebetsruf lautet:

„Gott ist groß! Ich bezeuge, dass es keine Gottheit außer Gott gibt! Ich bezeuge, dass Mohammed der Gesandte des Gottes ist! Auf zum Gebet! Auf zum Heil! Gott ist groß! Es gibt keine Gottheit außer dem Gott!"

Beim Morgengebet fügt man hinzu: „Gebet ist besser als Schlaf!"

Der Muezzin ist immer ein Mann mit einer lauten, weit tragenden Stimme. Vorgetragen wird der Gebetsruf stets auf Arabisch in einer Art Sprechgesang. Da größere Orte mehrere Moscheen haben, legt sich zu den Gebetszeiten der vielstimmige Ruf der Gebetsrufer wie ein Klangnetz über die Stadt. Heutzutage wird der Gebetsruf oft auch von einem Tonträger über Lautsprecher verbreitet.

Das Innere der Moschee

Der Mensch kann und soll sich nach islamischer Auffassung kein Bild von Gott machen. Da allein Gott verehrt werden darf, lehnt man Darstellungen von Menschen und Tieren in einem Gotteshaus ab. Dafür sind die Kuppeln und Wände von Moscheen oft mit kunstvoll gestalteten arabischen Buchstaben, Pflanzen oder geometrischen Figuren verziert, den so genannten Arabesken.

Jede Moschee besitzt einen Brunnen für die rituelle Waschung. Bevor der Gläubige den Betsaal betritt, wäscht er sich dreimal die Hände. Danach spült er sich dreimal mit Wasser aus der rechten Hand den Mund aus, wäscht seine Arme bis zu den

Blick in die Große Moschee von Thatta, im pakistanischen Bundesstaat Sindh. Die Moschee wurde 1647–1649 unter Shah Jahan erbaut und mit prachtvollen Arabesken ausgekleidet.

WESENTLICHE MERKMALE

Brunnen oder eine andere Waschanlage für die rituellen Reinigungen. Der Innenraum einer Moschee ist mit Matten und zum Teil wertvollen Teppichen ausgestattet.

Die Kanzel ist oft meisterhaft gestaltet und befindet sich immer rechts von der Gebetsnische. Von hier aus hält der Prediger (arabisch *Khatib*; türkisch *Hodscha*) vor dem Gemeinschaftsgebet am Freitag die Predigt. Neben religiösen Fragen behandelt sie oft auch politische Themen. Der Prediger spricht Lobpreisungen auf Gott und seinen Gesandten Mohammed, ermahnt die Gläubigen zum rechten Lebenswandel und hält Bittgebete für sie ab. Im frühen Islam waren Prediger meistens bedeutende politische Persönlichkeiten. In großen Moscheen sind heute mehrere Prediger angestellt, die immer noch einen besonderen Ruf genießen.

Muslimische Frauen beten das Gemeinschaftsgebet nicht mit den Männern zusammen. Begründet wird dies damit, dass das Gebet so viel Andacht und Konzentration ver-

Die 1961 gegründete iranische Imam-Ali-Moschee an der Schönen Aussicht in Hamburg

Ellbogen und die Füße bis zu den Knöcheln. Dann reinigt er Gesicht, Hals und Ohren. Durch diesen symbolischen Akt bereitet er seinen ganzen Körper auf die heilige Handlung des Pflichtgebets vor. Auch seine Seele soll frei von Schmutz und üblen Gedanken sein.

Jeder größere Ort in islamischen Ländern besitzt zumindest eine Freitagsmoschee sowie zahlreiche kleinere Gebetsstätten. In der Freitagsmoschee findet das Freitagsgebet statt. In jeder größeren Moschee weist die Gebetsnische *(Mihrab)* nach Mekka. Als Ort des Gebets und der inneren Einkehr besitzt die Moschee eine besondere Weihe. Sie darf nicht mit Schuhen betreten werden. Zur Grundausstattung einer Moschee gehören außerdem eine Kanzel *(Minbar)*, oft auch ein Platz, von dem aus der Muezzin den Gebetsverlauf laut verkündet *(Dakka)*, ein Koranständer *(Rahla)* sowie ein

DIE MOSCHEE

langt, dass sich Männer und Frauen nicht gegenseitig ablenken sollen. Muslimische Frauen beten daher auf einer Empore, andere in einem Nebenraum. Einige Rechtsschulen verlangen, dass die Frauen das Gemeinschaftsgebet zu Hause verrichten.

Der Vorbeter oder Imam

Der *Imam* ist der Vorbeter und sorgt dafür, dass die Betenden die verschiedenen Teile des Gebets gleichzeitig ausführen. Dazu muss er gut Arabisch können. In kleinen Gemeinden werden Vorbeter formlos gewählt. Die Imame an großen Moscheen haben heute dagegen meist eine theologische und juristische Ausbildung genossen. Sie nehmen neben der Leitung der Gebete viele weitere religiöse und rechtliche Aufgaben wahr. In Deutschland übt der Prediger das Amt des Imam aus.

Ein Gebäude mit vielen Funktionen

Moscheen sind seit vielen Jahrhunderten Zentren des gesellschaftlichen Lebens. Alle bedeutenden islamischen Hochschulen sind aus Moscheen hervorgegangen. Als Ort der religiösen Unterweisung genießt heutzutage insbesondere die Al-Azhar-Universität in Kairo besondere Bedeutung. Schüler suchen die Moscheen auf, um den Koran zu lernen, Religionsgelehrte diskutieren über die Fragen des Islam. Zeitweilig beherbergte die Moschee die öffentliche Verwaltung. In den Moscheen finden Versammlungen statt, werden Gerichtsverhandlungen abgehalten. Im Mittelalter waren die Moscheen Tag und Nacht geöffnet. Abends trafen sich in den Säulengängen Rechtsgelehrte, Koranleser und Philosophen. Außerdem war die Moschee auch Zufluchtsort für Reisende, Obdachlose und Kranke, die von der nahen Armenküche versorgt wurden. Noch heute verbringen Menschen an heißen Sommertagen gerne die Nacht in kühlen Moscheen.

Die Ibn-Tulun-Moschee aus dem 10. Jahrhundert in Kairo mit ihrem für Ägypten einzigartigen Minarett

WESENTLICHE MERKMALE

DIE HEILIGEN STÄDTE
Zentren der Verehrung

Mekka, Medina und Jerusalem: Dies sind die bedeutendsten heiligen Städte des Islam. Dort haben Mohammed und andere große Gesandte gelebt und gewirkt, zum Beispiel Ibrahim (Abraham) und Issa (Jesus).

Mekka und Medina

Religiöser Mittelpunkt des Islam ist das „ehrwürdige Mekka". Die „Mutter der Städte" gilt als unverletzlicher, heiliger Ort, als „sichere, friedliche Stadt", „Mutter der Barmherzigkeit", als „das ganz Heilige". Im Herzen Mekkas steht die Heilige Moschee mit der Kaaba als Zentrum islamischer Frömmigkeit. Weil der Koran die Kaaba als „erstes Gotteshaus" bezeichnet, nimmt Mekka den obersten Platz unter den heiligen Städten ein.

Rund 450 Kilometer von Mekka entfernt liegt Medina („Stadt"), die zweite heilige Stadt des Islam. Dort befand sich seit seiner *Hedschra* (Auswanderung) 622 von Mekka nach Medina der letzte Wohnsitz des Propheten Mohammed. Medina trägt zahlreiche Namen: „Stadt des Propheten", „Haus des Friedens", „Stadt der Helfer des Propheten", „Stadt der Frommen/Gerechten", „Kuppel des Islam", „die Gesegnete, Erwählte, Erleuchtete". Wie Mekka so gehört auch Medina zum *Haram*, zum heilig-verbotenen Gebiet, das nur Muslime betreten dürfen. Außerdem steht hier die Grabmoschee Mohammeds, die vor allem in spätosmanischer Zeit prachtvoll ausgeschmückt wurde.

Obwohl der Besuch Medinas kein Pflichtbestandteil der Wallfahrt ist, pilgert die Mehrzahl der frommen Muslime auch zur Moschee des Propheten. Der Ablauf des Besuches ist genau festgelegt: Der rituellen Ganzkörperwaschung folgt das Anlegen sauberer Kleider. Der Pilger bittet um Einlass durch das Gabrieltor und betritt das Heiligtum mit seinem rechten Fuß. Er begrüßt und preist den Propheten, spricht das Glaubenszeugnis in Richtung Mekka. Viele bitten Gott um Erfüllung ihrer Wünsche. Seit Jahrhunderten suchen die Gläubigen die Moschee des Propheten auf. Die Wahhabiten als fundamentalistische Reformbewegung unter König Abd al-Aziz al-Saud (1880–1953) verbieten allerdings seit dem 19. Jahrhundert die Verehrung des Propheten und gestatten bis heute keinen Kult an Mohammeds Grab.

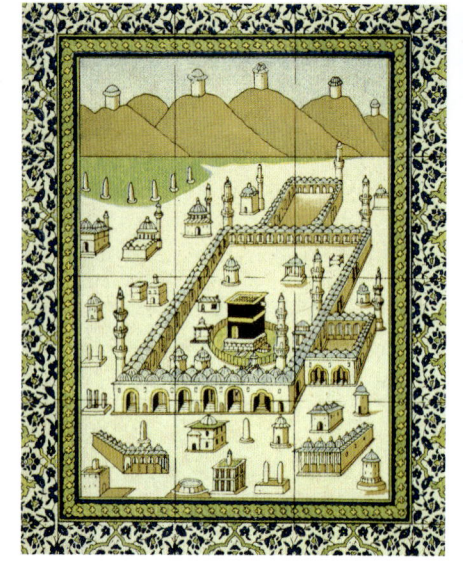

Während der gesamten islamischen Geschichte war Medina zudem ein wichtiges Zentrum der Wissenschaft. Bis heute bergen ihre Mauern zahlreiche Ausbildungsstätten.

In Medina befinden sich auch die Grabstätten der ersten beiden Kalifen, auf dem

Gesamtansicht der Großen Moschee von Mekka, Kairo 16. Jh.

Die große Hauptmoschee Sidi Okba im tunesischen Kairouan wurde ab 672 bis 875 in mehreren Abschnitten erbaut und ist heute Wahrzeichen der Stadt.

HEILIGE STÄDTE

Schrein von Fateme-ye Ma'sume („Fatima, die Unbefleckte"), der Schwester des 8. Imam Ali, in der heiligen iranischen Stadt Ghom

WESENTLICHE MERKMALE

Die Imam-Ali-Moschee im irakischen Nadschaf südlich von Bagdad wurde zum Gedenken des Schwiegersohns von Mohammed errichtet und ist eine der heiligsten Stätten der Schiiten.

Friedhof von al-Baqi das Grab des dritten Kalifen, der Ehefrauen des Propheten, des Imam Malik ibn Anas, des Begründers der malikitischen Rechtsschule, sowie mehrerer Prophetengefährten.

Die drittheiligste Stadt – Jerusalem

Der Islam betont die enge Verwandtschaft zwischen den drei so genannten Abrahamsreligionen Judentum, Christentum, Islam. Nach der islamischen Eroberung (638) blieb Jerusalem, auf Arabisch Al-Quds, nur mit Unterbrechung der Kreuzfahrerzeit in islamischer Hand. Der heilige Bezirk besteht aus dem achteckigen Felsendom – fälschlich Omar-Moschee genannt – und der al-Aqsa-Moschee.

Auf dem heiligen Felsen ließ bereits der Kalif Omar (592–644) eine 3000 Menschen umfassende, schlichte Moschee errichten. Der Omajjadenkalif Abd al-Malik (646–705) verfügte schließlich den Bau des Felsendoms (669–692). Die Grundstruktur der von dem Kalifen Walid, Sohn des Abd al-Malik, erbauten al-Aqsa-Moschee ist nur wenig jünger als der Felsendom.

Der heilige Felsen wird auch mit der Nachtreise des Propheten auf seinem geflügelten Reittier Buraq „von der heiligen Kultstätte" (gemeint ist wohl Mekka) „zur entferntesten Kultstätte" (wohl Jerusalem) in Verbindung gebracht. In der heute so genannten „Grotte der Propheten" soll Mohammed von Ibrahim (Abraham), Musa (Mose), Salomo, Issa (Jesus) und anderen Propheten empfangen worden sein und gemeinsam mit ihnen gebetet haben.

Die nicht mit der Nachtreise zu verwechselnde Himmelsreise Mohammeds wird am 27. Radschab, dem siebten islamischen Monat, gefeiert. Im Felsendom können Pilger den Fußabdruck betrachten, den Mohammed vor Antritt seiner Himmelsreise hinterlassen haben soll. An der Ostseite des Harams wird der Ring gezeigt, an dem Mohammed seine Stute Buraq – „größer als ein Esel und kleiner als ein Pferd mit Frauenkopf und Pfauenschweif" – angebunden haben soll. In einem Reliquiar werden außerdem drei Barthaare des Propheten aufbewahrt.

HEILIGE STÄDTE

Andere Stätten der Verehrung

Mohammeds Barthaar wurde zu einer begehrten Reliquie und wird in vielen Moscheen aufbewahrt. Die Hazratbal-Moschee in Srinagar wurde eigens errichtet, um ein solches Barthaar würdevoll aufzubewahren. Der Mantel des Propheten beziehungsweise Teile davon werden in einigen Moscheen ausgestellt: u. a. in Khuldabad im nördlichen Dekkan sowie in der Schatzkammer des Topkapi-Serail-Museums in Istanbul.

Die Grabstätten der beiden Prophetennachkommen Abd Allah al-Aschtar b. Mohammed und Ibrahim b. Mohammed befinden sich in Afghanistan. Im irakischen Nadschaf wurde das Mausoleum von Ali ibn Abi-Talib aufgerichtet, und in Kairo die Hussain-Moschee, in der sich das Haupt des Mohammed-Enkels Hussain befindet, das nach der Schlacht von Kerbela dorthin gelangt sein soll.

Stätten der Verehrung sind auch die Gräber der Mudschahedin: der im *Dschihad* (Glaubenskampf) Gefallenen. Der Brauch, die Gräber von Prophetengefährten zu verehren, geht auf die Wende des ersten islamischen Jahrhunderts zurück und verbreitete sich in den islamischen Ländern bis nach Nordafrika. Auch die großen Mystiker genießen in der islamischen Welt hohe Verehrung. So wird etwa im türkischen Konya das Mausoleum Djalal ad-Din Rumis (1207–1272) verehrt, und in Bagdad pilgern vor allem indo-pakistanische Muslime zum Grab des vom Kaspischen Meer stammenden hanbalitischen Predigers Abd al-Qadir al-Dschilani (1088–1166).

HEILIGE STÄTTEN DER SCHIITEN

Mohammed Heidari-Abkenar schätzt die Zahl iranischer Heiligtümer auf ca. 3000. Sie lassen sich in sieben Kategorien einteilen. An ranghöchster Stelle steht das Heiligtum eines Imam. Die zu dieser Kategorie gehörigen Heiligtümer, deren vergoldete Kuppeln weithin sichtbar sind, befinden sich allerdings im Irak, dem Ursprungsland der Schia.

In Kerbela, nahe der einstigen Hauptstadt Kufa am Euphrat, wurde das Grabmal des Prophetenenkels und dritten Imams Hussain errichtet. Außerdem befinden sich in

Pilger vor dem Eingang der Prophetenmoschee in Medina, der zweitheiligsten Stadt des Islam

WESENTLICHE MERKMALE

Kerbela die Grabstätten seines Bruders, seines Sohnes sowie seiner Gefährten.

Der siebte und der neunte Imam wurden in al-Kazimain (heute: al-Kazimiya) begraben, einer Vorstadt von Bagdad. Die Stelle, an welcher der zwölfte Imam in die Verborgenheit entrückt wurde, verehrt man in Samarra am Tigris. Das einzige iranische Imam-Heiligtum befindet sich in der nordostiranischen Stadt Meschhed: „Ort der Marter, Märtyrergrab". Hier wurde der einzige der zwölf Imame, der 818 unter merkwürdigen Umständen gestorbene achte Imam Ali ar-Ridza (persisch: Reza), als designierter Nachfolger von al-Ma'mun bestattet. Dieses größte und prachtvollste Imam-Heiligtum trägt den Namen „der heilige Hof von Imam Ridza".

Nach schiitischer Auffassung starb der achte Imam keines natürlichen Todes, sondern wurde aus politischen Gründen von dem Kalifen al-Ma'mun vergiftet. Der Ort wird von Millionen Pilgern aus Iran sowie aus Indien, Afghanistan, Pakistan und der Türkei besucht. Die Besucher erhoffen sich hier wunderbare Heilung von seelischen und körperlichen Krankheiten.

HEILIGE STÄDTE

Zur Kategorie des Heiligtums eines Imam-Nachkommen gehören Stätten, die ein schriftliches Zeugnis bezüglich der Abstammung von den schiitischen Imamen besitzen oder die in den so genannten „Begrüßungstexten" mit Namen und Stammbaum erwähnt werden. Unter diese Kategorie fallen auch diejenigen Heiligen, die laut ihrer Stammbäume über mehr als zwei Generationen von einem Imam abstammen. Das im Iran wichtigste Heiligtum dieser Kategorie ist das in Rey (Provinz Teheran) gelegene, überregional bedeutsame Schah Abd al-Azim-Heiligtum, in dem mehrere Heilige liegen.

Zur dritten Kategorie „Wallfahrtshaus" zählen Ruhestätten nicht näher bekannter Heiliger, deren Milieu durch einen alten Baum, Fluss, eine Quelle oder einen Berg charakterisiert ist. Außerdem gibt es Sufi-Heiligtümer. Unter den iranischen Mystikern ragt Schah Nu'mat Allah Wali (1329 bis 1431) in der in der Provinz Kerman gelegenen Stadt Mahan hervor, der den bedeutendsten schiitischen Mystiker-Orden gründete. Der Meister, der nach sieben Jahren fortschreitender mystischer Verinnerlichung den Rang eines Qutb („Pol": höchster mystischer Rang) erlangt hatte, wird von seinen Anhängern „Pol" der Monotheisten, „Licht der Religion" und „Freund, Heiliger" genannt. Ordensanhänger versammeln sich an dem Heiligtum, das zu den schönsten und beliebtesten im Iran zählt, zu religiösen Festen oder meditativen, oft musikalisch und tänzerisch begleiteten Veranstaltungen.

Zu den bedeutendsten Heiligtümern der weiblichen Heiligen zählt das Grabmal der Fatima bint Musa al-Kazim, der Tochter des siebten Imam, Musa al-Kazim, in Ghom, das von den Safawiden zu einem prächtigen Mausoleum ausgebaut wurde. Auch werden als Wallfahrtsort diejenigen Orte bezeichnet, an denen jemandem ein Heiliger erschienen ist oder an denen sich ein Wunder ereignet haben soll.

Schließlich gibt es im Iran heilige Stätten ökumenischer Natur, die, auch wenn sie keinen islamischen Ursprung haben, von Muslimen ebenso wie von Juden, Christen oder Parsen verehrt werden. Das Heiligtum des Propheten Daniel in Schusch (ehemals Susa), in der südwestlichen Provinz Chuzestan gelegen, wird von iranischen Juden, Christen und Muslimen besucht. Muslime und Parsen verehren das Pire Sangi bzw. von den Muslimen Pir Murtadza Ali Gabran genannte Heiligtum von Schah Waraharam Izad. Das außerhalb der Stadt Kerman gelegene Heiligtum wird von Parsen verwaltet.

> ## WALLFAHRTSRITUALE UND HEILIGENVEREHRUNG
>
> Hauptorte schiitischer Passionsfeiern sind das südlibanesische Nabatiya, Kerbela und Nadschaf im Irak. Prozessionen und Gesänge sind Bestandteil dieser Passionsspiele, die zunächst auf Hussain und die Familie Alis beschränkt waren, später aber beträchtlich erweitert wurden. Neben den Prozessionen, welche die historischen Ereignisse von Kerbela darstellen, werden Prozessionen veranstaltet, bei denen sich geißelnde Männer im Mittelpunkt stehen. Diese bizarre Volksfrömmigkeit ist unter den schiitischen Gelehrten umstritten. Auch wenn sie in der Islamischen Republik Iran toleriert wird, ist sie eigentlich verboten. Die Kritik betrifft ebenso die frommen Reisen zu den Gräbern des Propheten Mohammed, der Imame bzw. ihrer Nachkommen. Bei den Schiiten gibt es nicht einmal eine schwache Tradition, die solche Erscheinungen, insbesondere bei den Trauerfeiern empfiehlt. Als theologisch legitim beim Besuch des Prophetengrabes bzw. der Grabstätte der Imame gilt nur die Würdigung, nicht aber die Anbetung der jeweiligen Person.

Die al-Kazimain-Moschee in Bagdad (Baubeginn 10. Jh.) gehört neben der von Kerbela und Nadschaf zu den wichtigsten schiitischen Heiligtümern.

WESENTLICHE MERKMALE

DIE ISLAMISCHE UMMA
Die Gemeinschaft der Muslime

Nachdem Mohammed nach Medina ausgewandert war, schuf er dort eine religiöse und politische Gemeinschaft *(Umma)*, welche die alten Stammesbande ersetzte. Im Koran bezeichnet Umma ein Volk beziehungsweise den Teil eines oder mehrerer Völker, zu denen Gott einen Gesandten schickte, den diese Gemeinschaft akzeptierte.

Der Islam unterscheidet neben der islamischen Umma auch eine christliche und eine jüdische. Die islamische Umma wird im Koran als die beste beschrieben, die in Gottes Heilsplan vorgesehen ist. In der islamischen Gemeinschaft gilt Gott als der eigentliche Herrscher, der Mensch dagegen wird als sein Treuhänder beziehungsweise Statthalter oder Stellvertreter *(Khalifa)* angesehen.

Die Mitglieder der Umma sollen nach Gottes Plan leben und seine Gebote achten. Da der Muslim seinen religiösen Auftrag in dieser Welt nicht auf einen separierten sakralen Bereich beschränkt, umfasst die Umma zugleich auch das staatliche Leben. Das Zusammengehörigkeitsgefühl der Umma gründet nicht nur auf den Gemeinsamkeiten in Religion, Tradition und Wertesystem, sondern schließt auch einen gemeinsam zu

---

ABDOLDJAVAD FALATURI – VERMITTLER ZWISCHEN ISLAM UND ABENDLAND

Die Nachricht vom Tode Abdoldjavad Falaturis (30.12.1996) kam überraschend, wenn auch nicht unerwartet. Ich hatte meinen Freund und Kollegen, der mit einem schweren Herzinfarkt auf der Intensivstation der Berliner Charité lag, am 6. Dezember noch besuchen können, doch standen die Zeichen unübersehbar auf Abschied.

Ich erinnere mich noch gut an meinen ersten Besuch bei ihm in der Islamischen Wissenschaftlichen Akademie in Köln. Wir führten ein fruchtbares Gespräch, an dessen Ende die Idee eines Forschungsprojektes über das Islambild in deutschen Schulbüchern stand. Am Ende unserer ca. 15 Jahre langen Zusammenarbeit fand das Ergebnis – die siebenbändige Reihe „Der Islam in den deutschen Schulbüchern" (1986–90) – große Beachtung in der Fachwelt und den Medien. An dieses nationale Projekt schloss sich seit 1988 ein internationales an: „Islam in Textbooks" – eine Untersuchung des Islambildes in den westeuropäischen Schulbüchern. Falaturi unterstützte meine Frau tatkräftig darin, an dem Schulbuchprojekt trotz ihrer Rolle als Mutter von damals drei Kindern mitzuarbeiten – ganz gegen das traditionelle islamische Frauenklischee.

Falaturi hatte von Kindheit an „zwei Seelen" in seiner Brust, die ihn zu einem einzigartigen Vermittler zwischen Islam und Abendland werden ließen. Geboren wurde Falaturi am 19. Januar 1926 in Isfahan, einer iranischen Großstadt mit langer multikultureller Vergangenheit. Nach seinem Abitur 1943 an einer deutsch-persischen Schule durchlief er zwei völlig verschiedenartige Studiengänge: 13 Jahre lang studierte er Islamische Wissenschaften an islamischen Hochschulen und schloss diese mit dem Iglihad-Grad ab.

Seit 1954 lebte Falaturi in Deutschland, wo er Philosophie und Religionswissenschaft (bei Gustav Mensching) an den Universitäten Mainz, Köln und Bonn studierte, 1962 über Kant promovierte und sich 1973 habilitierte. Professor Falaturi gehörte zu den Mitgründern der Islamischen Wissenschaftlichen Akademie, die er seit 1978 leitete. Ihre Satzung formuliert sein Lebensthema: „eine Neuordnung und neue Sinngebung des Islam". „Wege und Methoden" sollten überprüft werden, „die es ermöglichen, im Interesse beider Kulturen, der Überforderung bzw. der Entfremdung der Muslime entgegenzuwirken, und die bestehenden gegenseitigen Vorurteile und Missverständnisse abzubauen."

Falaturi hielt die kulturellen, zivilisatorischen, philosophisch-theologischen Unterschiede zwischen Islam und Abendland nicht für gering, ging aber von der Erkenntnis aus, dass die Gemeinsamkeiten größer sind als meist angenommen. „Beide Kulturen haben ihre Wurzeln in einem

GEMEINSCHAFT

Treffen von religiösen Vertretern im Libanon: der libanesische sunnitische Mufti Mohammed Kabani, der Patriarch Nasrallah Boutros Sfeir und der libanesische schiitische Mufti Abd al-Amir Kabalan kurz vor der Eröffnung des Islamisch-Christlichen Gipfels 2006.

bewältigenden politischen Auftrag ein. Bis zur Zeit der Abbasiden (750) bestand die Umma hauptsächlich aus arabischen Muslimen. Später führte der zunehmende Glaubensübertritt von Nichtarabern dazu, aus einer Umma der Araber eine Gemeinschaft vieler verschiedener Völker werden zu lassen. Dieser Sachverhalt war später Anlass zu verschiedenen Konflikten. In dieser Zeit entstand vermutlich die auf den Propheten zurückgeführte, heute noch gern zitierte Überlieferung: „Ihr seid alle Brüder und gleich. Niemand soll ein Privileg oder eine Überlegenheit gegenüber dem anderen beanspruchen." (Ahmad ibn Hanbal V,411)

griechisch-abendländischen und einem morgenländisch-semitischen Geist". Falaturi plädierte für eine Besinnung auf diese historischen Entwicklungen. „Wenn [die Muslime] sich z. B. bei ihrer neuen Begegnung mit dem Westen (…) an die gemeinsamen Wurzeln erinnern und sich dieser Wurzeln im Einzelnen bewusst werden, so haben sie viel deutlichere Anschlussmöglichkeiten an ihre eigene Tradition. Das kann sie vor jeder Art kultureller Verzerrtheit, wie es leider heute der Fall ist, bewahren".

Seitdem er in Deutschland war, verschrieb sich Falaturi dem Dialog der „abrahamitischen Religionen", zu dem er keine Alternative sah. Wenn auch sein 1954 im Albert-Schweitzer-Haus in Mainz gehaltener Vortrag vor Dozenten und Studierenden der Evangelischen Theologie mit dem Hinweis auf die islamische Glaubenstatsache desselben einen und einzigen Gottes bei Juden, Christen und Muslimen auf allergrößtes Erstaunen traf, so hat sich dieser Gedanke unaufhaltsam immer größere Geltung verschaffen können. Ich habe öfter erlebt, dass Falaturi enttäuscht und entmutigt von Dialogveranstaltungen kam – niemals aber resignierte er. Er setzte große Hoffnung auf das gedeihliche Zusammenleben der Menschen unterschiedlicher Religionen.

Falaturi liebte die Öffentlichkeit, vergnügte sich an kontroversen Diskussionen. In der Menge wollte er baden – aber nicht aus Eitelkeit, sondern um der Sache willen, um der guten humanen Traditionen des Islam willen. Im Rückgriff auf Koran und Sunna gelang es ihm, die human-humanistischen Elemente des Islam in das rechte Licht zu rücken.

Falaturi war ein politischer Mensch. Nicht tagespolitisch verstanden, sondern in dem Sinne, dass er die Begegnung von Abendland und Islam, den christlich-islamischen Dialog, nicht als eine Angelegenheit von Individuen im luftleeren Raum betrachtete, sondern eingebunden in große politisch-wirtschaftliche Zusammenhänge. Dies erfüllte ihn auch mit großer Skepsis. „Diese belastende Skepsis wird auch solange bestehen bleiben, solange die islamischen Länder als Objekt der Politik und Wirtschaft und nicht als gleichwertige Partner akzeptiert und behandelt werden." Einen wesentlichen Stolperstein im christlich-islamischen Dialog sah Falaturi in der Tatsache, dass beide Seiten jeweils zu wenig voneinander wissen und naiv und ungeprüft ihrer Sprache vertrauen.

Falaturis philosophischen Tiefgang habe ich ebenso bewundert wie seine geistig-religiöse Weite. Ihm fehlten jede Engstirnigkeit, Fanatismus und Intoleranz. Mit der ihm eigenen Nachhaltigkeit vertrat er eine auf Koran und Sunna gegründete Position. Bei aller Verbindlichkeit bewies er immer ein klares islamisches Profil. Dies ließ ihn zu einem auf christlicher wie islamischer Seite anerkannten Dialogpartner werden. Der Koran war für ihn eine Quelle der Dynamik. In dem Motto, das Leben des Einzelnen leichter zu gestalten, sah Falaturi eine wichtige Grundlage des Korans für die Weiterentwicklung des Islam.

Als herausragender Kenner der schiitischen Geisteswissenschaften und ihrer Quellen baute er die Kölner Schia-Bibliothek zu einer weltweit renommierten Institution aus. Falaturi entwickelte sich auch zu einer innerislamischen Integrationsfigur ersten Ranges. Die sunnitische al-Azhar-Universität (Kairo), berief ihn – den Schiiten – zum Mitglied des höchsten Islamrates.

Udo Tworuschka

WESENTLICHE MERKMALE

GEMEINSCHAFT

RELIGIÖSE AUTORITÄTEN

Ayatollah („Zeichen Gottes"): Mit diesem höchsten Ehrentitel bezeichnen die Schiiten besonders verdienstvolle Theologen. Ayatollah ist ein Würdetitel für hoch qualifizierte Theologen, die den Rang eines Mudschtahids bekleiden. Keine Institution kann den Ayatollah-Titel formal verleihen. Die übrigen Mudschtahids müssen jedoch den Ayatollah „anerkennen".

Derwisch (persisch „Armer, Bettler"): Mitglied einer islamischen religiösen Bruderschaft, die sich um einen Sufi-Lehrer schart und eine eigene Nachfolger-Kette besitzt.

Faqir (arabisch „Armer"): Im Sufismus bezeichnet Faqir jemanden, der sich auf der spirituellen (inneren wie äußeren) Reise zu Gott befindet.

Hodscha: Türkische Bezeichnung für einen an einer Madrasa („Schule") ausgebildeten Geistlichen. Auch Religionslehrer werden so genannt.

Imam: Der Imam ist bei den Sunniten der Vorbeter beim rituellen Gemeinschaftsgebet. Er benötigt keine spezielle Berufsausbildung, es sei denn, er ist an einer größeren Moschee beschäftigt. Dort wird darauf geachtet, dass der Imam eine juristische und theologische Ausbildung genossen hat. Der Imam muss über ausreichende Arabischkenntnisse verfügen. Imame großer Moscheen haben über die Aufgabe des Vorbetens hinaus noch andere Pflichten im religiösen und rechtlichen Bereich. Sie erhalten dafür im Unterschied zum bloßen Vorbeter ein Gehalt.

Kadi („Richter"): Der Kadi ist an die Rechtsgutachten gebunden und mit der islamischen Rechtsprechung vertraut. In der Rechtsprechung der heutigen arabischen Länder werden die Kadis meist vom Staat beauftragt.

Khatib („Prediger, Redner"): Er hält die Freitagspredigt in der Moschee. Im frühen Islam war er oft eine bedeutende politische Persönlichkeit. Große Moscheen haben mehrere Khatibs, die häufig ein besonderes Ansehen genießen.

Muallim: Lehrer an einer Koranschule.

Mudschtahid: Diejenige Gelehrtenautorität, die theologische und juristische Fragen selbständig entscheidet, also den Idschtihad ausübt. Manche Mudschtahids genießen einen solchen Ruf, dass sie Marja i-Taqlid („Oberste theologische Autorität") werden. Solchen theologischen Berühmtheiten wird der Ehrentitel Ayatollah vom Volk gleichsam angetragen.

Mufti: Gelehrter, der in „Rechtsgutachten" (Fatwa) Fragen religiös-rechtlicher Natur behandelt. Das bereits im achten Jahrhundert gegründete Amt erreichte zur Zeit der Osmanen eine solche Autorität, dass europäische Reisende es als „türkisches Papsttum" beschrieben.

Die an einen Mufti gerichteten Fragen sind weniger theologisch-theoretischer Natur, sondern im Wesentlichen ganz praktische Alltagsfragen. Heute hat jedes islamische Land seine eigenen Muftis.

Mullah: Titel des rangniedrigsten Geistlichen bei den Schiiten. Der Mullah besitzt jedoch großen Einfluss in der Gemeinde.

Chinesische Muslime beten zu Ende des Fastenmonats Ramadan in der Dongguan Qinzhen Moschee in Xining, Provinz Qinghai.

WESENTLICHE MERKMALE

DER SUFISMUS
Die islamische Mystik

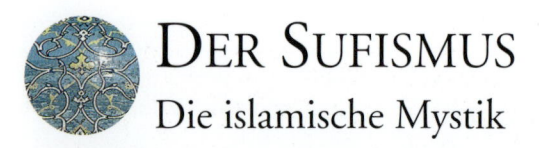

Ein wandernder Derwisch mit traditioneller Kopfbedeckung in Yazd, Iran

Der Sufismus, die islamische Mystik, verdankt seinen Namen wohl dem wollenen Gewand (Suf = arabisch „Wolle"), das die Mystiker in Anlehnung an die Kleidung christlicher Mönche trugen. Die Mitglieder der verschiedenen *Tariqat* (Orden) – *Derwische* (persisch „Arme") beziehungsweise *Faqire* genannt – unterstehen der geistigen Führung ihres *Pir* oder *Scheich* (persisch, arabisch „Meister"). Es ist Aufgabe des Schülers, sich ganz auf seinen Scheich zu konzentrieren, der wiederum mit seinen geistigen Ahnen verbunden ist.

Der geistige Pfad

Mancher Sufi hat den inneren Aufstieg vom menschlichen zum göttlichen „Ich" als „Wanderung" oder „Reise" der Seele auf dem mystischen Heilspfad gedeutet. Der *Murid* (Schüler), „derjenige, der den Willen hat", lässt sich von seinem erfahrenen Sufi-Meister oft einen gefahrvollen geistigen Pfad entlang führen. Er besteht aus mehreren Stationen (Zuständen), die in den einzelnen Sufi-Traditionen variieren. Unterschieden werden mit eigener Kraft erreichbare, dann wieder aufgegebene Stationen und außergewöhnliche Erlebniszustände, die als göttliche Gnadengaben verstanden werden. Reue, Fasten, Schlafentzug, Armut, Geduld sowie der ständige Kampf gegen das niedere Selbst in Gestalt der Triebe sind die geforderten Tugenden auf dem Weg. Die „Furcht" der Seele, „zusammengepresst" zu werden und die göttliche Finsternis als erlebte Ferne vom barmherzigen Gott waren den Sufis ebenso vertraut wie die „Hoffnung", die sich im enthusiastischen Gefühl des „sich Ausdehnens" und „Weiterwerdens" einstellte. Ziel der meditativen Seelenreise sind Liebe und Erkenntnis Gottes sowie

DER SUFISMUS

Mystisches Liebesgedicht der Rabia von Basra

„O Gott, wenn ich dich aus Furcht vor der Hölle anbete, lass mich in der Hölle brennen, und wenn ich dich in der Hoffnung auf das Paradies anbete, verbanne mich aus dem Paradies, wenn ich dich aber um deiner selbst willen anbete, halte deine ewige Schönheit nicht zurück."

Fana (arabisch „Entwerden") in Gott. Das mystische Heilsziel ist die völlige Aufhebung des Ich-Bewusstseins: *Baqa* (Bleiben, Dauern in Gott).

Durch Meditation zur Ekstase

Zentral für den Sufismus ist die Dhikr-Meditation (arabisch, persisch, türkisch „gedenken, erinnern"). Diese Praxis des Gottgedenkens besteht in der Verbindung litaneiartiger Gebete und Gottesanrufungen mit körperlichen Übungen. Sie sind örtlich verschieden und lassen sich auf Reste früheren Brauchtums zurückführen. Bereits im Koran spielt Dhikr eine wichtige Rolle. So ist das rituelle Pflichtgebet (*Salat*) nicht ohne Dhikr zu verstehen: „Und verrichte das Gebet! Das Gebet verbietet, was abscheulich und verwerflich ist. Aber Gottes zu gedenken bedeutet mehr" (29,45). Der Koran unterstreicht das Gedenken des Namens Gottes für das Leben der Muslime: „Gedenke nun des Namens deines Herrn und wende dich von ganzem Herzen ihm zu!" (73,8) „Und gedenke morgens und abends des Namens deines Herrn" (76,25). Das Gottgedenken geschieht einerseits durch die Rezitation der Kurzformeln *Subhanallah* (arabisch „Gepriesen sei Gott"), *Al-hamduli-llah* (arabisch „Lob sei Gott"), *Allahu akbar* („Gott ist größer" beziehungsweise „Gott ist am größten") und durch die Anrufung der „99 schönen Namen Gottes". Jeder Name steht für eine göttliche Eigenschaft, zum Beispiel „Barmherziger Erbarmer, Der Wahre, Der Lebendige, Der Beständige".

„Derwische in Feiertagskostümen" (Taschkent); Gemälde von Wassili W. Werestschagin, 1870, Moskau, Tretjakow-Galerie

WESENTLICHE MERKMALE

Sufis tanzen am Grab des Dichters und Mystikers Saadi in Shiraz (Iran); Miniaturmalerei aus einem persischen Manuskript (16. Jh.)

sogar Nägel. Von den Sufi-Schülern wird nicht nur technische Kunstfertigkeit erwartet, sondern vor allem die Bereitschaft zu niedrigen Diensten, zur Selbstentäußerung und zu vollkommener Hingabe, die sie von negativen Trieben freimachen sollen.

Die meisten Sufi-Orden sind auch in Deutschland vertreten. Aus verschiedenen Gründen ist eine Ausbildung, die vor allem den sehr komplexen symbolischen Gehalt berücksichtigt, sehr schwierig. Selbst einem „Schüler des Weges" bleibt oft die Bedeutung dieses Systems verschlossen. In Sufi-Seminaren wird gelegentlich mit der Aktivierung der fünf oder sieben *Lataif* (Energiezentren) in Verbindung mit verschiedenen Farben gearbeitet. Wichtig sind dabei auch entsprechende Atemübungen.

Nachdem sich die Sufis rituell gereinigt haben, beginnen die Zusammenkünfte meist mit der Awrad-Lesung. Sie besteht aus Schutzgebeten, Koranversen und anderen Formeln. Eine besondere Rolle spielt die *Schahada*, das Glaubenszeugnis. Vor allem ihr erster Teil wird später im Dhikr auch körperlich nachvollzogen. Die äußere Form des Dhikr unterscheidet sich je nach Ordenstradition: etwa die rhythmische Untermalung des sudanesischen Burhani-Dhikr oder der Gesang im algerischen Alawi-Orden. Der Naqshbandi-Dhikr aus dem zentralasiatischen und türkischen Raum besticht durch seine Nüchternheit. Die so genannten schweigenden Derwische üben den lautlosen Herzens-Dhikr. Im Rifai-Orden verwunden sich die Mystiker in Ekstase, schlucken

IM KONFLIKT MIT DER ORTHODOXIE

Kurz nach ihrer Entstehung gerieten die Sufis in den Verdacht der Häresie. Berühmtestes Beispiel ist der Mystiker Mansur al-Halladsch (geb. ca. 858; hingerichtet in Bagdad 922), der seine ekstatischen Erfahrungen in die Worte fasste: „Ich bin die absolute Wahrheit", nämlich Gott. Provokant war auch seine Ansicht, die wahre Pilgerfahrt sei nicht die nach Mekka, sondern die spirituelle Reise, auf die sich ein Mystiker in seinem Zimmer begeben könne. Solche für die Vertreter der mystischen „Berauschtheit" typischen Auffassungen stießen bei der islamischen Orthodoxie auf scharfe Kritik. Sie warf den Sufis vor, nicht nach der auf Koran und Sunna basierenden Pflichtenlehre zu leben.

Mit der Orthodoxie in Konflikt gerieten die Mystiker auch deshalb, weil sie fremde Einflüsse adaptierten. Der Iraner Suhrawardi (1153–1191) zum Beispiel verband seine mystischen Erfahrungen mit griechischen, ägyptischen und iranischen Traditionen. Er wurde gefangen genommen und hingerichtet. Gott ist für Suhrawardi das in der gesamten Schöpfung enthaltene Licht. Höchst umstritten blieb der in Andalusien geborene Ibn Arabi (1165–1240), einer der größten Mystiker und Philosophen der islamischen Welt. Seine Lehre von der Einheit des Seins trug ihm den Ruf eines „pantheistischen Mystikers" ein. Ibn Arabis Philosophie vermittelte der europäischen Mystik zahlreiche Anstöße.

Der Einfluss dieses Denkers ist auch im Werk Dantes feststellbar. Ibn Arabis Überzeugung, in seinem Herzen Platz zu haben für „ein Kloster für die Mönche, einen Tempel für die Götzen, eine Kaaba für die Prozession, eine Tafel der Tora und ein Buch des Korans" verrät seine „inhaltliche Toleranz" (Gustav Mensching) gegenüber allen Religionen.

DER SUFISMUS

Ein Sufi-Führer wird bei Feierlichkeiten anlässlich des Geburtstags des Propheten Mohammed durch die al-Azhar-Straße in Kairo getragen.

ETHIK

DAS ISLAMISCHE MENSCHENBILD
Ein zwiespältiges Wesen – aber Gottes Statthalter auf Erden

Der Mensch ist von Gott gut geschaffen und nimmt innerhalb der Schöpfung den höchsten Rang ein. Gott setzte Adam als seinen *Khalifa* (Stellvertreter, Statthalter, Nachfolger) auf Erden ein und lehrte ihn die Namen aller Dinge. Der Mensch ist zugleich *Abd* (Diener) Gottes. Als erniedrigend empfinden dies Muslime nicht, denn sie wissen sich von Gottes Barmherzigkeit „umsorgt" (A. Falaturi), und ihre Handlungen geschehen aus freiwilligem Antrieb.

In den Schöpfungserzählungen des Korans (2,28ff.; 20,114ff.; 7,10ff) wird der Mensch als Gottes bestes Geschöpf und sein Khalifa auf Erden beschrieben. Er steht rangmäßig über den Engeln, weil er sich zwischen Gut und Böse entscheiden muss. Der Koran beschreibt den „Fall" des Menschen nach der Verführung durch den Teufel Iblis. Jedoch entsteht für den Muslim keine der christlichen Erbsünde vergleichbare „Unheilssituation" (Gustav Mensching). Der Muslim wird im Koran zwar oft als schwach (4,28), verzweifelt (11,12), ungerecht (14,32), streitsüchtig (16,4), frevelhaft (96,6) beurteilt. Auch „vergisst" er die göttliche Botschaft immer wieder, lehnt sich bewusst dagegen auf (31,19). Aber dank der göttlichen „Rechtleitung" durch den Koran ist er in der Lage, aus eigener Kraft das Rechte zu tun und so Heil zu erlangen. Muslime heben gern ihr optimistisches Menschenbild hervor und kritisieren das christliche Sündenverständnis.

Aus Dankbarkeit gegenüber Gottes Offenbarung und seiner guten Schöpfung stellt der Mensch seine ganze Existenz und sein irdisches Streben Gott zur Verfügung. Diese „freiwillige Hingabe" an den einen und einzigen Gott bedeutet Islam. Der Mensch wird im Islam als ein zwiespältiges „Wesen

Yusuf Islam, vormals der Popstar Cat Stevens, verteilt Geld an die Tsunami-Opfer.

Die Gebote im Islam

1 Und dein Herr hat befohlen: Verehrt keinen außer Ihm. Setze nicht dem einen Gott einen anderen Gott zur Seite.
2 Und (erweist) den Eltern Güte. Wenn ein Elternteil oder beide bei dir ein hohes Alter erreichen, so sage dann nicht „Pfui!" zu ihnen und fahre sie nicht an, sondern sprich zu ihnen in ehrerbietiger Weise. Und senke für sie in Barmherzigkeit den Flügel der Demut (…). *(Verse 22–23)*
3 Und gib dem Verwandten, was ihm gebührt, und ebenso dem Armen und dem Sohn des Weges [dem Heimatlosen], aber sei (dabei) nicht ausgesprochen verschwenderisch. Denn die Verschwender sind Brüder der Satane (…). Und lass deine Hand nicht an deinen Hals gefesselt sein, aber strecke sie auch nicht zu weit geöffnet aus, damit du nicht getadelt (und) zerschlagen niedersitzen musst. *(Verse 25–26,28)*
4 Und tötet eure Kinder nicht aus Furcht vor Armut; wir sorgen für sie und für euch. Wahrlich, sie zu töten ist ein großer Fehler.
5 Und kommt der Unzucht nicht nahe; seht, das ist eine Schändlichkeit und ein übler Weg.
6 Und tötet nicht das Leben, das Allah unverletzlich gemacht hat, es sei denn zu Recht. *(Verse 30–32)*
7 Und tastet nicht das Gut der Waise an, es sei denn zu (ihrem) Besten, bis sie die Reife erreicht hat. Und haltet die Verpflichtung ein; denn über die Verpflichtung muss Rechenschaft abgelegt werden.
8 Und gebt volles Maß, wenn ihr messt, und wägt mit richtiger Waage; das ist durchaus vorteilhaft und letzten Endes das Beste.
9 Und verfolge nicht das, wovon du keine Kenntnis hast. Wahrlich, das Ohr und das Auge und das Herz – sie alle sollen zur Rechenschaft gezogen werden.
10 Und wandle nicht ausgelassen (in Übermut) auf der Erde; denn du kannst weder die Erde durchbrechen, noch kannst du die Berge an Höhe erreichen. *(Verse 33–36)*
(Sure 17)

MENSCHENBILD

„Adam und Eva und ihre 13 Zwillinge" aus der dreibändigen Weltgeschichte „Zubdet' ul-Tevarih" (Abriss der Geschichte) des osmanischen Hofbiografen Lokman; 1583

ETHIK

in der Krise" (Hasan Askari) gesehen, weil er die schöpfungsmäßig mitgegebene Wahlfreiheit besitzt und sich bei jeder Handlung in einer neuen Entscheidung befindet. Dabei ist er der Wirkung äußerer und innerer Kräfte ausgesetzt, die ihn zum „Guten/Schönen" (Hair/Hasan) bzw. zum „Bösen/Hässlichen" (Sarr/Qabih) bewegen. Die Verantwortung für seine Entscheidung hat er jedoch selbst zu tragen. Die Stätte der Auseinandersetzung der gegensätzlichen (bösen/guten) Kräfte, die jeder Entscheidung vorangeht, ist nach dem bedeutenden islamischen Theologen al-Ghazali (1058–1111) das im Koran als Organ/Vermögen des Begreifens der Wahrheit

> *„Ihr könnt nicht ins Paradies, ohne zu glauben, und ihr könnt nicht glauben, ohne einander zu lieben."*
> (Abu Dawud, at-Tirmidhi)

hervorgehobene *Qalb/Fu'ad* („Herz"). Damit korrespondiert *Nafs* („Seele"), die ebenso im Koran in verschiedener Funktion vorkommt: Als *Ammara bi-s-su* stellt sie den Inbegriff aller zum Schlechten hintreibenden Begierde im Menschen dar. Als *Lawwama* („tadelnde Nafs") spielt sie die Rolle des Gewissens bei der und nach der Entscheidung für das Schlechte. Die Stufe der *An-Nafs al-Mutmaína* („die ihre Ruhe gefunden habende Seele") ist erreicht, wenn sie im Prozess, dem sie ausgesetzt ist, den Kampf über das Böse gewinnt und die Stufe der Sicherheit und Ausgeglichenheit erreicht.

Was die Existenz der Werte Gut und Böse betrifft, so sind sich alle islamischen Schulen und Richtungen im Anschluss an die koranischen Ausdrücke *Hasana* („das Gute") und *Saiyi'a* („das Schlechte") einig: Die von der Mitte des 7. bis zum 10. Jahrhundert die islamische Theologie beherrschende mu'tazilitische Schule sowie die schiitischen Schulen bis heute halten an der Überzeugung fest, dass es an sich gute und böse Werte gibt, die dem Willen Got-

Immer mehr Selbstmordattentäter berufen sich auf den Koran, obwohl der Islam den Selbstmord verbietet.

MENSCHENBILD

Ein afghanischer Bauer pflügt sein Feld. Jede sinnvolle Tätigkeit gilt im Islam als Gottesdienst.

tes entsprechen. Ausgehend von dem alles umfassenden Willen Gottes legt die ascharitische Schule hingegen den Akzent auf den göttlichen Willen. Für sie sind die ebenso dem göttlichen Willen entsprechenden Gut und Böse nicht unabhängig davon gut oder böse zu sein.

Gott gegenüber soll der Mensch Gehorsam, Demut, Dankbarkeit, Geduld und Ehrfurcht zeigen. Gegenüber seinen Mitmenschen soll er sich barmherzig und brüderlich zeigen. Ein in Not geratener, kranker, altersschwacher, behinderter, arbeitsloser Mensch kann daher mit der Fürsorge der Gemeinschaft rechnen.

HALTUNG ZUR GENTECHNOLOGIE

Möglichkeiten moderner Gentechnologie werden von islamischen Geistlichen als erlaubt betrachtet, da Gott den Menschen die übrige Schöpfung anvertraut hat. Aber der Mensch soll seiner Veränderung der Schöpfung Grenzen setzen, wo dies dem Mitmenschen Schaden zufügen kann. Organtransplantationen gelten entsprechend der Internationalen Versammlung für islamisches Rechtswesen in Mekka (Januar 1985), der Islamischen Großorganisation für Medizinwissenschaft in Kuwait (Oktober 1989 sowie Mai 1995) als „lobenswerte" Hilfeleistung, sofern es sich um die einzig mögliche Behandlung handelt, die Organentnahme beim Spender nicht zu Schädigungen führt, die Abgabe des Organs freiwillig erfolgt und der Spender kein zum Tode verurteilter Mensch ist. Organhandel gilt als Widerspruch zur Menschenwürde. Obwohl das Schwein als unreines Tier gilt, befürwortet die Mehrheit der islamischen Theologen die Möglichkeit, eine mit menschlichen Genen manipulierte Herzklappe des Schweins dem Menschen einzupflanzen.

Bei der Anwendung der Gentechnologie auf den Menschen beruft man sich auf ein Prophetenwort: „Gott hat für jede Krankheit – außer dem Altern – eine Medizin geschaffen". Gentherapie gilt dementsprechend als prinzipiell erlaubt. Hinsichtlich der Keimbahntherapie gehen die Ansichten auseinander, ob Teile des Erbgutes so verändert werden, dass ein Eingriff in die genealogische Abstammung vorliegt.

ETHIK

DIE ROLLE DER FRAU
Zwischen Verehrung und Unterdrückung

Viele die Frau betreffende Verhaltensweisen und Tabus sind nur zum Teil religiös bedingt und oft Bestandteile eines vorislamischen Gewohnheitsrechts. Auch die ausgeprägten Ehrvorstellungen in Bezug auf weibliche Familienangehörige haben ihre Ursachen nicht ausschließlich im Islam.

„Die gläubigen Männer und Frauen tragen die Verantwortung füreinander. Sie gebieten das Rechte und verbieten das Verwerfliche".
(Sure 9, 71)

Neuerungen durch Mohammed

Verglichen mit dem vorislamischen Recht stellten Mohammeds Anordnungen bezüglich der Frau beträchtliche Reformen dar: Die Frau wurde durch den Islam in ihren religiösen Rechten und Pflichten dem Manne gleichwertig. Auch sie ist „Stellvertreterin Gottes" auf Erden, für ihr Tun verantwortlich und zusammen mit dem Mann beauftragt, Gottes Heilsplan zu verwirklichen. Nach der Vorstellung des Korans ist Eva nicht die Verführerin Adams und damit an der Vertreibung aus dem Paradies schuldig, sondern Satan verführt sie beide (7,19ff.).

Nicht die Familie, sondern die Frau erhält das Brautgeld und verwaltet ihr Vermögen selbst. Im Koran wird die Ehe geradezu als eine Verpflichtung für heiratsfähige Männer und Frauen betrachtet. Sure 4,3 räumt dem Mann die Möglichkeit ein, bis zu vier Frauen zu heiraten. Gleichzeitig besteht aber die Forderung, dass der Mann alle seine Ehefrauen gleich und gerecht behandeln muss. Spätere Koranausleger haben diese Rege-

Afghanische Frauen, verhüllt in einer Burqa, einem landestypischen maskenförmigen Körperschleier mit einem gitterartigen Sichtfenster im Bereich der Augen.

ROLLE DER FRAU

Verschleierte Frau im Emirat Dubai auf der Straße

lung als indirekte Aufforderung zur Einehe interpretiert.

Nach dem Verständnis des Korans ist der Mann nicht berechtigt, seiner Frau Befehle zu erteilen, außer in religiösen Angelegenheiten. Andererseits ist auch die Frau verpflichtet, ihren Mann bei religiösen Verfehlungen zurechtzuweisen. Außer dem Recht auf sexuelle Beziehungen darf der Mann von seiner Frau rechtlich nichts verlangen. Sie darf hingegen für Dienstleistungen, sogar für das Stillen des eigenen Kindes, vom Mann Geld beanspruchen.

Die finanziellen und sozialen Verpflichtungen des Mannes sind im Islam sehr groß. Es ist seine Aufgabe, in jeder Hinsicht für ein standesgemäßes Leben seiner Frau zu sorgen, wie sie es aus dem Elternhaus gewohnt ist. Außerdem muss er für Eltern, Kinder, Geschwister und nahe Verwandte der Frau aufkommen, falls sie Hilfe benötigen. Die Frau hingegen, die uneingeschränkt und selbständig über ihr Eigentum verfügt, ist nicht verpflichtet, etwas beizusteuern.

Die faktische Rolle in der Gesellschaft

Die westliche Vorstellung vom islamischen Frauenbild wird genährt durch die weit verbreitete Realität in islamischen Gesellschaften sowie durch die gängige Rechtspraxis: Vorrang des Mannes in der Familie, Polygamie, einseitiges Scheidungsrecht, Ausschluss der Frau aus dem gesellschaftlichen Leben. Bis heute kommen immer wieder Misshandlungen von Frauen in der islamischen Welt vor, wobei sich manche Täter sogar – allerdings ungerechtfertigter Weise – auf den Koran berufen.

Seit dem 19. Jahrhundert werden in den islamischen Ländern, auch unter dem Einfluss der Frauenbewegung im Westen, kontroverse Diskussionen zur Stellung der Frau geführt. Man analysiert, was von den oben genannten Phänomenen kulturabhängig und was originär islamisch ist. Reformer setzten sich für eine bessere Ausbildung der Mädchen und für ein verändertes Ehe- und Scheidungsrecht ein. Viele Erfolge zugunsten der Frau beziehungsweise zur Unterbindung der Willkür des Mannes konnten bereits erzielt werden, wenn auch das Erstarken der islamistischen Kräfte in einigen Ländern zur deutlichen Verschlechterung der Stellung der Frau geführt hat. Erreichte Teilerfolge wurden vielfach, wenn auch nicht überall, wieder zurückgenommen.

Obwohl die Stellung der Frau durch die Reformen Mohammeds entscheidend verbessert wurde, entwickelte sich im Islam unter dem Einfluss der orientalischen Umwelt eine vornehmlich patriarchalische Familienstruktur. In einem viel stärkeren Maß als in westeuropäischen Familien hat der Familienvater das Recht, über das Geschick der übrigen Familienmitglieder zu bestim-

---

FATIMA MERNISSI – KÄMPFERIN FÜR GERECHTIGKEIT

Fatima Mernissi wurde 1940 in Fez/Marokko geboren. Sie profitierte von der Zulassung der Frauen zu den allgemeinen Schulen während der nationalen Freiheitsbewegung gegen die Kolonialmacht Frankreich. Mernissi studierte Politikwissenschaft in Rabat, später Soziologie in den USA. Heute ist sie Professorin für Soziologie an der Universität von Rabat.

In ihren Schriften untersucht Fatima Mernissi das Verhältnis von Mann und Frau in den islamischen und vor-islamischen Gesellschaften. Sie beschäftigt sich engagiert mit der Situation heutiger islamischer Frauen und beschreibt die Folgen der wirtschaftlichen Umwälzungen. Diese lassen die traditionellen religiösen Gesetze unangemessen erscheinen und lösen bei den Gläubigen Konflikte aus. Engagiert fordert Mernissi die Achtung des Korans, ohne jedoch auf die Emanzipation zu verzichten. Fatima Mernissi wurde zur Fürsprecherin vieler älterer geschiedener Frauen im Nahen und Mittleren Osten. Seit 1973 ist sie als Beraterin der UNESCO für Frauen und Islam tätig.

ETHIK

men. Ein Muslim darf eine Nichtmuslimin (zum Beispiel eine Jüdin oder Christin) heiraten, denn es wird davon ausgegangen, dass der Vater die religiöse Erziehung der Kinder bestimmt und so kein Verlust für die islamische Gemeinschaft entsteht. Eine Muslimin jedoch darf keinen Nichtmuslim heiraten, da sonst ihr Glaube und der ihrer Kinder gefährdet ist.

Der Koran enthält keine eindeutige Bestimmung darüber, dass sich Frauen verschleiern müssen und ihr Wirkungsbereich auf das Haus beschränkt ist. Zwar empfiehlt ein Vers guten Musliminnen, sich außerhalb des Hauses schamvoll zu kleiden. Doch von einem Gesichtsschleier ist nicht die Rede. Außerdem sollte diese Bestimmung die Frauen nicht aus der Öffentlichkeit drängen, sondern dazu beitragen, dass sie als anständige Frauen erkannt wurden. Bräuche wie das Tragen von Schleiern und Institutionen wie der Harem sowie die Verbannung der Frau aus dem öffentlichen Leben entstanden erst, als nach der Übernahme des Kalifats durch die Abbasiden (750) persische und byzantinische Gewohnheiten den muslimischen Lebensstil zu prägen begannen.

Nach zivilem Recht genießen viele muslimische Frauen aktives und passives Wahlrecht und sind auch im öffentlichen Leben annähernd dem Mann gleichgestellt. Es hat sogar vereinzelt Ministerinnen gegeben (zum Beispiel in Ägypten, Irak, Iran). Behält die *Scharia* hingegen für das Familienrecht Gültigkeit, so bieten Polygamie und Scheidungsrecht weiterhin Anlass zu Diskussion und Kritik. Polygamie und das willkürliche Verstoßen von Frauen wurden in der Türkei, in Tunesien, Irak, Jemen, Syrien, Libanon und Jordanien eingeschränkt. Darüber hinaus gibt es nach wie vor Probleme im Scheidungsrecht, Sorgerecht für die Kinder und in der geschlechtsspezifischen Erziehung, die im Zuge der Re-Islamisierung eher zunehmen.

Einsatz einer muslimischen Sozialarbeiterin auf Sri Lanka nach der Tsunami-Katastrophe

ROLLE DER FRAU

ETHIK

GESCHLECHTERBEZIEHUNGEN UND SEXUALITÄT
Moralisches, Unmoralisches und Verbotenes

Ein Mogulprinz empfängt seine Haremsdamen; Miniaturmalerei aus dem 17. Jahrhundert

Das Ehe- und Familienleben genießt im Islam hohe Wertschätzung. Der Koran sieht in der Ehe für heiratsfähige Männer und Frauen eine Verpflichtung: „Wer heiratet, hat eine Hälfte seiner Frömmigkeit gesichert, dann soll er für die zweite Hälfte Gott fürchten" (24,32). Der islamische Ehevertrag ist eine rechtliche Vereinbarung und eine religiöse Verpflichtung.

Sexualität in der Ehe
Traditionell steht im Mittelpunkt der Ehe die Fortpflanzung. Darüber hinaus sollen die Partner seelisch und geistig miteinander verbunden sein. Prägend für die ehelichen Beziehungen soll die *Rahma* (Barmherzigkeit) sein, die Mitgefühl, Rücksichtnahme und Fürsorge mit einschließt.

Der Geschlechtstrieb wird vom Islam als positives Element der göttlichen Schöpfungsordnung betrachtet, solange er innerhalb der Ehe und des religiösen Rechts *(Scharia)* ausgeübt wird. Die Geschlechtslust kann sogar als „Vorgeschmack der Paradieseswonnen" betrachtet werden.

Vor- und außereheliche Beziehungen gelten als verboten. Auch wenn die im Koran verankerten Bestimmungen eindeutig die rechtliche und moralische Besserstellung der Frau gewährleisten, begründen manche Verse eine Benachteiligung und Unterordnung: „Und wenn ihr fürchtet, dass (irgendwelche) Frauen sich auflehnen, dann vermahnt sie, meidet sie im Ehebett und schlagt sie! Wenn sie euch dann wieder gehorchen, dann unternehmt weiter nichts gegen sie! Gott ist erhaben und groß" (4,34). Bereits unmittelbar nach Mohammeds Tod beschäftigte dieser Vers die Muslime. Insgesamt wi-

SEXUALITÄT

derspricht die bis heute unter Muslimen verbreitete Rechtfertigung ihrer Tätlichkeiten gegenüber Frauen allerdings dem Grundanliegen des Korans.

Mit der Eheschließung erwirbt der Mann das Recht an der Sexualität und Gebärfähigkeit der Frau. Diese besitzt zwar ein Recht auf sexuelle Beziehungen und kann sich im Fall der Impotenz ihres Mannes sogar scheiden lassen. Andererseits ist in Koran und Sunna in erster Linie von der Verfügungsgewalt des Mannes über den Körper seiner Frau die Rede. Von einem entsprechenden Recht der Frau gegenüber ihrem Mann wird jedoch weniger gesprochen. Im Mittelpunkt steht stattdessen die Pflicht des Ehemannes, seine Frau angemessen zu versorgen.

Der Koran verbietet die erzwungene Prostitution (24,33). Dieser Vers bezieht sich auf die vorislamische Praxis, eine Sklavin von ihrem Besitzer an andere Männer zu „verleihen". Die so genannte „Zeitehe" *(Mutah)* schloss ein Mann mit einer Frau gegen Zahlung einer vereinbarten Summe für die Zeitdauer von einem Tag bis zu mehreren Jahren. Zu Lebzeiten des Prophe-

Dieses Wandgemälde in der Halle der hundert Säulen in Isfahan zeigt ein Liebespaar mit Erfrischungen in einem Garten.

Ein junges Paar flirtet unbefangen in einem Teheraner Teehaus

ten war diese Form der Ehe auf längeren Reisen und Feldzügen üblich, wurde aber vom zweiten Kalifen Omar (reg. 634–644) verboten. In der Zwölferschia gilt sie bis heute als erlaubt. Die Frau besitzt in einem solchen Fall weder Unterhalts- noch Erbansprüche. Die Kinder haben jedoch Anspruch auf das Erbe des leiblichen Vaters.

Verbot der Homosexualität

Das in islamischen Ländern geltende Verbot homosexueller und lesbischer Liebe lässt sich nur indirekt aus dem Koran ableiten. Das Verhalten der Männer aus dem Volke Lots, sich lieber mit Männern statt mit Frauen abzugeben, bezeichnet der Koran (7,81) als eine „Abscheulichkeit". Die Rechtsgelehrten sind sich über das Strafmaß für Homosexualität nicht einig. Es reicht von Züchtigung bis Hinrichtung durch Steinigung. Homosexualität verletzt nach islamischem Verständnis das göttliche Recht und gehört wie Alkohol-, Drogenmissbrauch und Ehebruch zu den die islamische Gesellschaft zerstörenden Delikten. Die Justiz führt die Bestrafung im Namen Gottes durch. Als Folge von Re-Islamisierung und Fundamentalismus ist Homosexualität mit dem Tode bestraft worden. In der Praxis wurde Homosexualität jedoch meist geduldet. Sie galt in manchen Kreisen als üblich und wurde in der Literatur beschrieben.

Genitalverstümmelung in islamischen Ländern

Der Koran erwähnt die Praxis der Genitalverstümmelung – beschönigend Mädchenbeschneidung genannt – nicht. Selbstverständlich hält er sie nicht für gut. Dennoch ist sie in einigen islamischen Ländern verbreitet, wird zum Teil von muslimischen Gelehrten legitimiert. Erst vor wenigen Jahren wurde das mühsam durchgesetzte Verbot der Genitalverstümmelung von einem ägyptischen Staatsgericht wieder aufgehoben. So wird in Ägypten bis heute der größte Teil der islamischen, aber auch der christlich-koptischen Mädchen verstümmelt. Die Beschneidung sei notwendig zum Erhalt von Sitte und Moral in der Gesellschaft. Große Teile der Bevölkerung in afrikanischen Staaten, wo sie vor allem praktiziert wird, halten an diesem Brauch fest.

Autorisierte islamische Exegeten sprechen sich ausdrücklich gegen die Beschneidung von Frauen aus, zum Beispiel der Großscheich der al-Azhar-Universität Mohammed al-Tantawi (geb. 1928). Er beschrieb diese Praktik als einen vom Islam unabhän-

SEXUALITÄT

gigen afrikanischen Brauch. Andererseits weisen sogar Musliminnen darauf hin, dass die Mädchenbeschneidung der Tradition entspreche und damit sinnvoll sei. Für eine Verurteilung der Mädchenbeschneidung spricht – abgesehen von der Grausamkeit dieser Praxis – auch, dass dieser Brauch selbst in islamischen Ländern wie Saudi-Arabien, Afghanistan oder Iran so gut wie unbekannt ist.

Nach Sure 4,118 nehmen sich „irregeleitete" Menschen den Satan zum Beschützer, schneiden ihren Tieren die Ohren ab und verändern so die Schöpfung Gottes. Bereits die klassischen Korankommentatoren leiteten aus diesem Vers das Verbot ab, Tiere zu quälen oder gar zu verstümmeln. Aus diesem Verständnis heraus wäre die Verstümmelung der Frau eine noch viel eigenmächtigere Veränderung von Gottes Schöpfung.

Sittsamkeit als Frage der Ehre

In vielen Ländern des Nahen und Mittleren Ostens hängt die Ehre einer Familie wesentlich von dem sexuellen Verhalten ihrer Frauen ab. Wenn sich eine Frau „schamlos" benimmt, so bringt sie über die ganze Familie Schande. Männer schwören nicht nur bei Gott, sondern auch bei der Ehre ihrer Mütter und Schwestern. Trotz vieler Reformen im gesellschaftlichen Bereich sind die sexuellen Normen in den meisten islamischen Ländern stark von patriarchalischen Vorstellungen geprägt. Eine nicht nur im Islam, sondern auch in anderen Mittelmeeranrainerländern vorkommende übersteigerte Ehrauffassung in Bezug auf die Frau, verdrängte Ängste des Mannes vor einer gleichberechtigten Partnerbeziehung sowie das Verschweigen der liberaleren Traditionen in der islamischen Sexualethik haben heute in Teilen der islamischen Welt zu einer eher negativen Entwicklung geführt.

Insbesondere die durch eine übertriebene Ehrauffassung im Rahmen traditioneller ländlicher Strukturen verursachten „Ehrenmorde" sind in diesem Zusammenhang zu nennen – nicht nur in islamischen Ländern, auch in Süditalien, Korsika, in Griechenland, in Nordirland und in Deutschland geschehen „Ehrenmorde" bei Migranten der dritten und vierten Generation aus den Unterschichten.

Viele Frauen und Mädchen wachsen mit der Angst auf, ihrer Familie Schande zu bereiten. Der Islam verlangt von beiden Geschlechtern, sich sittsam zu benehmen und keine außerehelichen Beziehungen zu unterhalten. Die Wirklichkeit sieht bisweilen anders aus: Wenn eine Frau belästigt oder sogar vergewaltigt wird, gibt man oft ihr die Schuld, nicht dem Täter. Obwohl sie Opfer ist, reden die Männer der Familie nur davon, dass ihre Ehre befleckt und ihre Würde verletzt sei.

Selbstbewusst eine Zigarette rauchend, steuert eine junge, wohlhabende Teheranerin ihr Auto an einer Gruppe junger Männer vorbei, die versuchen, auf sich aufmerksam zu machen.

ETHIK

GEBURTENREGELUNG
Verhütung und Abtreibung in islamischen Ländern

Muslimische Frauen demonstrieren in Djakarta gegen Abtreibung. In Indonesien ist Abtreibung gesetzlich verboten. Die Zahl der illegalen Schwangerschaftsabbrüche wird allerdings auf zwei Millionen jährlich geschätzt.

Die Anerkennung des Geschlechtsverkehrs als rechtmäßiges Verlangen hatte zur Folge, dass sich die Theologen bereits im klassischen Islam mit Methoden der Empfängnisverhütung auseinandersetzten.
Im islamischen Recht gibt es Bestimmungen, welche die Beziehung Schöpfer – Geschöpf betreffen und solche, die das Zusammenleben der Menschen untereinander regeln. So wird zwischen dem Rechtsanspruch Gottes und dem des Menschen unterschieden. Diese Unterscheidung spielt auch bei der Beurteilung der Geburtenkontrolle eine Rolle, die hauptsächlich die Beziehung zwischen Schöpfer und Geschöpf berührt.

Pro und contra Verhütung
Die klassische Diskussion der Empfängnisverhütung bezieht sich in erster Linie auf den Coitus interruptus (Azl), umfasst aber auch das Einnehmen konzeptionshemmender Mittel durch die Frau sowie die Vorkehrung mit Schutzmitteln durch den Mann. Eine Hauptrichtung dieser Diskussion sieht in der Einschränkung von Geburten zum Beispiel aus wirtschaftlichen Erwägungen einen Zweifel an der göttlichen Fürsorge.

Die zweite Richtung, zu deren prominentesten Vertretern der berühmte Theologe al-Ghazali (1058–1111) gehörte, erklärt Empfängnisverhütung unter bestimmten Voraussetzungen für erlaubt.

GEBURTENREGELUNG

Al-Ghazali analysierte vor allem die Motive, die den Wunsch nach Empfängnisverhütung entstehen lassen können. Abgelehnt wurden von ihm Argumente wie die Furcht vor der Geburt eines Mädchens oder eine Abneigung der Frau gegen Geburt und Stillen. Die Befürchtung, man könnte durch allzu viele Kinder in schwere Not geraten und bei der mühevollen Beschaffung des Lebensunterhalts sogar zu unredlichen Geschäften verleitet werden, erkannte al-Ghazali dagegen als stichhaltigen Grund an. Ebenso erlaubt waren für ihn die Absicht, Schönheit und Leben der Frau zu erhalten, sowie begründete Angst vor den Gefahren des Kindbetts.

Der ägyptische Großmufti veröffentlichte bereits 1937 auf Anfrage ein Rechtsgutachten, das Empfängnisverhütung bei Einwilligung beider Partner erlaubte, wenn sie zur Wahrung der Gesundheit der Frau oder aus wirtschaftlicher Not praktiziert wird. Verschiedene Gutachten in islamischen Ländern begrüßen eine gezielte Familienplanung, sofern durch die Verhütungsmaßnahmen keine andauernde Unfruchtbarkeit hervorgerufen wird. Andere Gutachten erklären dagegen eine Empfängnisverhütung für unislamisch. Diese Argumente kommen in erster Linie solchen sozialen Schichten zugute, die traditionell in einer zahlreichen Nachkommenschaft ihre einzige Sozialversicherung sehen müssen.

Meinungen zur Abtreibung

Die Schutzbedürftigkeit und -würdigkeit des menschlichen Lebens vom Zeitpunkt der Zeugung an scheint heute stärker betont zu werden als in der klassischen Periode. Denn der werdende

Eine muslimische Familie fährt auf einem Motorrad durch Lahore, Pakistan.

Mensch ist nach dem Koran als Diener Gottes (19,93) Eigentum seines Schöpfers (10,68). Er ist nicht der Verfügungsgewalt seiner Eltern unterworfen.

Die Rechtsschulen vertreten unterschiedliche Meinungen über den Beginn des menschlichen Lebens. Nach traditioneller Auffassung bestand ein menschliches Wesen erst dann vollkommen, wenn sich bestimmte Teile des Körpers deutlich gebildet haben und dem Embryo die Seele eingehaucht wird. Dieser Zeitpunkt war nach Meinung einiger Rechtsgelehrter 120 Tage nach der Zeugung, nach Meinung anderer schon früher.

Obwohl heutige Rechtsgelehrte auf ein generelles Verbot der Abtreibung drängen (1. Internationale Konferenz für Islamische Medizin 1981 in Kuwait), bestehen Ausnahmen. So ist in Ägypten, Algerien, Iran, Pakistan und der Türkei Abtreibung prinzipiell verboten. Jedoch werden Ausnahmen eingeräumt, wenn das Leben der Mutter in Gefahr ist. In Tunesien und Marokko wird die medizinische Indikation weit gefasst: Anerkannt werden hier nicht nur die Rettung des Lebens der Mutter, sondern auch der Schutz ihrer Gesundheit. Jedoch wurden Verfügungen erlassen, um willkürliche Abtreibungen zu verhindern. Tunesien hat die Fristenlösung der klassischen Rechtsschulen wieder aufgenommen und eine Abtreibung vor dem Ablauf des dritten Monats für erlaubt erklärt. Diese Bestimmung wird als Regulativ für die Bevölkerungsexplosion begriffen.

Eine syrische Familie vor dem Eingang zur Omajjaden-Moschee in Damaskus

ETHIK

BILDUNG UND ERZIEHUNG
Die Vermittlung von Wissen und Werten im Islam

Koranschüler einer Madrasa (Koranschule) in der pakistanischen Hauptstadt Islamabad während des Koranstudiums

Das „Streben nach Wissen" (Talab al-ilm) hat seit den Anfängen erhebliche Bedeutung für den Islam. Ihm sind über das Alltagswissen hinausgehende religiöse Kenntnisse. Mohammed hatte den Muslimen und Musliminnen das Streben nach Wissen zur religiösen Pflicht bestimmt. Auf ihn geht die noch in heutigen Koranschulen verbreitete Halqa-Praxis zurück: Mohammed saß in einem Kreis *(halqa)* auf einer Ebene mit den anderen Gläubigen und beantwortete ihre Fragen. Die Zuhörenden wiederholen, zum Teil mehrmals, die Antwort. Aus solchen Koranzirkeln entwickelten sich die Institutionen *Maktab/Kuttab* und *Madrasa*.

In den „Schreiberschulen" (Maktab, Kuttab) lernten die islamischen Kinder auf der Grundlage des Korans Lesen und Schreiben und bekamen die Glaubensinhalte vermittelt. Die Madrasa („Studierort") war zunächst eine erweiterte religiöse „Grundschule" und entwickelte einen „gesamtschul- beziehungsweise gesamthochschulartigen Charakter".

Moscheeunterricht

Zu jeder größeren Moschee gehört eine Koranschule. Ein arabischkundiger Vorbeter sorgt dafür, dass die Betenden die verschiedenen Teile des Gebets gleichzeitig ausführen. Ein klassisches Dokument für den Koranunterricht sind die Kindheitserinnerungen des ägyptischen Schriftstellers Taha Husain (1889–1973). In klassischer Zeit waren die Koranschüler zwischen sechs und 18 Jahre alt. Heute leitet man bereits Vier- bis Fünfjährige dazu an, den Koran zu erlernen. Wenn die erste Lektion – meist zuhause – stattgefunden hat, wird oft ein Fest gefeiert. Üblicherweise steht am Beginn des Koranunterrichts das Erlernen der 96. Sure, die dem Propheten Mohammed als erste offenbart wurde. Diese Sure unterstreicht die Bedeutung des Rezitierens und des „Gebrauchs des Schreibrohres" (beziehungsweise des „Geschriebenen"). Der lehrende Gott unterrichtet, belehrt den noch unbelehrten Menschen.

Zusätzlich zum Koranstudium werden heranwachsenden Kindern und Jugendlichen die religiösen Pflichten beigebracht. Zu den

BILDUNG UND ERZIEHUNG

wichtigsten Texten zählen die erste und die 112. Sure: „Rezitiere: Er ist Gott, ein Einziger, Gott der Undurchdringliche. Er hat nicht gezeugt, und er ist nicht gezeugt worden, und niemand ist ihm gleich". Dieser Text gilt als Basis für das ethische Verhalten der Muslime. Den Korantext 13,11 lernen Kinder bereits im Grundschulalter kennen: „Gott verändert nicht den Zustand eines Volkes, bis es sich nicht selbst ändert". Geduld und Standhaftigkeit im Glauben sowie Treue zu Mohammed sind großgeschriebene Werte.

---

(1) „Rezitiere im Namen deines Herrn, der erschuf.
(2) ER erschuf den Menschen aus einem Blutklumpen.
(3) Rezitiere, und dein Herr ist der Ehrwürdigste,
(4) Der das Geschriebene (beziehungsweise das Schreibrohr) lehrte,
(5) Der den Menschen lehrte, was er nicht wusste." *(Sure 96,1–5)*

Wertevermittlung im Islam

Zu den wichtigsten Werten, die islamischen Kindern vermittelt werden, zählt der Grundsatz des Korans: „Gutes gebieten und Schlechtes verbieten" (3,110). Ein Muslim soll niemandem Schaden zufügen, sich bemühen, dem Guten zur Geltung zu verhelfen. Ehrlichkeit, Aufrichtigkeit, Zuverlässigkeit sind ebenso islamische Tugenden wie Strebsamkeit und Arbeitsamkeit. In der islamischen Werteerziehung spielen die Hadithe eine große Rolle: Entscheidungen, Handlungen und Aussagen Mohammeds und anderer frühislamischer Autoritäten.

Auch in der islamischen Vermittlungsliteratur dienen Geschichten frommer Religionsvertreter – der vielen namenlosen wie auch „Heldengestalten" vom Range der Frau Mohammeds, Chadidscha, und seiner Tochter Fatima – dazu, islamische Ideale zu personalisieren: Aufrichtigkeit, Gerechtig-

Mohammed vermittelt seine Lehre an seine Gefährten; Miniatur aus einer 1577 entstandenen persischen Geschichte der Propheten; Besitz der Staatsbibliothek zu Berlin.

ETHIK

keit, Einsatz gegen Unterdrückung und Armut, Liebe und Hilfsbereitschaft und Brüderlichkeit zwischen den Muslimen.

Quellen islamischer Religionsvermittlung

In islamischen Familien und in verschiedenen Organisationen mit ihren Moscheen wird das religiöse und ethische Wissen in unterschiedlichen Medien vermittelt. Vor allem handelt es sich um die folgenden Mediensorten:

• Übergangsriten-bezogene Literatur (für Themen wie Geburt/Namengebung, Beschneidung, Eheschließung, Sterben/Tod/Bestattung) für die Gläubigen sowie entsprechende Handbücher für die Religionsvermittler.
• Gebets- und Meditationstexte (Freitagspredigten, Predigten bei anderen Anlässen, usw.).
• Ratgeber-Literatur für Erwachsene, in der Erziehungsfragen behandelt werden sowie Grundinformationen und spezielle Hinweise zu folgenden Themen enthalten

Zusammen lauschen Afghanen und Pakistaner in einer Koranschule im pakistanisch-afghanischen Grenzgebiet den Ausführungen des geistigen Führers der Schule Sami ul-Haq.

sind: Familie, Gesellschaft, Wirtschaft, Staat, Kultur, andere Religionen (insbesondere Christentum). Erörtert werden auch unmittelbar lebenspraktische Fragen: u.a. Essen und Trinken, Wohnen, Gesundheit, Krankheit, Leiden und Tod. Erhebliche Bedeutung besitzen Informationen über Glaubensinhalte („Katechismen", Prophetenbiografien, Lern- und Lesebücher über Grundlagen des Islam), über die verschiedenartigen Regeln und Vorschriften bezüglich der Glaubenspraxis (Fatwas/Rechtsgutachten, Traktakte, Broschüren, Reden zum Thema „Hadsch"/Wallfahrt nach Mekka, usw.). Auch die spezielle Ratgeber-Literatur für Frauen ist zu erwähnen. Die in der Bundesrepublik Deutschland vertretenen mystischen Orden veröffentlichen einschlägige Literatur insbesondere über das Leben ihrer Stifter, deren Werke und über die bei den Meditationen benutzten Texte (Evrad).
• Religiöse Kinder- und Jugendliteratur, zu der neben narrativen Texten (Kurzgeschichten, fesselnde Erzählungen, Romane, musterhafte Lebensbeschreibungen, usw.) insbesondere auch Hinführungen zu Inhalten und Praxis des Glaubens gehören sowie Ratgeberliteratur.
• Zunehmend bedient sich die Religionsvermittlung auch im Islam nicht mehr nur der klassischen Printmedien, sondern auch anderer Mediensorten: Videos und Audio-Kassetten (z.B. der Freitagspredigten), CD-Rom, mediale Interaktivitäten.

Trotz einer Erblindung im Kindesalter gehörte Taha Husain (1889–1973) zu den bedeutendsten arabischen Schriftstellern und Gelehrten. Der erste arabische Literatur-Nobelpreisträger Nagib Mahfuz sagte einmal, Taha Husain hätte vor ihm den Nobelpreis verdient gehabt.

BILDUNG UND ERZIEHUNG

Erinnerungen an die Koranschule

„Am folgenden Tag kam der verehrte Koranlehrer glückstrahlend zur Schule. Er rief diesmal den Knaben mit dem Titel ‚Scheich' und fügte hinzu: ‚Heute verdienst du wirklich, ein Scheich genannt zu werden. Du hast gestern mein Haupt erhöht, mein Antlitz hell gemacht und meinen Bart geehrt. Dein Koranvortrag war wie ein goldener Wasserfall. Ich war wie auf glühenden Kohlen aus Furcht, du könntest stecken bleiben. Bis zum Ende der Prüfung befahl ich dich unentwegt dem Schutz des Ewig Bestehenden, der niemals schläft. Heute musst du nicht lernen, aber ich will einen Vertrag mit dir schließen. Versprich mir, ihn treu zu halten.' Der Knabe erwiderte verschämt: ‚Es ist meine Pflicht, deine Wünsche zu erfüllen.' (...) Dann fragte der Koranlehrer: ‚Wie viele Teile hat der Koran?' ‚Dreißig Teile', antwortete der Knabe. ‚Und wie viele Tage arbeiten wir in der Schule?' Der Knabe erwiderte: ‚Fünf Tage'. Nun wollte der Koranlehrer wissen: ‚Wenn du einmal in der Woche den ganzen Koran vortragen möchtest, wie viele Teile musst du dann täglich aufsagen?' Der Knabe dachte nach und antwortete dann: ‚Sechs Teile'. Da hob unser Koranlehrer an: ‚So schwöre mir nun, dass du dem Hilfslehrer jeden Werktag sechs Teile des Korans vortragen wirst, und dass dies das Erste sein soll, wenn du morgens in die Schule kommst. Wenn du damit fertig bist, steht es dir frei zu spielen, vorausgesetzt, dass du nicht die anderen Jungen von der Arbeit abhältst.'"
(Aus Taha Husain: Kindheitserinnerungen, 1929)

Der Imam einer indischen Koranschule unterweist eine seiner Schülerinnen in der Lektüre des Korans.

ETHIK

Die Haltung zu Reich und Arm
Besitz und Armut im Islam

Marokkanische Frauen lernen in Rabat in Kursen von der Organisation Al-adl wa al-ihsan („Gerechtigkeit und Barmherzigkeit") Lesen und Schreiben.

Gott gilt im Koran als Urheber allen Besitzes, den er den Menschen – wenn auch in unterschiedlicher Höhe – fürsorglich zur Verfügung gestellt hat. Immer wieder wird der Wohlhabende dazu aufgefordert, den Armen an seinem Besitz teilhaben zu lassen, denn er ist ja nur Treuhänder Gottes und muss sich dereinst vor ihm verantworten. Reichtum wird in vielen Koranversen als Gefahr dargestellt, die von Gott und der wahren Religion ablenken kann.

Besitz ist vergänglich, und am Tag des Jüngsten Gerichts nützt aller Reichtum nichts (26,88). Bei dem Gleichnis vom reichen Weingärtner (siehe Seite 87) und vom armen Mann spielen Armut und Reichtum, aber auch Glaube und Unglaube eine wichtige Rolle. Wer, wie der Arme, auf die Fürsorge Gottes vertraut, erkennt die Vergänglichkeit irdischer Güter, während der Reiche Gott nicht mehr als den Urheber allen Besitzes anerkennt (18,31–42). Der Koran betrachtet Besitz und Armut nicht als persönliches Verdienst beziehungsweise als Schande, denn Gott selbst ist für die Unterschiede verantwortlich.

Als soziale Verpflichtungen werden häufig *Sadaqa* (Almosen) und *Zakat* (Pflichtabgabe) erwähnt. Die Zakat besitzt bis heute als Bestandteil der fünf Grundpflichten eine besondere Bedeutung.

Soziale Unterstützung und Pflichtabgabe

Neben der Zakat wurden die „Frommen Stiftungen" (*Waqf*) für gemeinnützige Zwecke zur zweiten wichtigen Institution des islamischen Sozialsystems. Im sozialen Bereich im engeren Sinne betrieben diese Awqaf (Plural) seit dem islamischen Mittelalter neben Schulen und Hospitälern auch Armenküchen, in denen Bedürftige verköstigt wurden. Die „Frommen Stiftungen" unterstehen heute in der Regel einem eigenen Ministerium, sind jedoch weiterhin für das Sozialsystem von grundlegender Bedeutung.

BESITZ UND ARMUT

Im Koran und im frühen Islam wird – im Gegensatz zur späteren Mystik – freiwillige Armut nicht gepriesen. Allerdings entsteht insgesamt der Eindruck, dass die Reichen es schwerer haben, das Heil zu erlangen. Besitz ist vergänglich (18,44; 27,36; 57,19) und macht den Menschen nicht unsterblich (104,3). Am Tag des Gerichts helfen weder Gut noch Söhne (26,88; 58,18), Inbegriffe des irdischen Reichtums. Gut und Kinder stellen vielmehr eine Versuchung dar, den Reichtum mehren zu wollen und darüber Gott zu vergessen (30,28; 89,21; 90,6). Sure 24,36–38 lobt daher Männer, die weder Ware noch Handel von dem Gedanken an Gott, der Verrichtung des Pflichtgebets und der Entrichtung der Pflichtabgabe an die Armen abhalten. Der Gläubige kann auch Gottes Vergebung und Belohnung durch Spenden erringen. Almosen sollen stets aus Glaubensüberzeugung gegeben werden, nicht aber, um „von den Menschen gesehen" zu werden (2,264).

Die Pflichtabgabe soll nach Sure 9 verwendet werden: zur Unterstützung der Armen und Bedürftigen, der Steuerverwalter, Schuldner, mittellosen Wanderer, für den sich für den Islam Einsetzenden und Konvertiten, die durch den Glaubensübertritt

Vor einer Bagdader Moschee warten Kinder darauf, etwas von dem Essen zu erhalten, das dort einmal monatlich verteilt wird.

zum Islam in materielle Not geraten sind, sowie für den Freikauf von Sklaven.

Die Praxis der Erhebung von Zakat gestaltet sich in einzelnen Ländern unterschiedlich. In Pakistan und Saudi-Arabien ist sie in das staatliche Steuersystem einbezogen, in anderen wird sie freiwillig geleistet.

Sozialistische Ideen im Islam

Die auch im Mittelalter zwischen Mystikern und Kaufleuten diskutierte Frage nach gerechter Besitzverteilung und Gewinnstreben erhält in neuerer Zeit in Auseinandersetzung mit westlichen Ideologien und bei der Suche nach angemessenen Wirtschafts- und Entwicklungskonzepten neue Bedeutung. Man versucht häufig, Koranverse vor dem Hintergrund sozialstaatlicher Programme neu zu interpretieren.

Die Auseinandersetzung mit europäischen Ideologien hat seit dem 19. Jahrhundert bei Muslimen neue Diskussionen über eine gerechte Besitzverteilung ausgelöst. Es entwickelte sich ein eigener islamischer „Sozialismus" (Ishtiraqiyya).

So besaßen beispielsweise die Muslimbrüder genossenschaftlich geführte Betriebe.

Mustafa as-Sibai (1915–1964), Führer der syrischen Muslimbruderschaft, stellte den Begriff *Takaful* (gegenseitige Verantwortung) in den Mittelpunkt seines Ansatzes. Er zählte fast 30 Takaful-Gesetze auf, zum Beispiel: die Aufforderung zu Verantwortung auf religiösem, sozialem, kulturellem und politischem Gebiet, Nächstenliebe und politische Toleranz, Gastfreundschaft und die Verpflichtung, andere an seinem Besitz teilhaben zu lassen. As-Sibai fasste den Armutsbegriff weiter als das Entbehren von materiellem Besitz. Armut war für ihn die Beraubung der angeborenen Rechte auf Leben und Erhaltung der Gesundheit, politische, religiöse, soziale und moralische Freiheit, Erziehung, Bildung und Besitz.

Ab den 1970er Jahren entstanden Vorstellungen einer eigenen islamischen Wirtschaftsordnung. Sie hatte das Ziel, einerseits das Privateigentum nicht anzutasten, jedoch gleichzeitig auch den Anspruch der Bedürftigen auf Unterstützung durch die Gemeinschaft zu garantieren.

Freiwilliger Verzicht als Ideal

Hatte Mohammed noch übermäßige Askese abgelehnt, so erhielt der Gedanke der freiwilligen Armut in der Mystik, dem Su-

In einem Flüchtlingslager im indonesischen Banda Aceh beginnen Freiwillige mit der Verteilung von Hilfsgütern, die von der saudiarabischen International Islamic Relief Organization für die vom Tsunami des Jahres 2004 betroffenen Menschen gespendet wurden.

BESITZ UND ARMUT

fismus, eine beträchtliche Bedeutung. „Armut" (Faqr), die im Koran vorwiegend materiell verstanden und durch Spenden der Begüterten gemildert werden sollte, wurde von einigen Mystikern im Sinne geistiger Armut gedeutet. Manche sich arm und heilsbedürftig vor dem Angesicht Gottes empfindenden Mystiker entsagten freiwillig der Welt. Oft stand am Anfang asketische Weltflucht. Dieser Rückzug aus der Gesellschaft resultierte u.a. aus einem Protest gegen die ungerechten sozialen Verhältnisse.

Die langen und blutigen Bürgerkriege, der Fanatismus einiger politischer Sekten, der zunehmende moralische Verfall sowie der teilweise bestehende militärische Despotismus des ersten islamischen Jahrhunderts standen im krassen Widerspruch zum theokratischen Ideal, so dass einige Gläubige sich voller Abscheu vor der irdischen Welt abwandten und verstärkt mit dem Jenseits beschäftigten. Weltflucht und Besitzlosigkeit bildeten zugleich die erste Stufe bei dem Bemühen um den rechten „Weg" *(Tariqa)* mit dem Ziel der Vereinigung mit Gott.

Im Imam Buchari Waisenhaus im afghanischen Jalalabad lauschen Schüler einem der Lehrer der von der gemeinnützigen International Islamic Relief Organization getragenen Einrichtung.

Kritisch bleibt anzumerken, dass die in Mystikerkreisen praktizierte Weltflucht, die Vergeistigung und Idealisierung von Armut und ihr bisweilen übertriebenes Gottvertrauen mit dazu beigetragen haben, weite Bevölkerungskreise nicht den Versuch unternehmen zu lassen, ungerechte Besitzverhältnisse zu ändern.

Das Gleichnis vom Weingärtner und vom armen Mann

„31 Und führe ihnen (den Ungläubigen) als Gleichnis zwei Männer an: Für den einen von ihnen schufen wir zwei Gärten mit Weinstöcken und umgaben sie (die Gärten) mit Palmen und legten Getreidefelder zwischen ihnen an. Beide Gärten brachten Früchte hervor und erwiesen sich dabei in nichts als mangelhaft. 32 Und wir ließen mitten in ihnen einen Bach fließen.

Und er (der Besitzer) hatte (davon) Gewinn. Da sagte er zu seinem Gefährten, mit dem er sich unterhielt: ‚Ich bin reicher an Besitz und mächtiger an Personal als du'. 33 Und er betrat seinen Garten, in dem er sich gegen sich selber versündigte, und sprach: ‚Ich glaube nicht, dass dieser (mein Garten) jemals zugrunde gehen wird. 34 Auch glaube ich nicht, dass die Stunde (des Gerichtes bald) kommt. Selbst wenn ich (dereinst doch) zu meinem Herrn zurückgebracht würde, so würde ich als Ort der (letzten) Einkehr noch einen besseren (Garten) als diesen finden'. 35 Da sprach sein Gefährte erwidernd zu ihm: ‚Glaubst du denn nicht an den, der dich aus Staub und dann aus einem (Samen) Tropfen geschaffen und dich zum Mann gestaltet hat? 36 Was mich betrifft, (so bekenne ich)! Er ist Gott, mein Herr, und ich stelle meinem Herrn niemand zur Seite. 37 Und warum hast du nicht damals, als du deinen Garten betratest, gesagt: (Nur) was Gott will (mag geschehen). Es gibt keine Macht außer bei Gott! Wenn du mich auch (jetzt) geringer ansiehst als dich selbst an Besitz und Nachkommenschaft, 38 so wird mein Herr mir vielleicht doch etwas Besseres als deinen Garten geben und auf ihn (den Garten) eine Abrechnung vom Himmel schicken, so dass er (eines) Morgens (nur noch) glatter Boden sein wird. 39 Oder sein Wasser wird (eines) Morgens versiegt sein, so dass du nicht (mehr) imstande bist, es aufzufinden'. 40 Und (tatsächlich) seine Ernte wurde vernichtet, und am anderen Morgen drehte er seine Hände um, (bedauernd) das, was er für ihn (den Garten) ausgegeben hatte.

Zerfallen lag er (nun) da auf seinen Spalieren. Und er (der Besitzer) sprach: ‚O hätte ich doch meinem Herrn niemand beigestellt'. 41 Und er hatte keine Schar zu seiner Hilfe – außer Gott –, und konnte auch sich selber nicht helfen. 42 In seinem (letzten) Stadium hat (nur noch) der (einzig) wahre Gott Freundschaft (zu bieten). Bei ihm ist der beste Lohn der beste Ausgang."

ETHIK

DIE ISLAMISCHE KLEIDUNG
Besondere Vorschriften für Männer und Frauen

Laut Koran sorgt Gott als Schöpfer für die Bekleidung der Menschen (7,26). Darum pflegte Mohammed ein Dankgebet zu sprechen, wenn er zum ersten Mal ein neues Kleidungsstück anzog. Als Zeichen göttlicher Barmherzigkeit darf die Kleidung durchaus ein gewisses Maß an Wohlstand zeigen. Doch soll sie kein bloßes Statussymbol sein. Kleiderspenden an Bedürftige werden empfohlen, um eigene Verfehlungen zu sühnen (5,89).

Während einer „The woman of my Land" betitelten Modenschau präsentieren Models in Teheran die neueste, nach staatlichen Vorgaben mit den islamischen Werten übereinstimmende Mode.

KLEIDUNG

Iranische Mädchen, verhüllt in den Tschador, gehen in einem Park spazieren.

> „Prophet! Sage zu deinen Frauen und deinen Töchtern und zu den Frauen der Gläubigen, sie sollen, wenn sie ausgehen, ihre Übergewänder (Dschhalaba) reichlich über sich ziehen.
> So ist es am ehesten gewährleistet, dass sie (dann) erkannt und nicht belästigt werden. Und Gott ist allverzeihend, barmherzig."
> (Sure 33,59)

Kleidervorschriften für Männer

Alle islamischen Autoritäten stimmen darin überein, dass ein Muslim den als beschämend und unschicklich (arab. aurah) geltenden Teil des Körpers bedecken müssen. Die meisten verstehen darunter das männliche Geschlechts- und Hinterteil.

Nach einer weiteren Tradition soll ein Muslim keine von Nichtmuslimen getragene Kleidung anziehen. Einige Traditionalisten halten sich an dieses Verbot, andere tragen westliche Kleidung, ziehen aber zu besonderen Anlässen wie Prüfungen

Im Mittelalter waren die Angehörigen verschiedener Berufe an ihren Kleidern erkennbar. Theologen unterschieden sich von „Schreibern" durch eine bestimmte Kopfbedeckung. Angehörige des Militärs trugen eine kurze Jacke, Richter einen besonderen Hut. Prediger mussten im Abbasidenreich schwarze Kleidung tragen, während die schiitischen Fatimiden in ihren Regionen die weiße Farbe vorschrieben. Auch Juden und Christen war das Tragen besonderer Kleidungsstücke vorgeschrieben, damit sie nicht mit den Muslimen verwechselt wurden. Die besondere Kleidung islamischer Gelehrter und religiöser Funktionsträger ist bis heute erhalten geblieben.

Eine wichtige Rolle spielt die Kleidung für Muslime auf ihrem letzten Weg. Nach der Waschung wird der Leichnam in drei unterschiedlich große, weiße, parfümierte Leichentücher gehüllt. Verstorbene Frauen erhalten zusätzlich ein Kopf- und Brusttuch. Auch die Pilgerkleidung besteht aus zwei weißen ungenähten und nicht verzierten Tüchern.

Nicht alle heute von Muslimen für typisch islamisch gehaltenen Kleidungsstücke haben ihren Ursprung im Koran. Kulturgeschichtliche Entwicklungen und landestypische Sondertraditionen spielen eine wichtige Rolle.

Die nach dem arabischen Wort für Jerusalem als al-Quds Jeans benannten Jeans einer kleinen italienischen Firma aus Udine. Speziell für Muslime entwickelt, soll der Schnitt der Hosen vor allem ein bequemes Beten ermöglichen.

ETHIK

und wichtige Geschäftsverhandlungen ihre orientalischen Gewänder als Festkleidung an. Diese weit geschnittene Männerkleidung wird bei Hitze angenehmer empfunden. Dennoch sollten Europäer, die in orientalischen Ländern zu Besuch sind, solche Kleidung nur anziehen, wenn sie sich in ihrer Wohnung aufhalten oder von muslimischen Freunden zum Anlegen beispielsweise eines Kaftans aufgefordert werden. Nicht gern gesehen wird ein offizielles Tragen solcher Gewänder von Nichtmuslimen.

Reformer wie Gamal Abd al-Nasser (1918–1970) oder Kemal Atatürk (1881 bis 1938) wollten die islamische Kleiderordnung reformieren, stießen jedoch zum Teil auf erhebliche Kritik. Durch die Reformen Atatürks wurde den Muslimen zum Beispiel das Tragen des traditionellen Fes, den Musliminnen das Anlegen des Kopftuchs verboten. Als Schah Mohammed Reza Pahlewi (1919–1980) in den 1920er Jahren versuchte, ein Verbot für Kaftane zu erlassen, reagierte ein Religionslehrer empört mit folgendem Vergleich: „Für uns war das so, als ob man in Deutschland den Mitgliedern des Aufsichtsrates einer renommierten Firma befehlen würde, sie müssten alle in Unterhosen bei der nächsten Sitzung erscheinen."

Kleidervorschriften für Frauen

Die Frage der Frauenkleidung ist erheblich komplexer. Die vielen Musliminnen außerhalb des Hauses auferlegten Beschränkun-

Mit der traditionellen Burqa bekleidete Frauen hören in Kabul Ende 2004 Junus Kanuni zu, dem chancenreichsten Herausforderer des amtierenden afghanischen Präsidenten Harmid Karsais.

KLEINES LEXIKON ISLAMISCHER KLEIDUNGSSTÜCKE

Der **Turban** ist ein mehrfach kunstvoll um den Kopf geschlungener Stoffstreifen. Die verschiedenen Farben und Muster weisen auf die soziale Herkunft und den Beruf des Trägers hin. Der Turban ist bei den Muslimen in den ländlichen Gebieten des Sudans, Ägyptens, auf der arabischen Halbinsel und des Iraks verbreitet.

Der nach der marokkanischen Stadt benannte **Fes** aus schwarzem oder rotem Filz löste im Osmanischen Reich den Turban als traditionelle Kopfbedeckung ab. Er wurde zur typischen Kopfbekleidung der Städter, bis sein Tragen von dem Reformer Kemal Atatürk verboten wurde. Bis heute gilt er neben Schleier und Kopftuch als typische islamische Kleidung.

Die **Kufiya** ist ein weiß, schwarz oder schwarz-weiß bzw. rotweiß gemustertes quadratisches Kopftuch aus Baumwolle, Leinen, Wolle oder Seide und wird von einem Kopfring aus gedrehtem Ziegen- oder Kamelhaar gehalten. Sie ist eine typische Kopfbedeckung arabischer Beduinen, aber auch von Bauern und Städtern. Die rot karierte Kufiya wurde zu einem politischen Symbol der Palästinenser.

Man unterscheidet drei Haupttypen des **Schleiers**: den **Niqab** zum Verdecken des ganzen Gesichts, den **Milfa**, der nur die untere Gesichtshälfte verdeckt und den **Chimar** für Haar und Stirn.

Der **Tschador** (auch Schaudor) ist ein schwarzes Hülltuch, das zu unbekannter Zeit aus dem Iran in den Irak und von dort auf die Arabische Halbinsel gelangte. Als Folge des Islamismus ist er auch in anderen Regionen, vor allem bei den Schiiten des Libanon, verbreitet.

Die **Burqa** ist ein insbesondere in Afghanistan verbreiteter maskenförmiger Körperschleier mit zwei Sehschlitzen oder einer netzartigen Öffnung in Augenhöhe. Die afghanischen Taliban erklärten das Tragen der Burqa nach ihrer Machtübernahme für muslimische Frauen zur Pflicht. Auch nach Beendigung der Taliban-Herrschaft tragen viele Frauen außerhalb des Hauses noch dieses Kleidungsstück.

KLEIDUNG

Ein Junge mit einer schwarz-weiß gemusterten Kufiya macht das Victory-Zeichen.

gen betreffen nicht den häuslichen Bereich und Anlässe, bei denen nur Frauen anwesend sind. Der Koran gebietet anständigen Frauen, sich außerhalb des Hauses schamvoll zu kleiden und den Busen zu bedecken. Sie sollen ihre Reize nicht zur Schau stellen und sich in einen Überwurf hüllen. Zu Mohammeds Zeiten waren ein beduinischer Kopfschleier (*Qina*), ein Schal um Brust und Kinn (*Chimar*) und eine Art Überwurf (*Dschilbab*) bekannt. Das Tragen von Gesichtsschleiern (*Niqab*) entwickelte sich erst, als persische und byzantinische Gebräuche den islamischen Lebensstil zu prägen begannen.

Der Schleier nahm im Lauf der Geschichte unterschiedliche Funktionen wahr: Zeichen feiner Gesittung, Bild für die Unterdrückung der Frau und Symbol islamischer Selbstbestimmung.

Während islamische Frauenrechtlerinnen das Ablegen des Schleiers als unverzichtbaren Schritt zur Emanzipation begreifen, tragen andere Musliminnen dieses Kleidungsstück aus religiöser Überzeugung, ohne jedoch auf modisches Bewusstsein zu verzichten. Inzwischen gibt es islamische Kopfbedeckungen für besondere Anlässe, auch als Arbeitskleidung. Muslimische Polizistinnen in London können zwischen vier verschiedenen Kopftuchmodellen auswählen. Das schwedische Möbelhaus Ikea ließ eine besondere Kopfbedeckung für ihre muslimischen Angestellten schneidern. Die Kreierung islamischer Kleidung für verschiedene Sportarten versucht, einen Mittelweg zwischen Religionsvorschriften und möglichst großer Bewegungsfreiheit zu verwirklichen. So gibt es zum Beispiel eine spezielle Kopfbekleidung für muslimische Tennisspielerinnen, die auch bei schnellen Ballwechseln kein Haar hervorschauen lassen.

Europäische Behörden neigen dazu, das Tragen von Kopftüchern nicht nur als Symbol des Islam anzusehen, sondern als Sinnbild einer reaktionären Spielart dieser Religion. Viele Musliminnen fühlen sich durch solche Argumente verletzt, vergleichen das Anlegen des Kopftuches als Zeichen des Bekenntnisses mit dem Tragen eines Kreuzes.

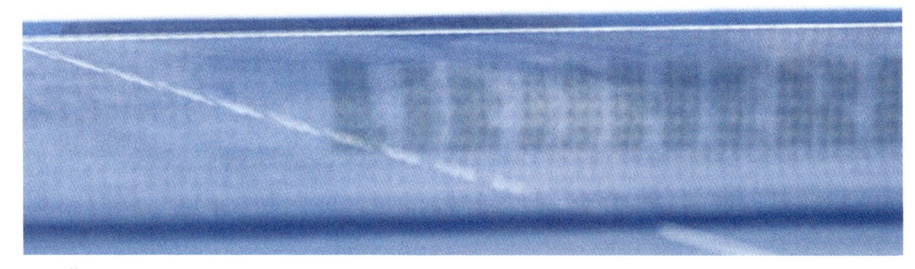

Die Ägypterin Shaimaa Abdul Aziz spielt während des Qualifikationsmatches zur Tischtennis-WM in Paris gegen Joelle Raharinosy aus Madagaskar. Die spezielle Kopfbedeckung verhindert, dass sich die Haare bei schnellen Bewegungen lösen und hervorschauen.

ETHIK

SPEISEVORSCHRIFTEN
Erlaubte und unerlaubte Nahrungsmittel

SPEISEVORSCHRIFTEN

Muslimische Familie in Michigan, USA, beim Abendessen. Das Tischgebet wird mit nach oben gehaltenen, leicht geöffneten Handflächen gesprochen.

Prinzipiell gilt für Muslime: „Esst und trinkt von den guten Dingen, aber treibt keine Verschwendung" (7,29). Der Mensch soll die ihm von Gott zur Verfügung gestellte Nahrung zweckmäßig gebrauchen.

Verbotenes und Erlaubtes

Der Islam unterscheidet erlaubte und unerlaubte Speisen. Muslime dürfen nur das Fleisch rituell geschlachteter Tiere verzehren. Türkische Fleischereien (Kasab) verkaufen es als *Halal et* („rituell reines Fleisch"). Verboten sind dem Muslim auch das Schwein und daraus hergestellte Produkte, zum Beispiel Kartoffelchips und Gelatine und bestimmte Käsesorten.

„O ihr Menschen, esst von dem, was es auf der Erde gibt, so es erlaubt und köstlich ist". *(Sure 2,168)*

„Sprich: Ich finde nichts in dem, was mir offenbart ward, dem Essenden verboten zu essen, als Krepiertes oder vergossenes Blut oder Schweinefleisch – denn dies ist ein Gräuel – oder Unheiliges, über dem ein anderer als Gott angerufen ward. Wer aber gezwungen wird, ohne Begehr und ohne Ungehorsam wider Gott, nun dann ist dein Herr verzeihend und barmherzig." *(Sure 6,146).*

„O ihr, die ihr glaubt, nähert euch nicht trunken dem Gebet, sondern wartet, bis ihr wisset, was ihr sprecht." *(Sure 4,46)*

„Sie werden dich befragen nach dem Wein und dem Spiel. Sprich: In beiden liegt große Sünde und Nutzen für den Menschen. Die Sünde in ihnen ist jedoch größer als der Nutzen." *(Sure 2,216).*

Islamische Gesundheitsexperten untermauern das Schweinefleischverbot mit medizinischen Argumenten. Sie sehen darin zum Beispiel eine Vorbeugemaßnahme gegen Trichinose, die durch das Schwein auf den Menschen übertragen werden kann und eine besonders sorgfältige, früher nicht zu leisten gewesene Fleischbeschau verlangt. Schweinefleisch wird heute nicht nur von islamischen Medizinern als Ursache vieler Krankheiten (Gallenkolliken, Darmkatarrhe, Gastroenteritis mit typhösen und paratyphoiden Krankheitsbildern sowie akuten Ekzemen, Furunkeln und Abszesse) angesehen. Es wird auch ein Zusammenhang zu erhöhtem Blutdruck, hohem Cholesterinspiegel und Arteriosklerose festgestellt. Schließlich wird auf das im Schweinefleisch vorhandene Histamin und die Immidazolkörper hingewiesen, die Magengeschwüre, Asthma und Heufieber einleiten können. Muslime betrachten es als Bestätigung ihrer Argumente, dass verschiedene Richtungen alterna-

ETHIK

tiver Ernährung Schweinefleisch – wenn auch nicht aus denselben Gründen – ablehnen.

Als verbotene Tiere gelten Fleischfresser mit Reißzähnen (Löwe, Wolf), Greifvögel und Reptilien. Alle nicht rituell geschlachteten Tiere gehören nach Auffassung der meisten Rechtsschulen zu den verbotenen Tieren. Zu den erlaubten Tieren zählen alle Fische und Nutztiere wie zum Beispiel Kamel, Schaf, Ziege und Huhn. Meerestiere sind erlaubt und unterliegen keinen rituellen Tötungsvorschriften. Das gilt für Salz- und Süßwasserfische.

Bei Meeressäugetieren, Weichtieren sowie Muscheln und Krebsen gehen die Meinungen in den unterschiedlichen Rechtsschulen auseinander. Als Tugend gilt es, immer alles, was sich auf dem Teller befindet, aufzuessen.

Dieser Käse einer niederländischen Käsefabrik wird nach Halal-Vorschriften hergestellt, d. h. es wird zur Herstellung kein tierisches Lab benutzt.

Alkoholverbot im Islam

Der Genuss alkoholischer Getränke ist im Islam verboten: „O ihr, die ihr glaubt, siehe, der Wein, das Spiel, die Bilder und die Pfeile sind ein Gräuel von Satans Werk. Meidet sie. Vielleicht geht es euch wohl" (5,92). Der nächste Vers nennt einen wichtigen Grund für dieses Verbot: „Der Satan will nur zwischen euch Feindschaft und Hass werfen durch Wein und Spiel und euch abwenden vom Gedanken an Gott und dem Gebet. Wollt ihr deshalb nicht davon ablassen?" Heute wird insbesondere die gesellschaftszerstörende Kraft des Alkohols betont. Auf die Gefahren der Trunkenheit weist Sure 4,46 hin.

Im Zuge von Re-Islamisierung und Fundamentalismus in den islamischen Ländern wird besonders streng auf die Einhaltung des Alkoholverbots geachtet. Trotzdem wird

Muslime aus Dubai, Vereinigte Arabische Emirate, beim Fastenbrechen vor der Sheikh Achmad bin Rashid Moschee

SPEISEVORSCHRIFTEN

Ein muslimischer Metzger vor seinem Geschäft mit Halal-Fleischwaren in Harlem, New York

eine gewisse nützliche Wirkung des Alkohols nicht verneint. So gelten Alkohol enthaltende Arzneien weitgehend als erlaubt.

Vom Sinn der Fastenzeit

Muslime heben die positiven Aspekte des Fastens hervor, denn es trägt zur Entlastung und Erholung des Körpers bei. In der Fastenzeit erscheinen in den Zeitungen islamischer Länder häufig medizinische Artikel über die positiven Auswirkungen des Fastens bei einer Reihe von Erkrankungen. Die verbreiteten überreichlichen Mahlzeiten nach dem abendlichen Fastenbrechen betrachten auch muslimische Kritiker als ungesund und im Widerspruch zur ursprünglichen Idee des Fastens. Der Fastende übt sich in Selbstbeherrschung, lernt eine geduldige Einstellung sowie Opferbereitschaft zu entwickeln.

In der Fastenzeit soll man sich intensiv mit religiösen Fragen beschäftigen, soziale Aufgaben wahrnehmen, verstärkt Almosen geben und den Mitmenschen gegenüber besonders freundlich sein. Zu den positiven Folgen des Fastens zählt auch der verstärkte Zusammenhalt der Gemeinde, die einen stabilisierenden Einfluss auf den Einzelnen haben kann.

Zu Gast bei Muslimen

Muslime essen stets mit der rechten Hand. In islamischen Ländern ist es für Menschen, die ihre rechte Hand nicht benutzen können, sehr schwer, überhaupt an einer Tischgemeinschaft und damit am gesellschaftlichen Leben teilzunehmen. Muslime sprechen das Tischgebet nach dem Essen. Dabei werden die Hände in Form einer Schale gehalten, um den Dank für die empfangenen Speisen zu verdeutlichen. Als Mann darf man eine islamische Familie nur besuchen, wenn das Familienoberhaupt zu Hause ist. Sonst wäre es unschicklich, einen Fremden einzulassen. Es ist nicht unhöflich, sondern Zeichen des Anstands, dass muslimische Männer Frauen im Allgemeinen nicht die Hand geben.

Beim Betreten der fremden Wohnung sollte man nicht vergessen, die Schuhe auszuziehen. Ebenso entspricht es den Gepflogenheiten in muslimischen Familien, dass sich die männlichen Gäste zu den Männern und die Frauen zu den Frauen setzen. Für jede muslimische Familie ist es eine besondere Ehre, ihre Gäste gut und reichhaltig zu bewirten. Das Besteck wird dabei vermutlich nicht aus Silber sein, weil der Islam die Verwendung von Edelmetall zu praktischen Zwecken verbietet.

Auch in Teheran sind Fast-Food-Restaurants beliebte Treffpunkte für Jugendliche. Hier werden die Burger aus Halal-Fleisch hergestellt.

ETHIK

GESUNDHEIT UND KRANKHEIT
Umgang mit Kranken und Behinderten

Islam und Iman (Glaube) bilden für Muslime unverzichtbare Elemente einer umfassenden, gesunden und harmonischen Lebensordnung. Sie tragen bei zu Ausgeglichenheit und innerem Frieden, zur Befreiung von Angst und Bewältigung von Schicksalsschlägen. Sie bilden damit eine Voraussetzung für körperlich-seelische Gesundheit. Ebenso wie sich nach Auffassung des Korans der gläubige Muslim im Heil befindet, werden Personen, welche den „Ungläubigen" (Polytheisten) und „Heuchlern" nahe stehen, im Koran als Kranke beschrieben. Sure 26,80 bezeichnet Gott als denjenigen, der Menschen heilt, wenn sie krank sind.

Als großer Wunderarzt unter den Propheten genießt Jesus besondere Verehrung. Die zum Teil bis heute praktizierte, im 13./14. Jahrhundert zusammengestellte „Prophetenmedizin" entstand aus einzelnen Prophetenworten mit Überlieferungen über gesunde Lebensführung und Formen der Mohammed zugeschriebenen Heilbehandlung. In die „Propheten-Medizin" fanden verschiedene Formen altarabischen Wissens, die griechische Lehre von den Körpersäften sowie lokale Praktiken und Lehren der eroberten Gebiete Eingang.

Aussagen des Korans

Der Koran enthält einerseits Beschreibungen allgemeiner metaphysischer Heils- und Unheilsmomente für den Menschen, die auf das Verständnis von Gesundheit und Krankheit hinweisen. Außerdem nennt er konkre-

Zwei jordanische Sozialarbeiter setzen ein behindertes Mädchen in ihren Rollstuhl.

GESUNDHEIT UND KRANKHEIT

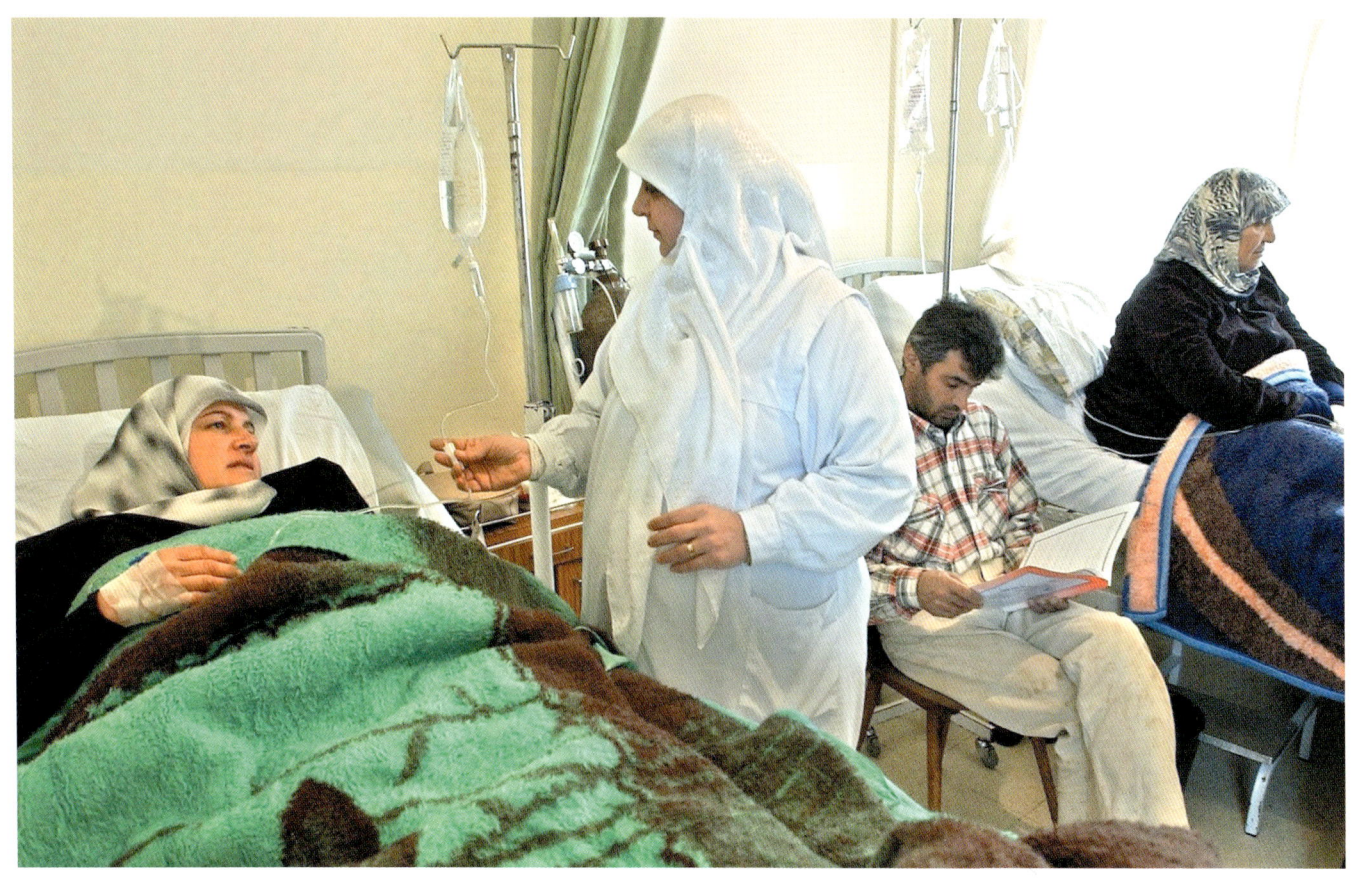

Krankenschwester und Patienten in einem Krankenhaus der Hizbollah im Südlibanon

te Speise- und Hygienevorschriften. Bis heute gelten diese als konstitutive Elemente einer islamischen Gesundheitserziehung. Der Koran argumentiert, dass das „rituelle Pflichtgebet" zur seelischen Gesundheit beitrage, weil „der Gedanke an Gott den Herzen Frieden bringt" (13,28) und den „größten Segensquell" darstellt. Die „Pflichtabgabe" soll den Menschen von seiner Besitzgier „reinigen" und innere Zufriedenheit bewirken. Die „Wallfahrt" befreit den Menschen vorübergehend von seinem Alltagsstress und sonstigen Alltagsbindungen, macht ihm die Gleichheit und Zusammengehörigkeit der Gläubigen eindringlich bewusst. Auf fehlende Gesundheit wird bei der Ausübung der Glaubenspflichten jedoch Rücksicht genommen. Bei Krankheit, Schmerz oder gefährlichen Berufen dürfen die Vorschriften ausgesetzt oder später nachgeholt werden (2,185; 2,196; 4,43; 4,102; 5,6; 24,61; 48,17; 73,20). Fasten dürfen nur gesunde Muslime. Diabetiker sollen sich mit einem Arzt absprechen. Der muslimische Arzt stellt bei Erkrankungen fest, ob sich durch möglichen Verzicht auf ein Medikament eine echte Gesundheitsgefährdung angesichts des Fastens ergibt. Saudi-Arabien investiert Mühe und Geld, um Krankheiten und Unfälle zu verhindern, denn bei den jährlichen Pilger-Zeremonien kommt es immer wieder zu Massenpaniken mit zahlreichen Toten und Verletzten.

Muslime lehnen Euthanasie strikt ab. Selbstmord bei unheilbarer Krankheit oder aus einem anderen Grund ist verboten. Muslime sollen Schicksalsschläge und schwere Krankheiten geduldig ertragen. Krankheit und Leid werden auch als Möglichkeit begriffen,

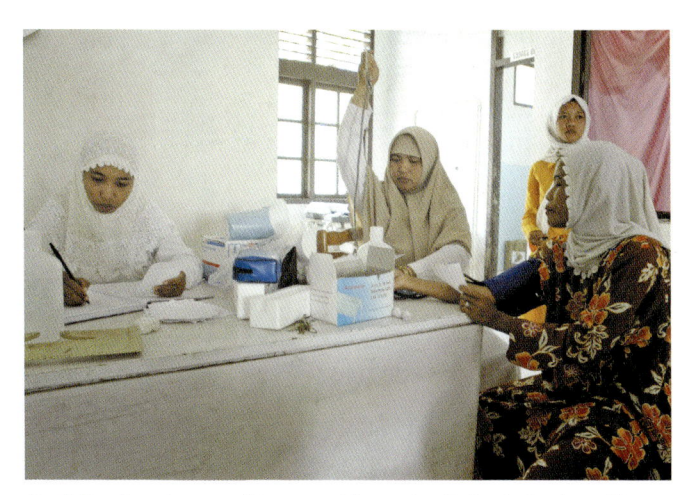

Zwei Krankenschwestern kümmern sich um eine Patientin in einem Krankenhaus in Meulaboh, Indonesien.

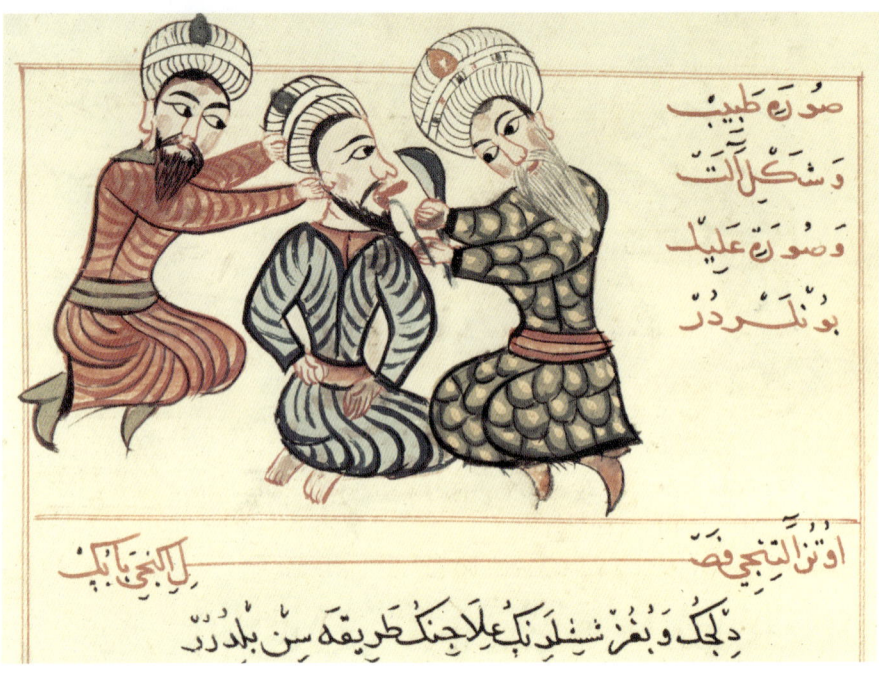

ETHIK

Die islamische Ethik richtet sich auf den Sinn des Leidens, die Behinderung zu verstehen, ohne das Vertrauen in Gottes Fügung zu verlieren. Der behinderte Mensch soll nicht klagen, sondern darauf hoffen, dass die Behinderung eine Sühne für seine Sünden sein kann, damit er das ewige Leben erreicht. Der Glaube soll den Betroffenen und ihren Familien helfen, nicht zu verzweifeln.

Islamische Medizin im Mittelalter

Mittelalterliche islamische Gelehrte entwickelten vom 9. bis 13. Jahrhundert – von der griechischen Wissenschaft beeinflusst – einen sehr hohen, den europäischen weit überragenden Medizinstandard und eine umfassende Heilmittellehre. Sie reflektierten medizinethische Probleme und entwickelten ein fortschrittliches Gesundheitswesen. Am Hof der Abbasidenkalifen wirkten bedeutende islamische Ärzte wie zum Beispiel Zakariya ar-Rasi (865 bis 925). Sein Werk wurde bis 1866 in Europa zur Ausbildung von Medizinern nachgedruckt. Islamische Ärzte erforschten Infektionen wie Masern, Pocken oder Rheumatismus, wiesen als erste den kleinen Lungenblutkreislauf nach, sezierten Leichen, bedienten sich bei Operationen

Die 1466 von Charaf-ad-Din geschaffene Darstellung zeigt einen Arzt mit Helfer bei der Entfernung der Unterzungenspeicheldrüse.

Vergehen zu sühnen. Auf eine notwendige Heilbehandlung soll der Gläubige nicht eigenmächtig verzichten. Grundlagen und Grenzen des Gottvertrauens bei Krankheit, Not und Bedrängnis werden jedoch von der islamischen Theologie und Mystik ausführlich diskutiert.

Behinderung

Ein Grundgedanke islamischer Ethik besagt, dass ein in Not geratener Mensch wegen Krankheit, Alter, Unfall, Arbeitslosigkeit, Tod des Familienernährers oder Behinderung mit der Fürsorge der Gemeinschaft rechnen kann. Bereits im Koran wird die islamische Gemeinde dazu angehalten, ihre behinderten Mitglieder in die Familie und Gemeinschaft zu integrieren. In Sure 4,4 werden Muslime dazu aufgefordert, Behinderte und Benachteiligte zu kleiden und mit freundlichen Worten zu ihnen zu sprechen. Daraus folgt das Prinzip islamischer Wirtschaftsethik, demzufolge Personen, die aufgrund von dauernder oder zeitweiser Behinderung unfähig sind, für ihren eigenen Lebensunterhalt zu sorgen, Anspruch auf den Wohlstand der Allgemeinheit besitzen. Doch die Hilfe der Familie und Gemeinschaft allein ist im Fall einer Behinderung nicht ausreichend. Der Betroffene muss trotz seiner schwierigen Lage auf Gott vertrauen und Standhaftigkeit, Geduld, Vertrauen und Hoffnung auch angesichts von Schmerzen zeigen.

Blick in das im 12. Jahrhundert gegründete Krankenhaus im türkischen Divrigi

GESUNDHEIT UND KRANKHEIT

Bereiten von Arznei; Miniaturmalerei aus der „Materia medica" des Dioskurides, persische Ausgabe, Bagdad 1224

fortschrittlicher Verfahren, praktizierten Vollnarkosen und kannten Naturheilverfahren. Vor allem auf den Gebieten der Heilmittellehre und der Augenheilkunde brachte die islamische Medizin großartige Leistungen hervor. So waren islamische Mediziner in der Lage, erfolgreich Operationen des grauen Stars auszuführen. Wenn sich auch in neuerer und neuester Zeit weitgehend europäische Kenntnisse und Methoden im Bereich der Medizin durchsetzten, bemühen sich islamische Mediziner dennoch darum, eine spezifisch islamische Medizin-Ethik und in Vergessenheit geratene Heilverfahren wiederzubeleben.

Moderne islamische Medizin

Obwohl Muslime im Allgemeinen gegenüber den Errungenschaften der westlichen Zivilisation eher skeptisch eingestellt sind, besteht eine große Aufgeschlossenheit gegenüber der modernen Medizin. In keinem anderen Bereich des traditionellen islamischen Rechts bemüht man sich so intensiv, neue Erkenntnisse islamisch zu rechtfertigen und abzusichern, wie zum Beispiel bei Themen wie Organtransplantation und künstliche Befruchtung zwischen Eheleuten. Verfahren wie Klonen und Leihmutterschaft werden jedoch weitgehend abgelehnt. Aids gilt in der Regel als westliche Krankheit, die durch sexuelle Freizügigkeit verursacht wird.

Auf der „Ersten Internationalen Konferenz für islamische Medizin" (Kuwait 1981) beschloss man nicht nur die Wiederbelebung des eigenen (medizinischen) Erbes, sondern verabschiedete auch den „Islamic Code of Medical Ethics" mit folgenden Schwerpunkten: Definition des Arztberufes; Charakterisierung des Arztes; Beziehung der Ärzte untereinander; Beziehung Arzt-Patient; Schweigepflicht; ärztliche Pflicht in Kriegszeiten; Verantwortung und Verlässlichkeit des Arztes; Unverletzlichkeit des menschlichen Lebens; Arzt und Gesellschaft; biotechnischer Fortschritt und medizinische Ausbildung.

ETHIK

Sport und Leibesübungen
Körperertüchtigung und Kleidervorschriften

Der Körper ist für den Islam grundsätzlich ein dem Menschen von Gott anvertrautes Gut und deshalb ehrfurchtsvoll zu behandeln. Mohammed empfahl Sportarten wie Laufen, Kamelreiten, Ringen und Bogenschießen. Männer dürfen diese Sportarten zusammen mit ihren Ehefrauen ausüben, jedoch nicht im Beisein anderer Männer. Noch mit über 50 Jahren soll Mohammed mit seiner Frau Aischa um die Wette gelaufen sein. In der islamischen Frühzeit wurden

Junge Frauen beim Fahrradfahren in einem Teheraner Park. In Iran ist Frauen das öffentliche Fahrradfahren eingeschränkt erlaubt. Sport ist für Frauen mit weit reichenden Auflagen verbunden.

SPORT UND LEIBESÜBUNGEN

Frauen trainieren im Teheraner Sportzentrum Hejab das in Iran wie alle Kampfsportarten sehr populäre Karate. Obwohl die Situation in Hinblick auf den Frauensport in Iran liberaler als in anderen islamischen Ländern ist, muss das Haar dabei bedeckt getragen werden.

verwandte Begriffe für die grundsätzlich gut geheißene sportliche Betätigung gebraucht: „Wettbewerb, Wettkampf" (Sibaq, Musabaqa). Heute ist oft von „Leibesertüchtigung" (Riyada badaniyya) die Rede.

Traditionstexte empfehlen, Kindern insbesondere das Reiten beizubringen. Davon berichtet ausführlich die Schrift „Die Reitkunst" (al-Furusiyya) von Ibn Qayyim al-Dschauziyya (gest. 1350). Sport und Spiel werden in islamischen Schriften oft zusammen erörtert, gelten beide als menschliche Grundbedürfnisse. Körperkraft, körperliche Geschicklichkeit, Schönheit und körperliche Hygiene besitzen einen hohen Stellenwert.

Später machte die europäische Kolonialherrschaft den Sport in großen Teilen der islamischen Welt in Militärdienst und an Schulen zu einem festen Unterrichtsbestandteil. Im 20. Jahrhundert förderten nationalistisch eingestellte Politiker in der Türkei, Ägypten, Irak und Iran den Bau von Sportplätzen und Sporthochschulen. Bereits 1910 schloss sich das ägyptische Olympische Komitee der Olympischen Bewegung an und entsandte 1912 den ersten Athleten zu den Spielen. Seit den 1960er Jahren engagieren sich in Ägypten auch Frauen in Sportvereinen. Islamische Gemeinden in Europa bieten Sportaktivitäten, vor allem die besonders beliebten Kampfsportarten, vorwiegend für Männer an. Sportler aus der islamischen Welt nehmen inzwischen an Olympiaden und an innerarabischen beziehungsweise innerislamischen Wettkämpfen teil.

Generell verbietet der Islam Wetten und den Einsatz von Geld bei sportlichen Wettkämpfen. Sportliche Betätigungen sollen auch nicht in der Nähe des Moscheebezirks stattfinden. Sport darf keine überdurchschnittliche Rolle im Leben des Menschen spielen und nicht von der Erfüllung der Grundpflichten ablenken. So sollen sportliche Vorbilder nicht übermäßig verehrt werden, weil dies an „Götzendienst" (Schirk) grenzt. Es gilt als schlimme Sünde, dem einen und einzigen Gott andere Wesen „beizugesellen" beziehungsweise im Alltag etwas so wichtig zu nehmen, dass dadurch Gott verdrängt wird. Da der Mensch verpflichtet ist, mit dem ihm von Gott geschenkten Leben sorgsam umzugehen, bestehen zudem Vorbehalte gegenüber Extremsportarten und solchen mit hohem Gefahrenrisiko.

Frauensport

Grundsätzlich befürwortet der Islam Sport und Bewegung für Frauen zur Erhaltung ihrer Gesundheit und Schönheit, aber auch, weil Bewegung Freude bereitet. 1936 nahmen zum ersten Mal zwei

Ein 1542 entstandener Jagdteppich aus dem im Norden des früheren Persiens gelegenen Tabriz. Der aus Wolle, Baumwolle und Seide gefertigte Bildteppich zeigt berittene Jäger bei der Pfeil- und Bogenjagd.

ETHIK

Frauen aus der Türkei an Olympischen Spielen teil. Ägypten entsandte 1984 sechs Athletinnen zu den Olympischen Spielen. Die Re-Islamisierung und die damit einhergehende Verschärfung der islamischen Kleiderordnung haben den Frauensport und die Teilnahme von Frauen an internationalen Wettkämpfen erschwert. Im Jahr 2000 wies das IOC die Forderung einiger französischer Politikerinnen als antiislamisch zurück, Nationen auszuschließen, die keine Frauen zu den Spielen entsenden. Nach dem Ende der frauenfeindlichen Talibanherrschaft kommt – zumindest in der afghanischen Hauptstadt Kabul – der Mädchen- und Frauenfußball in Mode.

Beim Umgang mit dem weiblichen Körper sind zahlreiche Schicklichkeits- und Anstandsbestimmungen zu beachten. Dies erschwert gemischte geschlechtliche Sportveranstaltungen und gemeinsame Tanzvergnügen. Eine Rolle spielt die Angst, das Hymen könnte bei der Ausübung von Sport verletzt werden, weil das die von der Jungfräulichkeit abhängige Heiratschance eines Mädchens gefährden würde.

Ein besonderes Problem ist die Verletzung von Sittlichkeitsgeboten. In vom Religionsgesetz der Scharia bestimmten Ländern dürfen Frauen nur in islamischer Kleidung Sport treiben. Dies schränkt ihre Beweglichkeit ein. Während Männern bezüglich der Sportkleidung kaum Einschränkungen auferlegt werden, stellen in Europa immer wieder muslimische Mädchen oder ihre Eltern Anträge, um vom Sport-, insbesondere Schwimmunterricht befreit zu werden. Sie finden es unschicklich, dass sich Jungen und Mädchen fast unbekleidet sehen. Für viele Eltern wäre das Problem gelöst, wenn getrennter Sport- oder Schwimmunterricht erteilt würde und die Mäd-

Fußball spielende Frauen im Teheraner Laleh-Park.

SPORT UND LEIBESÜBUNGEN

chen eine spezielle islamische Sportkleidung trügen. In islamischen Ländern und in einigen größeren europäischen Städten bieten Kommunen getrennte Schwimmzeiten für Frauen an.

Frauensport in der Islamischen Republik Iran

Der Frauensport hat in Iran eine lange Tradition, und bereits 1964 beteiligten sich zwei Frauen bei den Olympischen Spielen in Tokio. Die Islamische Revolution setzte dem Frauensport zunächst ein Ende. Doch seit der Mitte der 1980er Jahre engagierte sich unter der Führung von Fazeh Hashemi, einer Tochter Hashemi Rafsandjanis, eine Frauengruppe für die Wiederbelebung des Frauensports.

Prinzipiell haben Frauen in Iran zwei Möglichkeiten, Sport zu treiben: in geschlossenen Räumen beziehungsweise von Männern getrennten Bereichen. Dort dürfen sie in normaler Sportkleidung Aerobic, Gymnastik, Schwimmen, Leichtathletik, Badminton, Tischtennis und Basketball betreiben. 1993 und 1997 fanden in Teheran Islamische Frauenspiele unter Ausschluss der männlichen Öffentlichkeit in normaler Sportkleidung statt. Andere Sportarten werden in islamischer Kleidung in aller Öffentlichkeit ausgeübt, zum Beispiel Joggen, Ski fahren, Kajak fahren, Reiten, Karate und Schießen. 1990 vertraten sechs iranische Schützinnen ihr Land bei den Asienspielen in Tokio.

Eine iranische Familie während eines Badeurlaubs am Kaspischen Meer. Die im linken Teil der Aufnahme sichtbaren Pfosten können mit schwarzen Tüchern behängt werden und dienen dazu, den Badebereich von Familien von dem der Männer abzutrennen.

MÄDCHENSPORT IM KONFLIKT MIT DER WESTLICHEN GESELLSCHAFT

Im Jahr 2005 klagten eine 9-jährige Muslima und ihre Eltern der islamischen Glaubensrichtung der Ahmadiyya in Hamburg vor dem Verwaltungsgericht, um eine Befreiung vom Schwimmunterricht zu erreichen. Das Verwaltungsgericht lehnte die Klage jedoch ab, weil dem Erziehungsauftrag des Staates der Vorrang gegenüber dem elterlichen Erziehungsrecht und der Religionsfreiheit zukomme. Im Beschwerdeverfahren erklärten sich die Parteien (Schulbehörde, Eltern) schließlich damit einverstanden, dass das Mädchen in einem Ganzkörperbadeanzug am Schwimmunterricht teilnimmt.

Im Internetportal Muslim-Markt war dazu Folgendes zu lesen: „Ein neunjähriges Mädchen aus der islamischen Glaubensrichtung der Ahmadiyya muss am Schwimmunterricht der Schule teilnehmen. Das entschied das Hamburgische Verwaltungsgericht (…) Die Schulbehörde hatte den Eltern pakistanischer Herkunft auferlegt, das Kind zum Schulschwimmen zu schicken. Diese legten Widerspruch ein, weil damit von ihrer Tochter „sündiges" Verhalten verlangt werde. Das Gericht lehnte den Antrag ab. Die Schulpflicht umfasse auch den Schwimmunterricht."

Kommentar Muslim-Markt: „Sollte sich diese Praxis bundesweit durchsetzen, dann müssen Muslime geeignete Gegenmaßnahmen ergreifen: Zum einen können die großen Verbände diesbezüglich eine rechtliche Initiative starten und zum anderen können die einzelnen Betroffenen für ihre Töchter die inzwischen in vielen muslimischen Ländern erhältlichen Ganzkörperschwimmanzüge für Muslimas beschaffen. Es ist bedauerlich, dass der Staat nicht nach einer gemeinsamen Lösung sucht, sondern immer und immer wieder die direkte Konfrontation mit dem Islam und den Muslimen sucht (…) Wenn der Staat und seine Vertreter eine echte Problemlösung suchen, dann ist es möglich, diese gemeinsam zu finden. Wenn der Staat und deren Vertreter aber zunehmend die Unterdrückung der Muslime planen und durchsetzen, werden sie sich ins eigene Fleisch schneiden!"

ETHIK

UMWELTSCHUTZ
Wachsendes ökologisches Bewusstsein

Der von dem französischen Künstler Jacques Majorelle (1886–1962) im Jahr 1924 angelegte und seit 1947 öffentlich zugängliche Botanische Garten von Marrakesch beherbergt neben Pflanzen aus fünf Kontinenten auch das Islamische Kunstmuseum von Marrakesch.

Im Islam gibt es in neuerer Zeit Ansätze zu einer theologisch reflektierenden, auf Umweltschutz bezogenen Beschäftigung mit der Natur. Dies ist insofern bemerkenswert, als der Islam in einer geographischen Region entstand, wo die Bewahrung der Natur weniger wichtig war als ihre Beherrschung. Anders als in gemäßigteren Zonen ist die Natur hier des Menschen Feind, der überwunden werden muss. Dieser Sachverhalt hat wohl auch zur Entwicklung der Naturwissenschaften im islamischen Raum beigetragen.

Die Natur hat für die meisten Muslime keinen großen Empfindungswert. Demgegenüber stellt der künstlich angelegte Garten ein Ideal dar. Eine weitere Ursache für die geringere Diskussion ökologischer Fragen im Islam dürfte darin liegen, dass in den meisten islamischen Ländern die

„Ja, euer Herr ist der Gott, der die Himmel und die Erde in sechs Tagen erschaffen hat und sich dann auf dem Thron niederließ. Er lässt die Nacht den Tag bedecken, wobei sie ihn schnell zu erreichen versucht. Sonne, Mond und Sterne gehorchen seinem Befehl. Ja, ist er nicht der Ursprung jeglicher Schöpfung und Herrschaft über die Welt? Gott, der Herr der Welten, ist voller Segen. Ruft euren Herrn voller Demut und Ehrfurcht an. Er liebt keine Menschen, die Übertretungen begehen. Richtet auf der Erde kein Unheil an, nachdem sie in Ordnung gebracht wurde! Betet zu Gott in Ehrfurcht und Verlangen nach seiner Barmherzigkeit! Ja, die Barmherzigkeit Gottes steht denjenigen nahe, die Gutes tun. *(Sure 7,54–56)*

UMWELTSCHUTZ

Eine der an den Mandara-Seen inmitten des Sandmeers Erg Ubari gelegenen Oasen in der libyschen Sahara

ETHIK

Seyyed Hossein Nasr lehrte nach seinem Studium in Iran und der USA bis 1979 an der Teheraner Universität Philosophie. Seit 1984 wirkt er als Professor für Islamische Studien an der Washingtoner George Washington University. In seinen mehr als 50 Büchern trat er u.a. als früher islamischer Umweltethiker in Erscheinung.

Industrialisierung noch kein die Umwelt bedrohendes Ausmaß erreicht hat. Stattdessen stehen akute Wirtschafts- und Entwicklungsfragen im Mittelpunkt.

Islamische Theologie und Umweltschutz

Einige islamische Theologen verfolgen die christliche Ökologie-Diskussion um den biblischen Herrschaftsauftrag über die Schöpfung und seine zum Teil ruinösen Konsequenzen in den westlichen Industrienationen. Diese Theologen suchen Alternativen in ihrer eigenen islamischen Tradition.

Der Koran erwähnt oft die Schöpfertätigkeit Gottes. Über 450-mal wird die Erde erwähnt, während die sichtbaren und unsichtbaren Himmel nur 320-mal vorkommen. Die Natur ist voll von Gottes „Zeichen" (*Ayat*) und wurde in erster Linie zum Wohl des Menschen geschaffen. Jedoch fehlt der Hinweis auf den Untertanencharakter aller nichtmenschlichen Kreatur und Natur.

Der Mensch als edelstes aller Geschöpfe und Gottes Stellvertreter auf Erden ist verpflichtet, Bodenschätze und andere Gaben der Natur ausfindig zu machen und zum Wohl der Allgemeinheit zu verwenden. Koran und Sunna handeln u.a. davon, dass der Mensch Natur und Universum erforschen, aber auch bewahren soll. Auch bei seiner Naturbetrachtung geht der Islam vom Prinzip der Einheit (*Tauhid*) aus. Er bietet ein ganzheitliches und umfassendes Erklärungsprinzip für alle Lebensbereiche, so dass selbst Naturbetrachtung und Naturgesetze keinen völlig vom geistlichen getrennten Bereich einnehmen. Die Naturgesetze gelten für viele als „Gewohnheiten" Gottes.

Der Mensch als Bewahrer der Natur

Schiitische Theologen sehen in der Natur den Spiegel der göttlichen Realität. Ziel der menschlichen Existenz ist es, alle von Gott geschaffenen Dinge vollkommen zu begreifen, um so ein vollkommener Mensch zu werden. Für Gott liegt nach dieser Auffassung der Sinn der Schöpfung darin, sich selbst in der Natur durch sein perfektestes Geschöpf, den Menschen, erkennen zu lassen. Der Mensch gilt als Herr und Wächter der Natur. Nie darf er den göttlichen Bezug der Natur außer Acht lassen, denn als Bindeglied zwischen Gott und Schöpfung gehört er beiden Bereichen an. Daher soll er keine oberflächliche Vorstellung des Seins entwickeln und die Natur erbarmungslos ausbeuten.

Der schiitische Theologe Seyyed Hossein Nasr (geb. 1934) wirft dem Christentum

---

Koranaussagen zu Schaden auf Land und Meer

„Das Unheil ist sichtbar geworden auf dem Land und auf dem Meer, dem, was die Hände der Menschen erworben haben, damit Er (Gott) sie manches schmecken lässt von dem, was sie getan haben, damit sie vielleicht umkehren." *(Sure 30,41)*

GRUNDWASSER

„Und Wir (Gott) senden Wasser vom Himmel, im rechten Maß und lassen es in der Erde ruhen, und Wir sind bestimmt imstande es weggehen zu lassen *(Sure 23,18)*

SMOG

„Darum aber erwartet den Tag, an dem der Himmel einen sichtbaren Rauch hervorbringt." *(Sure 44,10)*

„Und wenn Wir (Gott) einen Wind entsendeten und sie vergilbt (d.h. die Ernte versengt) sähen, so würden sie gewiss danach undankbar sein." *(Sure 30,51)*

SAURER REGEN

„Habt ihr das Wasser betrachtet, was ihr trinkt? Seid ihr es, die aus den Wolken nieder senden, oder sind Wir es, die es nieder senden? Wollten Wir es, könnten Wir es bittersalzig machen. Warum also dankt ihr nicht? " *(Sure 56,70)*

UMWELTSCHUTZ

in seiner Abhandlung „Man and Nature" (1968/76) vor, die Entwicklung einer entsakralisierten Wissenschaft gefördert, die Welt entzaubert und so zu einer rein säkularen Naturbetrachtung geführt zu haben. Christliche Theologie konzentriere sich vorwiegend auf den Menschen und die Geschichte, habe folglich den Bereich der Natur den Naturwissenschaften überlassen. Daher soll sich nach Nasr das Christentum darum bemühen, die eigenen verschütteten metaphysischen Quellen mit ihrem besseren Naturverständnis wieder zu beleben.

Der Pakistaner Iqtidar H. Zaidi sieht in der heutigen Umweltzerstörung eine moralische Krise des Menschen. Aufgrund von Gier, Unwissenheit und hohen Ansprüchen vergisst der Mensch, dass er und die Umwelt Gottes Schöpfung sind. Viele Muslime weisen ganz allgemein darauf hin, dass die Erde – obwohl sie dem Menschen eine Zeitlang zur Verfügung gestellt ist – letztlich Gott gehört. Die erste offizielle islamische Stellungnahme zur Umweltproblematik, deren erster Entwurf „Dschidda Umwelterklärung" (2000) lautete, ist unter der Bezeichnung „Islamische Erklärung zur nachhaltigen Entwicklung" in die Dokumente des „Weltgipfels zur nachhaltigen Entwicklung" der Vereinten Nationen (Johannesburg, 2002) aufgenommen worden.

Moral und Politik

„Eine weitere Voraussetzung für die Lösung der Umweltkrise wäre, die politische Verantwortung nur jenen zu übertragen, die in ethischer und fachlicher Hinsicht auch ihrer würdig sind. Nur solchen Politikern und Parteien dürfte Unterstützung zuteil werden, die eine echte ökologische Verantwortung übernehmen und auch praktische Lösungen anbieten. Eine Trennung zwischen moralischen, d.h. naturerhaltenden Werten und wirtschaftlichen, d.h. naturzerstörerischen Erwägungen müsste ausgeschlossen sein. Da die Erhaltung unserer Umwelt uns alle angeht, können wir die Verantwortung nicht einer kleinen Gruppe von Experten überlassen. Wir müssen zu den alten religiösen Tugenden wie Genügsamkeit, Verzicht auf Luxus und verschwenderische Eitelkeit, Mitgefühl mit der Kreatur zurückkehren, die angesichts der heutigen Situation immer mehr an Aktualität gewinnen. Schließlich muss ethisch-moralisches Handeln wieder Vorrang vor einem rein zweckprofitorientierten ökonomischen Denken bekommen. (Islamisches Zentrum Hamburg [Hg.]: Faltblattserie 10: Islam und Umwelt, Hamburg 1987)

Darüber hinaus gibt es weitere islamische Stellungnahmen, u.a. eine Erklärung für die Muslim World League (Islamische Glaubensaussage, 2003) sowie internationale Projekte, wie zum Beispiel die Islamic Foundation for Ecology and Environmental Sciences (IFEES, seit 1985).

In der algerischen Oase Bechar schöpft ein Mann aus einem der meist mit Zugtieren, hier einem Esel, betriebenen Ziehbrunnen Wasser.

ETHIK

Die Einstellung zur Tierwelt
Tierschutz und rituelles Schlachten

Der Koran erwähnt viele Tiere in unterschiedlichen Zusammenhängen und mit unterschiedlicher Wertschätzung. Einerseits steht der Mensch in der Schöpfungsordnung eindeutig über dem Tier – schon deshalb, weil er im Gegensatz zum „ungläubigen Vieh" Verstand besitzt, also zum Glauben wie auch zum Unglauben fähig ist (5,1; 8,22; 8,57). Andererseits wird eine prinzipielle Gleichheit zwischen menschlicher Schöpfung und Tierwelt angedeutet: „Kein Getier gibt's auf der Erde und keinen Vogel, der mit seinen Schwingen fliegt, die nicht wären Völker gleich euch" (6,38). Ein moderner Korankommentar interpretiert diesen Vers als Aufforderung, die Tierwelt als Gottes Schöpfung zu achten und Gott dadurch seine Ergebenheit zu beweisen, dass man seine Gebote hält und seine Geschöpfe liebt.

TIERSCHUTZ

Tierschutz im Islam

Die Einstellung des Korans zu Tieren ist wesentlich durch die Frage bestimmt, zu welchem Zweck Gott sie erschuf. Nach Sure 16,5ff. hat Gott sie aus zwei Gründen erschaffen: zum Nutzen des Menschen und zu seiner eigenen Verherrlichung. So wie die übrigen Werke der Schöpfung stehen die Tiere in der menschlichen Verfügungsgewalt, wobei der Koran den Aspekt der Nutznießung stärker hervorhebt als die Verpflichtung des Menschen zu ihrer Pflege und ihrem Schutz. Bereits der frühe Islam kannte den Tierschutz: Für das Verletzen von Kamelen wird in Sure 26,156 Strafe angedroht. In Sure 81,4 gilt das Vernachlässigen schwangerer Kamelstuten als Inbegriff alles Negativen. Sure 4,118 wiederum erwähnt irregeleitete Menschen, die sich den Satan zum Beschützer nehmen, ihren Tieren die Ohren abschneiden und die Schöpfung Gottes verändern. Der Koran erlaubt jedoch nur das Versehen mit Brandzeichen außer am Kopf sowie unter

Linke Seite: In einer Gasse in Kairo raucht ein alter Mann inmitten zahlreicher Straßenkatzen seine Wasserpfeife. Der Islam hat generell eine sehr katzenfreundliche Haltung. Schon Mohammed soll diesen Tieren gegenüber eine große Sympathie gezeigt haben.

Unten: Eine 1850 entstandene und Rosen und Nachtigallen zeigende Wandfliese aus dem iranischen Shiraz. Auch in der arabischen Welt spielt der zu den Sperlingsvögeln gehörende Vogel u.a. in der Liebeslyrik eine bedeutende Rolle.

ETHIK

Zwei Angehörige der in den Wüsten- und Halbwüstenregionen Nordafrikas lebenden Tuareg mit ihren Kamelen. Entsprechend der Lebensweise des seit Jahrhunderten nomadisch lebenden Berbervolks stellen Kamele einen besonders wertvollen Besitz dar.

ganz bestimmten Umständen das Kastrieren. Sure 17,39 tadelt die „Überheblichkeit" des Menschen, worunter ein Kommentar auch das sinnlose Jagen und Quälen von Tieren versteht. Ein Kommentar zu Sure 4,118 rechnet zum eigenmächtigen „Verändern der Schöpfung" durch den Menschen auch das Verletzen von Tieren. Was die Versorgung der Tiere betrifft (11,8,59), so hebt der Koran in erster Linie die Fürsorge Gottes hervor, weniger die Verpflichtung des Menschen; es sei denn, dass es sich bei den Tieren um Nutz- und Weidetiere, wie zum Beispiel das Kamel, handelt. Obgleich Hunde im Islam eher verachtet werden, hat eine dem Propheten Mohammed zugeschriebene Überlieferung die Fürsorge gegenüber ihnen zum Thema.

Seit jeher haben Kamele und Pferde im Islam eine Sonderstellung eingenommen. Vor allem das Kamel stellte in der Wüste ein unentbehrliches Transportmittel dar, war ein wichtiger Lebensgefährte für die Beduinen. In ihrer Hirtenkultur, die aus der engen Schicksalsgemeinschaft von Mensch und Tier hervorging, wurde die Wüste erst durch das Kamel für den Menschen bewohnbar. Aus dem wiegenden Gang der Tiere entwickelte sich das klassische Versmaß der arabischen Literatur. 160 verschiedene Namen kennt die arabische Sprache für das Kamel. Es symbolisiert nicht nur Reichtum und Besitz, sondern bedeutet oft auch die Existenzgrundlage der Großfamilie, Richtschnur der sozialen Ordnung, Strafmaß für viele Vergehen und Maßeinheit der Hochzeitsgabe.

Umfassendere Überlegungen zum Tierschutz sind im heutigen Islam selten anzutreffen. Die „Erste internationale Konferenz für islamische Medizin" (Kuwait 1981) sprach sich entschieden gegen grausame Tierversuche aus. Es gibt auch islamische Proteste gegen Massentierhaltung und Tiertransporte.

Mohammed, Freund der Tiere

„Als Mohammed eines Tages sein Haus verließ, sah er, dass eine Katze mit ihren Jungen in dem Mantel schlief, den er gerade anziehen wollte. Da er die Katzen nicht stören wollte, schnitt Mohammed denjenigen Teil des Mantels ab, in dem sie schlummerten, und wickelte nur den Rest des Mantels um seine Schultern.

An einem anderen Tag ging Mohammed durch die engen Straßen seiner Heimatstadt, um seine Freunde zu treffen. Nach einer Weile kam er zu einem Garten und trat ein. Nahe am Eingang saß unter einem Baum ein Mann im kühlen Schatten und ruhte sich aus. Da fiel der Blick Mohammeds auf ein Kamel, das in einer Ecke des Gartens an einem Pfosten festgebunden war. Es gab leidende Klagelaute von sich. Als er näher kam, sah er, dass es weinte. Große dicke Tränen rollten über das Fell. Mohammed überkam großes Mitleid mit dem Kamel. Er kannte sich mit Kamelen aus, denn er war Hirte gewesen, bevor ihn Gott zum Propheten berief. Er ging näher heran und streichelte das Tier. Nun bemerkte er, dass das Tier sehr mager war. Bald hörte das Kamel mit seinem jämmerlichen Geschrei auf.

Mohammed schaute sich unter den Leuten im Garten um und fragte, wer der Besitzer des Kamels sei. Der Mann, der gleich am Eingang des Gartens gesessen hatte, stand auf und kam herbei. ‚Es gehört mir, Gesandter Gottes!' sagte er. Mohammed fragte nun: ‚Warum fütterst du dein Kamel nicht vernünftig? Das arme Tier klagt über seinen Hunger. Das arme Tier heulte und schrie, weil es für seinen Besitzer hart arbeiten musste und nicht genug zu trinken und zu fressen bekam.' erklärte er den Umstehenden. Alle im Garten konnten nun erkennen, wie dünn das Kamel war. Der Mann war ziemlich ärgerlich, aber er musste schließlich zugeben, dass er sein Kamel schlecht behandelte. Er erkannte, dass das Kamel nicht nur sein Diener war, sondern ein Lebewesen, um das man sich kümmern musste. ‚Ich habe einen Fehler gemacht.' gestand er ein. ‚Das Kamel ist ein Geschöpf Gottes, und ich habe es schlecht behandelt. Es tut mir leid, dass ich so grausam war.' Er nahm sich vor, das Kamel von nun an vernünftig zu füttern und zu tränken.

(Aus Monika Tworuschka: Die schönsten Tiergeschichten der Religionen. 2004, S. 100f.)

TIERE

Rituelles Schlachten

Grundsätzlich ist es Muslimen nur erlaubt, Fleisch aus rituell vollzogenen Schlachtungen zu verzehren. Nach dem deutschen Tierschutzgesetz dürfen Tiere nur nach vorheriger Betäubung geschlachtet werden. Viele Muslime meinen, dass eine Betäubung das richtige Ausbluten des Tieres verhindere. Außerdem könne das Tier während der Betäubung sterben, wodurch das Fleisch unbrauchbar würde. Muslime machen darauf aufmerksam, dass der jüdischen Religionsgemeinschaft das Schächten nicht-betäubter Tiere als religionsbedingt notwendig gestattet ist. Kritiker weisen darauf hin, dass jüdische Schächter eine dreijährige Ausbildung absolvieren müssen, während zum Beispiel beim islamischen Opferfest viele islamische Haushaltsvorstände ihr eigenes Opfertier schlachten.

Rechtsgutachten des ägyptischen Großmuftis und Rektors der al-Azhar-Universität von 1982, des Türkischen Präsidiums für Religionsangelegenheiten in Ankara sowie eine Verlautbarung der Islamischen Weltliga in Dschidda von 1989 gestatten das Schächten von Tieren mit Elektrokurzzeitbetäubung. Strenge Muslime akzeptieren diese Entscheidung allerdings nicht.

Ein Falkner in den Vereinigten Arabischen Emiraten mit seinem Falken. Was in der Vergangenheit bei armen Beduinenstämmen eine reine Nutzjagd war, gilt heute als ebenso prestige- wie profitträchtige Luxussportart.

Vor allem in Nordafrika sind Reiterspiele, die so genannte Fantasia, ein beliebtes Spektakel. Hier Reiter auf ihren geschmückten weißen Hengsten während einer Fantasia in Marokko.

ETHIK

DER ISLAM UND DIE MEDIEN
Vom Bilderverbot bis zur Nutzung des Internet

Der Islam versteht sich als Buchreligion, spricht damit der Schrift eine fundamentale Bedeutung zu. Bilder oder Abbilder anzufertigen verbietet der Islam, weil nur Gott als „Schöpfer und Gestalter" (59,24) gilt. Ein islamisches Bilderverbot gibt es nur im religiösen Kontext, in Gebetshäusern, Koranexemplaren und anderen religiösen Schriften gibt es keine Personendarstellungen. Unter die Bestimmungen des Bilderverbots fallen nicht nur Bilder von Menschen, sondern auch von Tieren, nicht aber Abbildungen von Bäumen und anderen Pflanzen. Bilder von Lebewesen sind nicht zu beanstanden, wenn ihnen der Kopf vom Rumpf getrennt wurde beziehungsweise wenn sie nicht aufrecht im Raum stehen, zum Beispiel an der Wand angebrachte Bilder. Wenn sie am Boden liegen – in Form von Teppichen, Liege – oder Sitzkissen – kann man auf sie treten, weil sie so keine götzenähnliche Verehrung genießen.

Mitarbeiter des arabischen Fernsehsenders Al-Dschasira in der Zentrale in Katar

Einige Hadithe behaupten, die Engel beträten kein Haus, in dem sich Bilder von Menschen und Tieren sowie lebende Hunde fänden. Da Bilder mit Götzenstatuen identifiziert werden, gelten sie als ebenso unrein wie Hunde. Die wohl älteste Darstellung Mohammeds stammt aus Konya (1250). Zum ersten Mal illustriert die von Raschid ad-Din gemalte Universalchronik aus dem persischen Täbris (Anfang 14. Jahrhundert) das Leben des Propheten. Seitdem findet man bildliche Darstellungen Mohammeds und anderer im Koran genannter Propheten. Dabei handelt es sich ausschließlich um profane Schriften: Chroniken, Poesiealben, illustrierte Exemplare volkstümlicher Prophetengeschichten. Iranische Künstler malten auch Geschichten aus dem Leben Alis und der Imame. Vielfach kaschierten die Künstler deren Gesichtszüge durch einen Schleier beziehungsweise Flammen. Im 19. und 20. Jahrhundert verschwand die traditionelle Miniaturmalerei zunehmend. Durch günstige Drucktechniken wurde es in der Volksfrömmigkeit möglich, religiöse Darstellungen zu verbreiten. Bei den Schiiten sind solche Bilder besonders beliebt.

Aufgrund des Bilderverbots besitzt in erster Linie die Schrift durch eine reiche Kalligraphie und Ornamentik große Bedeutung. Dies bedeutet nicht, dass nur die geschriebene Sprache Anerkennung genießt. Ein islamisches Fatwa kann auch mündlich oder telefonisch erteilt werden.

Bevor neue Medien anerkannt wurden, mussten sie von islamischen Autoritäten genehmigt werden: 1727 die Druckerpresse vom osmanischen, 1903 der Telegraf vom ägyptischen Staatsmufti. Das Pressewesen entwickelte sich Ende des 19. und Anfang des 20. Jahrhunderts. Hohe Analphabetenraten verhindern jedoch eine noch umfassendere Durchsetzung. Radio und TV stießen zunächst auf die Kritik der Geistlichen, wurden dann aber verstärkt von der politisch orientierten Geistlichkeit genutzt.

Ein Film über den Propheten

Die Anfänge der Filmindustrie islamischer Länder liegen in Ägypten. Bemerkenswerte Filmindustrien haben die Maghreb-Länder entwickelt, deren alljährliches Filmfestival in Karthago (Tunesien) ein international respektiertes Forum darstellt.

1976 fand die Premiere des ersten Mohammed-Films statt: „Die Botschaft". Der Film des syrisch-amerikanischen Regisseurs Mustafa Akkad (1933/35–2006), der von einer gemeinsamen marokkanischen, libyschen und kuwaitischen Produktionsgesellschaft finanziert und dessen Drehbuch verschiedenen islamischen Religionsgelehrten zur Begutachtung vorgelegt worden war, löste bereits während der Dreharbeiten heftige Reaktionen aus. Vom Start an wurde der Film mit wachsender Kritik begleitet, was zu seinem Verbot in fast allen islamischen Ländern führte. Akkad drehte zwei Versionen mit islamischen und westlichen Schauspielern, damit in der Fassung für islamische Länder die wichtigen Persönlichkeiten nicht von Nichtmuslimen dargestellt wurden. Die Hauptkritik von islamischer Seite sah nicht nur in der Verkörperung des Propheten selbst – der in dem Film nicht gezeigt wurde (nur sein Kamel und sein Stock sind zu sehen) –, sondern auch in der Darstellung seiner Gefährten durch Schauspieler die Gefahr einer Trivialisierung. Auch befürchtete man, dass schon kleine Fehler und Ungenauigkeiten den Islam disqualifizieren könnten.

Animationsfilme der Filmemacherin Zahira über das Leben des Propheten Mohammed und anderer Propheten des Korans kann

MEDIEN

Der populäre ägyptische Prediger Amr Chaled beschwört im März 2006 während eines in Kopenhagen ausgerichteten Treffens die Versöhnung zwischen dem Westen und den islamischen Ländern.

man über die Internetseite IslamicVideos.net kostenfrei herunterladen. Das Gesicht des Propheten ist nicht zu sehen, und Mohammed erscheint wie eine helle Flamme. Dies geschieht ebenfalls in dem großen Animationsfilm „Muhammad. The Last Prophet" (2004), der vor Drehbeginn ein positives Votum von der al-Azhar Islamic Research Academy erhielt.

Die Ende 2005 vorerst zuende gegangene Reformära unter dem Präsidenten Mohammed Chatami hatte nach der Chomeini-Phase in Iran dazu geführt, Musik, Kino und Bilderausstellungen wieder zuzulassen. Die Künstler mussten sich jedoch den ideologisch-moralischen Vorstellungen der Regierenden anpassen. So dürfen Frauen zum Beispiel nicht solo singen; im Duett jedoch oder zu mehreren dürfen sie auch zusammen mit männlichen Kollegen singen. In Theater und Film müssen Frauen immer ein Kopftuch tragen, auch in häuslichen oder im Ausland spielenden Szenen. Wenn das Drehbuch vorsieht, dass ein Vater seine Tochter umarmt, dann lässt sich das so nicht darstellen; denn beide Schauspieler sind nicht verheiratet oder tatsächlich Vater und Tochter. Ein Film, der sich über die Mullahs und ihre Beschränktheiten lustig machte, brach iranische Kassenrekorde.

Nutzung von Fernsehen und Internet

Die Religion spielt in der arabisch-islamischen Welt nicht nur im engeren theologischen Raum eine wichtige Rolle, sondern vor allem bei der Ausgestaltung sozialer Beziehungen und politischer Spielräume. In manchen Ländern kann die Geistlichkeit die Radio- und Fernsehprogramme umfassend bestimmen. Die Unkontrollierbarkeit des Internet führte zunächst dazu, dass sich die islamischen Staaten diesem Medium eher zögerlich öffneten. Die Anzahl der Internetnutzer im islamischen Raum nimmt jedoch in erheblichem Maße zu. Auch die Geistlichkeit hat dieses Medium schon für sich entdeckt. So wenden sich islamische Fernsehmuftis und Tele-Islamisten in Fatwa-Sendungen im Satellitenfernsehen und Internet an ihre Anhänger. Die ideologische Spannweite islamischer TV-Sender ist beträchtlich. Einige rufen via Satellit sogar zu Terroraktionen in Europa auf.

Der seit 2001 sein Programm auch in Europa ausstrahlende libanesische Fernsehsender Al-Manar („Der Leuchtturm") wird von der radikal-islamischen Terror-Organisation Hizbollah betrieben und stellt den Hass auf Juden in den Mittelpunkt. Al-Manar erreicht nach eigenen Angaben mehr als zehn Millionen Zuschauer, zählt zu den beliebtesten arabischen Fernsehsendern. Der saudiarabische Sender Iqra („Lies, Rezitiere") und der der aus Katar stammende TV-Sender Al-Dschasira („Die Insel") stehen Al-Manar in nichts nach. Al-Manar ist auf europäischen Satelliten-Systemen verboten worden. Doch sind arabische Satellitenanbieter wie Arabsat oder Nilesat weiterhin zu empfangen, da die EU auf diese Sender bisher keinen rechtlichen Einfluss hat.

Moderne Methoden des Koranunterrichts hat Mohammed Hamid in seinem „Haus des Korans" eingeführt. Auf Iqra bekam er seine eigene Koran-Lernshow. Unbestrittener Star unter den Pop-Islamisten ist der Ägypter Amr Chaled (geb. 1967). Eine klassische islamische theologische Ausbildung besitzt dieser Absolvent der Wirtschaftsfakultät nicht. Über arabische Satellitensender, seine eigene Website, Bücher, CDs und Kassetten verbreitet er seine Botschaft. In seiner „Lebensgestalter-Show" auf Iqra-TV thematisiert er auf menschlich-humorvolle Weise und in zeitgenössischer Sprache die Krise der islamischen Gesellschaften, Arbeitslosigkeit, Umweltverschmutzung, die miserablen Bildungssysteme. Chaleds „Lifemakers" (Sunna al-hayat) setzen sich aktiv für die Gesellschaft ein, sammeln Kleider für Bedürftige, organisieren Armenspeisungen, verschönern mit Begrünungsaktionen die Universitäten. Eine Umfrage unter ägyptischen Studierenden ergab, dass die neuen Fernsehformate von Jugendlichen stark genutzt werden.

Der Film „Offside" (2005) des wichtigsten unabhängigen Filmemachers Jafar Panahi (geb. 1960) erzählt davon, wie iranische Frauen versuchen, in ein Fußballstadion zu gelangen.

ETHIK

Musik und Tanz
Traditionelle Sichtweise und moderne Entwicklung

Die oft erwähnte Musikfeindlichkeit des Islam ist nicht im Koran begründet. Erst spätere Prophetenüberlieferungen und einige orthodoxe Gelehrte erklärten das Hören von Musik zu den „verbotenen Freuden", an denen Mohammed und seine Gefährten nicht teilgenommen hätten.

Die traditionelle Einstellung zur Musik

Islamische Gelehrte bewerten Musik in der Spanne zwischen haram („verboten") und mubah („erlaubt"), so lange die Musik islamischen Werten und Normen nicht widerspricht. Verbotener Musikgenuss war einer der Vorwürfe, die Kritiker gegenüber dem weltlichen Regierungsstil der Omajjaden erhoben. Trotz der Einwände der Gelehrten hat sich in der islamischen Welt

Der Muezzin ruft vom Minarett einer Moschee in Brunei aus die Gläubigen zum Pflichtgebet.

MUSIK UND TANZ

ein reiches Musikleben entwickelt, wobei religiöse Musik, Kunst- und Volksmusik nicht immer genau voneinander zu trennen sind.

Die religiöse Musik findet ihren Ausdruck im Gebetsruf des vom Minarett herabsingenden Muezzins und der mit erhobener Stimme ausgeführten Koranrezitation. Seit dem 9. Jahrhundert hat der weltliche Kunstgesang die Koranrezitation beeinflusst. Heute unterscheidet man zwischen einem kantillierenden Stil und einem mehr musikalisch-konzertanten Stil des Vortrags.

Musik am Hof der Omajjaden und Abbasiden

Kunstmusik entwickelte sich vor allem an Fürstenhöfen und bei der gebildeten Oberschicht. Der Überlieferung zufolge galten Mekka und Medina als Paradies der „ersten Sänger". Aus der Zeit der Omajjaden sind prominente Hofsänger, Komponisten und Instrumentenspieler bekannt, zum Beispiel der Musiker Tuwais (gest. 710), ein befreiter Sklave persischen Ursprungs. Überhaupt machten sich persische Einflüsse in der arabischen Musik bemerkbar, da freigelassene Sklaven, die in Persien und Syrien studiert hatten, die Entwicklung der Musik beeinflussten. Musik war eine anerkannte Kunst und genoss hohes Ansehen während der Zeit der Abbasiden, insbesondere unter Harun al-Rashid (ca. 763–809). Herausragenden Ruhm erlangten die Musiker Ibrahim al-Mausili (742–804) und sein Sohn Ishaq al-Mausili (767–850), welche die so genannte „arabische klassische Schule" zu ihrem Höhepunkt führten. Gleichzeitig wurde die „persisch-romantische Schule" von Ibrahim al-Mahdi geführt.

Ein Vermittler orientalischer Lebensart im Abendland war Ziryab (ca. 789–857), ein Schüler Ishaqs. Dieser Sänger und Lautenspieler, der auf der Flucht aus Bagdad die südspanische Stadt Córdoba erreichte, schuf den „andalusischen Stil" und soll den kunstvollen Vortrag von 10 000 Liedern beherrscht haben. Mit ihm kamen nicht nur die arithmetischen Melodien, die sich heute noch in Formen des Flamencos finden, er brachte auch die Kenntnis des Schachspiels mit.

Die arabische Musik beeinflusste auch Europa. So wirkte die kunstvoll entwickelte Reim- und Gesangskunst der arabischen Beduinen entscheidend auf die Liebeslyrik der mittelalterlichen Minnesänger und Troubadoure. Die islamischen Musikformen fanden in erster Linie über das maurische Spanien Eingang nach Europa. Viele heute noch benutzte Musikinstrumente sind orientalischen Ursprungs, zum Beispiel: Gitarre, Horn, Laute, Querflöte, Trompete, Schalmei, Zimbel.

Auch die islamische Volksmusik verfügt über einen großen Reichtum. Neben einer beeindruckenden Bandbreite an Volkstänzen singt man Liebes-, Arbeits-, Hochzeits- und Wiegenlieder, Trauergesänge und Balladen.

Musik bei den Derwischorden

Eine besondere Rolle spielt die Musik bei den Derwischbruderschaften vor allem in der Musik des Mevleviyya-Ordens seit dem 13. Jahrhundert. Zeitweilig wurde dieser Orden die Musikschule des Osmanischen Reiches genannt.

Ein Musiker aus der Band des Syrers Abdullah Chadeh spielt die Darbuka, eine arabische Trommel.

ETHIK

Nusrat Fateh Ali Khan (1948–1997) machte seine rhythmische Sufimusik zur Verehrung Allahs zu einem Bestandteil der Weltmusikszene.

Die Flöte Nay gehört zu den wichtigsten Instrumenten der islamischen Mystiker. Ihr dunkler Klang versinnbildlicht die Sehnsucht des Sufi nach der Vereinigung mit Gott. Spätestens seit dem 10. Jahrhundert nutzen die Sufi-Bruderschaften die ekstatische Wirkung der Musik. Der sama' („Hören") – gemeint ist Musikhören und Tanzen – ist die populärste Äußerung mystischen Lebens im Islam und war stets umstritten. Mystiker setzten den sama' bei ihren Meditationen (*Dhikr*) ein. Der Dhikr ist eine Form des Gottgedenkens in Verbindung mit Gebeten, Gottesanrufungen und körperlichen Übungen. Orthodoxe muslimische Kritiker betrachten dies als eine gefährliche Neuerung.

Islamische Musik heute

Die moderne Entwicklung der islamischen Musik ist vielfältig. Der kunstmusikalische Bereich setzt sich mit europäischer Musik auseinander und entwickelt neue Formen. An den Musikhochschulen islamischer Länder wird traditionelle Musik gepflegt. Man strebt aber auch danach, europäische Musiktraditionen sinnvoll zu integrieren. Die Qawwali-Musik, devotionale Sufi-Musik, entstanden in Persien (11. Jahrhundert), will den Geist von Hörer und Sänger näher zu Gott bringen. Qawwali-Musik findet im indo-pakistanischen Raum oft an Heiligengräbern statt. Ein berühmter Qawwali-Sänger des 20. Jahrhunderts war der im Alter von 49 Jahren in London verstorbene Pakistani Nusrat Fateh Ali Khan, in dessen Familie die Qawwali-Kunst seit über sechs Jahrhunderten gepflegt wird. Kurz vor seinem Tode sang er: „Wenn ich von Gott singe, fühle ich mich selbst in Einklang mit Gott, und das Haus Gottes, Mekka, steht mir unmittelbar gegenüber. Ich bete Gott an (‚I worship'). Wenn ich von Muhammad singe, Friede sei mit ihm, unserem Propheten, fühle ich mich so, als ob ich unmittelbar neben seinem Grab in Medina sitze. Und ich verehre ihn (‚paying him respect') und befolge seine Botschaft."

Im Zuge von Re-Islamisierung und Islamismus wurde die Unterhaltungsmusik stark abgewertet. Als der 1948 geborene ehemalige Singer-Songwriter Cat Stevens 1977 zum Islam übertrat, fortan Yusuf Islam hieß und allenfalls noch Kinderlieder schrieb, beendete er gleichzeitig seine steile Sängerkarriere, auch wenn er von An-

Der aus Aserbaidschan (Iran) stammende Popsänger Sami Yusuf (geb. 1980) verbindet die traditionellen, den Propheten Mohammed preisenden Inshad-Gesänge mit Popelementen.

MUSIK UND TANZ

DIE TANZENDEN DERWISCHE

„Tanzende Derwische" ist die im Westen übliche Bezeichnung für die Mevleviyya-Derwische. Sie wurden von dem persisch gebildeten Mystiker Djalal ad-Din Rumi (1207–1273), dessen Wahlheimat die Türkei war, gegründet. Der Name des Ordens Maulawia beziehungsweise türkisch Mevleviyya leitet sich von Rumis Ehrennamen Maulana (Mevlana) „Unser Herr" ab. Im türkischen Wallfahrtsort Konya befinden sich die Gräber Maulanas, seiner Familienangehörigen und bedeutender Vertreter seines Ordens. Ab 1925 war der Gottesreigen der Tanzenden Derwische verboten. Erst seit 1954 führt man ihn anlässlich des Todestages von Rumi wieder auf.

Jedes Element des getanzten Gottesweges hat symbolische Bedeutung: Die hohen Mützen der Gottestänzer versinnbildlichen ihren späteren Grabstein. Der schwarze Mantel bedeutet das Grab, das darunter getragene, weiße Tanzgewand versinnbildlicht das Leichenhemd. Der rituelle Tanz wird von Flötenspielern, Trommlern und Sängern begleitet. Ein Rezitator singt das Loblied auf den Propheten.

Der Mevlana versinnbildlichende Scheich überwacht die Zeremonie, beurteilt den Tanz, verabschiedet am Ende die Gottestänzer. Am Anfang betritt er das „rote Fell", welches das ewige Leben, die auf- und untergehende Sonne sowie die Vereinigung von Gott und Mensch darstellt. Der dunkle Klang der Flöte lässt die Sehnsucht des Tänzers nach Gottvereinigung hörbar werden. Erst wenn der Scheich die Erlaubnis zum Tanz gewährt hat, öffnet jeder Derwisch seine Arme. Langsam, nacheinander beginnen die Tänzer sich zu bewegen. Ihre rechte Hand ist nach oben geöffnet, die linke zeigt nach unten: Symbol dafür, dass sie die unverdiente göttliche Gnade empfangen und diese an Welt, Menschen, Tiere, Pflanzen, ja sogar Steine weitergeben. Der sehr langsam anhebende, immer schneller werdende Tanz ist ein kosmischer Reigen. Die Gottestänzer mit ihren glockenförmigen Gewändern drehen sich dabei um ihre eigene Achse sowie zugleich im Raum herum. Ihr Körper bildet die Achse des Universums. Der Tanz ist ein „Vorgeschmack auf das verlorene Zentrum", wie sich der zum Islam konvertierte britische Anglist und Orientalist Martin Lings (1909–2005) einmal ausdrückte, und somit die Suche nach dem eigenen Selbst.

---

fang an nicht ausgeschlossen hatte, irgendwann einmal wieder Musik zu machen. 17 Jahre lang war er weder öffentlich als Sänger noch als Songschreiber tätig, bis er 1995 wieder damit begann, eigene Musik zu veröffentlichen. Yusuf Islam weist darauf hin, dass Mohammed zum Singen ermutigt und gute Dichtung geschätzt hätte. Seinen klassischen Hit „Father and Son" nahm er mit Ronan Keating auf. Die familienfreundliche Grundaussage des Liedes stimmt für Yusuf Islam ganz mit der Botschaft des Islam überein.

Eine neue Generation junger Mittelschicht-Muslime in der arabischen Welt folgt der Botschaft des „Pop-Islam". Dieser tritt ein für *Sahwa* („Bewusstwerdung") und *Nahda*, den „Aufschwung" des Islam. Viele Internet-Seiten, Fernseh- und Radiostationen unterstützen diese Idee, haben außergewöhnlich großen Erfolg bei Jugendlichen.

Der Südafrikaner Zain Bhikha (geb. 1974) gehört zu den ersten Singers und Songwritern von englischen Nasheeds („Lied"). Inzwischen produzieren verschiedene islamische Boygroups Nasheeds: Native Deen im Hip-Hop-Stil, Seven8Six stärker in Richtung Rhythm and Blues. Die gegenwärtige Generation junger Muslime und Musliminnen können also gleichzeitig Popmusik konsumieren und sich trotzdem an den Regeln des Islam orientieren.

ETHIK

Die Haltung zu Frieden und Gewalt
Islamisches Völkerrecht und der Begriff des Dschihad

Anwar as-Sadat und Menachim Begin einigen sich unter Vermittlung von Jimmy Carter in Washington am 18.9.1978 auf ein Friedensabkommen zwischen Ägypten und Israel.

Die Begriffe Barmherzigkeit und Frieden kommen weit häufiger im Koran vor als Kampf und Krieg. Von den „99 schönen Namen Gottes" sind viele dem Bereich Barmherzigkeit zuzuordnen. Vom islamischen Standpunkt ist es völlig abwegig, sich Gott als obersten Kriegsherrn vorzustellen. Keiner seiner Beinamen weist in diese Richtung.

Krieg und Frieden im frühen Islam

Der Begriff *Dschihad* wird fälschlicherweise oft mit „Heiliger Krieg" übersetzt, da sich extreme islamische Gruppen dieser Wortbedeutung bedienen. Der Begriff Dschihad (Anstrengung, Mühe, Einsatz) findet sich bereits in den ersten mekkanischen Offenbarungen, als das Thema Krieg für die junge muslimische Gemeinde überhaupt noch nicht aktuell war. Im Mittelpunkt des Dschihad steht der Gedanke der Selbstaufopferung und der Opferung des eigenen Vermögens für Gott. Dschihad kann jede große Anstrengung für ein gottgefälliges Ziel bezeichnen. Seine Bedeutungsvielfalt besitzt ein ähnliches Spektrum wie das Wort „Kampf": Kampf gegen Korruption und Analphabetismus wird als moralisch hochstehende Handlung gesehen; dagegen gilt Kampf um Macht und Alleinherrschaft als nicht gottgefällig.

FRIEDEN UND GEWALT

Seit der Auswanderung nach Medina (ab 622) gestattete der Koran den Muslimen, sich kämpferisch zu verteidigen, weil Mohammed und seine Getreuen vorher in Mekka von den Quraisch verfolgt und schikaniert worden waren. Später versuchten die Quraisch, die junge islamische Gemeinde gewaltsam zu vernichten. Da sich viele Verse des Korans auf konkrete historische Situationen beziehen, sind auch die Aufforderungen zur Gewalt gegen die Feinde in diesem Zusammenhang zu verstehen. Denn auch von diesen Schlachten berichtet der Koran und nimmt Stellung dazu. Diejenigen, die ihren Besitz und ihr Gut für die Sache Gottes einsetzen, stehen über denen, die „daheim geblieben sind".

Im Koran finden sich allgemein gültige Aussagen zu Toleranz und freier Religionsentscheidung. Die Religion der Andersgläubigen wird zwar nicht anerkannt, aber respektiert. Mit den „Ungläubigen" sind in erster Linie die polytheistischen Mekkaner gemeint, nicht aber Juden und Christen, die als Schriftbesitzer gelten.

> *„Wer einen Menschen tötet, ohne dass dieser eine Straftat im Lande begangen hat, ist wie einer, der alle Menschen getötet hätte. Und wenn einer einen Menschen am Leben erhält, so bedeutet das genauso viel, als ob er alle Menschen am Leben erhalten hätte".*
> (Sure 5,32)

Frieden und Krieg im islamischen Völkerrecht

Bereits Mohammed unterschied im Sinne des Korans einer Überlieferung zur Folge zwischen einem „kleinen" und einem „großen Dschihad". Während die Opferung von Vermögen und Leben als „kleiner Dschihad" gilt, bezeichnet der „große Dschihad" den Kampf gegen das Böse und die eigenen schlechten Eigenschaften.

Nach Mohammeds Tod erhielt der Begriff Dschihad einen anderen Stellenwert: Weltliche Kämpfe und Kriege um wirtschaftliche und politische Macht bekamen eine „religiöse Weihe" und wurden – vergleichbar den christlichen Kreuzzügen – zu einem Dschihad hochstilisiert.

Das islamische Völkerrecht teilt – spätestens seit dem achten Jahrhundert – die Welt in *Dar al-Islam* (Gebiet des Islam) und *Dar al-Harb* (Gebiet des Krieges) ein. Der weltliche Begriff Harb verdeutlicht, dass in erster Linie die Interessen des islamischen Staates betroffen waren. Das „Gebiet des Krieges" konnte zu einem *Dar al-Ahd* (Gebiet des Vertrages)

Der ehemalige tunesische Ministerpräsident Habib Bourguiba (1903–2000) verfolgte in seiner Amtszeit (1957–1987) eine eher westlich orientierte Politik.

ETHIK

FRIEDEN UND GEWALT

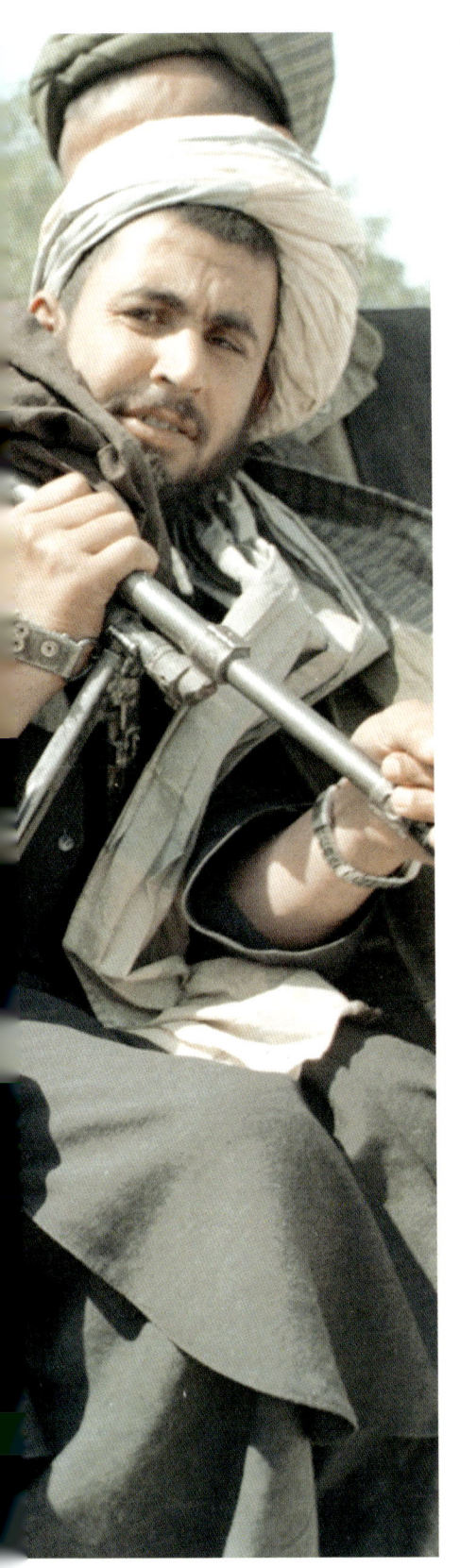

werden, wobei die ursprüngliche Vorstellung war, ein Waffenstillstand dürfe nicht länger als zehn Jahre dauern. Für manche Muslime gelten bis heute jedoch vorübergehende und befristete Friedenszeiten nur als eine Pause in der Islamisierung der gesamten Welt.

Kämpfe dienen ausschließlich der Verteidigung, und die Kämpfer dürfen sich nicht zu Übertreibungen vor allem gegenüber nicht am Kampf Beteiligten hinreißen lassen. Nach Auffassung islamischer Rechtsgelehrter handelt es sich bei diesem Personenkreis um Frauen, Kinder, Mönche, Einsiedler und Behinderte. Während eines Kampfes sollen muslimische Soldaten keine Grausamkeiten begehen, zum Beispiel tote Feinde nicht verstümmeln, sondern beerdigen. Auch soll unnötiges Zerstören von Besitz und Eigentum des Feindes vermieden werden.

Islam und Terrorismus

Seit den 1970er Jahren ist der Begriff Dschihad radikalisiert und zur Rechtfertigung terroristischer Aktivitäten umgedeutet worden, was allerdings nur ein sehr begrenzter Teil der Muslime anerkennt. Einen Ausgangspunkt für diese Neuinterpretation stellt die Dissertation des ägyptischen Scheichs Omar Abd ar-Rahman (geb. 1938) an der Kairoer al-Azhar-Universität dar. In dieser Schrift wird Dschihad zu einem bewaffneten Kampf gegen alle Ungläubigen mit dem Ziel, sie zum Islam zu bekehren. Bei dieser Auslegung des Begriffs wird Dschihad zur sechsten Grundpflicht jedes Muslims. Nach der Interpretation des islamischen Völkerrechts war er jedoch nur bei Bedarf für einen Teil der Gläubigen verpflichtend. Diese nicht haltbare Erweiterung der Grundpflichten wird von Theologen weitgehend abgelehnt, hat aber bei extremistischen Gruppen (Islamisten in Algerien, Taliban in Afghanistan, Hamas in Palästina) eine verheerende Funktion übernommen.

Taliban-Krieger in Mazar-e-Sharif, Hauptstadt der nordpakistanischen Provinz Balkh

> ### ZUM BEGRIFF DES DSCHIHAD
>
> Moderne islamische Autoren unterscheiden mit Vorliebe drei Erscheinungsformen des Dschihad:
>
> 1. Persönliche Opfer und Kämpfe gegen einen äußeren Feind
> 2. Kampf gegen die eigenen schlechten Eigenschaften
> 3. Kampf für die Verwirklichung höherer Werte
>
> Der Begriff Dschihad hat im 20. Jahrhundert neue politische Interpretationen erfahren:
>
> 1. Befreiungskampf gegen Kolonialismus
> 2. Kampf gegen ungerechte Herrscher und Systeme (gab es bereits in der islamischen Geschichte)
> 3. Einsatz auf wirtschaftlichem und kulturellem Gebiet

Eine weitere wichtige Person im Zusammenhang mit der neuen Dschihad-Idee ist Adbullah Azzam (1941–1989), der Begründer der islamistischen Hamas in Palästina. Nach der sowjetischen Invasion Afghanistans rekrutierte er junge Männer in diesem Land und wurde dabei von dem aus Saudi-Arabien stammenden Millionär Osama bin Laden unterstützt. Für Azzam setzte Dschihad einen Einsatz mit der Waffe in der Hand voraus. Dieser dauert so lange, bis ein islamisches Kalifat errichtet werden kann und alle unterdrückten Muslime in der Welt befreit sind.

Bei dieser Verbindung von Dschihad und Terrorismus haben die Muslime den Kontext des Korans eindeutig verlassen. Auch nach islamischem Verständnis handelt es sich hierbei um eine eigenmächtige und unbefugte Deutung des göttlichen Koranwortes und der anderen Rechtsquellen.

ETHIK

DER UMGANG MIT FREMDEN
Die Haltung des Islam zu den „Anderen"

Aufgrund der schon in vorislamischer Zeit verbreiteten Ehrauffassung war es Pflicht des Familienoberhaupts und anderer Mitglieder, einem Fremden Gastrecht zu gewähren. Als Mohammed in Mekka verfolgt wurde, schloss er bei Aqaba mit den Bewohnern von Yathrib, dem späteren Medina, die Übereinkunft, dass er und seine Anhänger als Fremde in den neuen Stammesverband aufgenommen wurden. Grundidee der entstehenden Umma (Gemeinde) war, dass der Glaube

UMGANG MIT FREMDEN

wichtiger als Stammesbande ist. Daher konnten auch Stammesfremde in die Umma aufgenommen werden. Die Hochschätzung der Gastfreundschaft blieb immer ein ganz zentrales islamisches Anliegen: „Wer an Gott und den Jüngsten Tag glaubt, der soll seinen Gast ehren."

In Sure 4,101 sehen manche heutigen Muslime eine Verankerung des Asylrechts: „Und wer wegen der Religion Gottes auswandern muss, der wird manchen auf Erden zu demselben gezwungen sehen und dennoch hinlänglich versorgt finden". Viele islamische

Dieser Holzschnitt aus Melchior von Seydlitz' „Gründliche Beschreibung nach dem Heiligen Lande" von 1580 zeigt die Verfolgung der Christen durch die Türken im Heiligen Land 1577.

Länder haben den Schutz politisch Verfolgter in ihren Verfassungen verankert.

Zunächst bestand die islamische Umma ausschließlich aus Arabern. Als immer mehr Nichtaraber zum Islam übertraten, entstanden mit diesen Fremden Probleme des Zusammenlebens. Man hob den Gedanken der Universalität der islamischen Umma hervor und schrieb dem Propheten folgende Überlieferung zu: „Ein Araber ist keinem Nichtaraber vorzuziehen noch ein Nichtaraber einem Araber, noch ist ein Weißer einem Farbigen vorzuziehen – es sei denn aufgrund seiner Frömmigkeit." Ein ägyptisches Religionsschulbuch unserer Tage drückt diesen universalistisch-fremdenfreundlichen Gedanken folgendermaßen aus: „Umma basiert nicht auf einer Rasse, Sprache, Geschichte oder einem Land, sondern auf den ewigen menschlichen religiösen Prinzipien. In ihr verschmelzen Völker, Rassen und Farben zu einer familiären Bruderschaft. Zu ihr gehö-

Bei Douz im Süden Tunesiens trinken zwei Beduinen gemeinsam Tee. Da das Abholzen der wenigen Bäume mit hohen Strafen geahndet wird, benutzt man die Bodensträucher für die Teebereitung.

ETHIK

ren arabische, nichtarabische, östliche, westliche, weiße und schwarze Menschen."

Die Haltung gegenüber Andersgläubigen

Der Koran gewährt den „Schriftbesitzern" Toleranz. Damit waren in erster Line Juden und Christen, später auch die Sabier sowie die Zoroastrier gemeint. Zunächst erkannte der Koran die Gültigkeit der verschiedenen Wege an: „Ihr habt eure Religion, und ich habe meine." (109,6) Letztlich bleibt die Entscheidung Gott überlassen, und es gilt der koranische Grundsatz: „In der Religion gibt es keinen Zwang" (2,256). Mohammeds Einstellung gegenüber den Schriftbesitzern änderte sich im Anschluss an die Auswanderung nach Medina (622). Aufgrund seiner deprimierenden Erfahrungen, dass sich vor allem die Juden, aber auch die Christen seiner Botschaft verschlossen, argumentierte Mohammed, dass die Schriftbesitzer ihre ursprünglich mit dem Koran übereinstimmenden Schriften in wesentlichen Teilen, welche die Klarheit des Eingottglaubens betrafen, gefälscht hätten.

Den Andersgläubigen gegenüber ist Vorsicht geboten: „Ihr Gläubigen! Nehmt euch nicht die Juden und Christen zu Freunden. Sie sind untereinander Freunde. Wenn einer von euch sich ihnen anschließt, gehört er zu ihnen." (5,51) Das hier verwendete Wort für Freund, *Wali*, setzt ein unbedingtes Vertrauensverhältnis voraus.

Zur Kennzeichnung ihres Lkw als Transport für Hilfsgüter bringen Mitarbeiter des Roten Halbmonds im Irak das Zeichen der Hilfsorganisation am Fahrzeug an. Ihr Transport wird in das nördlich von Bagdad gelegene Samarra gehen.

Besonders fromme Menschen gelten als *Auliya* (Plural von *Wâlî*), also als Freunde Gottes. Wegen seines unerschütterlichen Vertrauens in Gott gilt auch Abraham (Ibrahim) als Freund Gottes.

Vor der Freundschaft mit „Ungläubigen" wird nachhaltig gewarnt (3,28; 3,118; 5,55.57). Ihnen gegenüber ist Misstrauen geboten; denn sie verspotten nicht nur den Glauben, sondern sind oft auch darauf aus, den Gläubigen zu schaden.

Buddhismus und Hinduismus betrachtet der Islam besonders wegen der Gottesvorstellungen als Polytheismus. Die Einstellung gegenüber den Fremdreligionen entwickelte sich nicht unabhängig von der jeweiligen politischen Situation. Die „Schriftbesitzer" bildeten eine besondere Gruppe innerhalb des islamischen Staates. Die Muslime schlossen mit den eroberten Schriftbesitzern zweiseitige Verträge und gestanden den Nichtmuslimen Folgendes zu: Leben, Eigentum, Wahl des Aufenthaltsortes, Regelung von Heirat, Erbschaft, Eigentum, Handel, das Recht, die Gerichte anzurufen sowie Schutz der Kultorte. Als Gegenleistung mussten die „Schutzbefohlenen" (*Dhimmi*) Abgaben entrichten, später Steuern. Aufgrund der Unerfahrenheit der Muslime in Verwaltungsangelegenheiten übernahmen Juden und Christen zum Teil hohe und höchste Ämter in der islamischen Administration. Der Einfluss der Religion auf die Toleranz gegenüber Fremden war eher gering. Trotz religiöser Anerkennung ereigneten sich in politischen Krisenzeiten diverse Schikanen. Dies ist bis heute der Fall: Divergenzen zwischen den Kopten und dem ägyptischen Staat, die Kurden- und die Aleviten-Frage in der Türkei sowie die zum libanesischen Bür-

Ein Mitarbeiter des irakischen Roten Halbmonds plaudert mit schiitischen irakischen Kindern in einem Zeltlager in der Nadschaf-Wüste, südlich von Bagdad

UMGANG MIT FREMDEN

gerkrieg führenden Konflikte haben durchweg politische und allenfalls vorgeschobene religiöse Ursachen.

Blick auf Juden und Christen

Durch die Entstehung des Staates Israel verschlechterte sich die Einstellung mancher islamischer Kreise gegenüber den jüdischen Fremden. Man bemüht sich zwar, zwischen Juden und Zionisten zu unterscheiden, sieht die Juden aber zunehmend kritischer. Die Wurzeln des islamischen Antijudaismus liegen jedoch nicht im Koran, sondern in Europa. Die islamische Welt erlebte vereinzelte, politische motivierte Verfolgungen, jedoch keinen rassisch-begründeten Antijudaismus. Auch der Islamismus führte in einigen Fällen zu einer Einschränkung der Toleranz. Zu Beginn des 19. Jahrhunderts bewunderten manche islamischen Denker sehr die fremde europäische Zivilisation. Die Erfahrungen der Kolonialzeit führten jedoch dazu, das fremde „Europäische" ablehnend und kritisch zu sehen, weil man im Kolonialismus die Wurzel vieler zeitgenössischer Probleme sieht. Dadurch hat sich auch die Einstellung zu den europäischen Christen verschlechtert. Für heutige Staa-

> „Wenn ein Ungläubiger bei dir Zuflucht sucht, so gib sie ihm – und dann hilf ihm, an einen sicheren Ort zu kommen"
> (Sure 9,6)

ten hängt die Gewährung von Asyl für Flüchtlinge von den äußeren Umständen ab. Einige Verfassungen islamischer Länder verbieten die Auslieferung politischer Flüchtlinge.

Bedeutung der Gastfreundschaft

Der Begriff „Fremder" (*Dschar*) ist ebenso wie das lateinische hostis zweideutig. Im Arabischen ist er der „Nachbar", im Hebräischen der Fremde und Feind, der „Beisasse". Die Gastfreundschaft (*Dschiwâr*) wird im islamischen Bereich als eine besondere Tugend betrachtet. Da der Reisende besonders schutzlos ist, galt bereits in der vorislamischen Zeit Arabiens der besondere Schutz der höchsten Gottheit (Allah) den Fremden, Reisenden. Wer ihnen Schaden zufügte, lud große Schuld auf sich. Derjenige, der Fremden und Verfolgten Schutz gewährte, galt Gott als besonders nahe. Nach dem Vorbild Abrahams setzte er sich für seine von seinen Nachbarn verfolgten Gäste ein. Auch ein Teil der sozialen Pflichtabgabe (*Zakat*) ist für die Unterstützung und die Ausstattung fremder Reisender bestimmt. Besonders an heiligen Stätten wurde Asyl gewährt, und zwar oft länger als die allgemein üblichen Tage.

Gastfreundschaft und Asyl sollen entsprechend den Bestimmungen des Korans immer auch auf Nicht-Muslime angewendet werden.

Ein Junge im Camp Haifa, einem Flüchtlingslager für Palästinenser in Bagdad, das 2003 errichtet wurde, nachdem die Palästinenser nach dem Fall Saddam Husseins die ihnen vom Hussein-Regime zur Verfügung gestellten Häuser verlassen mussten.

ETHIK

MENSCHENRECHTE
Reformversuche und Rückschläge

MENSCHENRECHTE

Hunderte von Muslimen protestierten 1993 in Lahore, Pakistan, weil das Todesurteil von zwei Christen, die wegen Lästerung des Propheten Mohammed angeklagt waren, aufgehoben wurde.

Der Menschenrechtler Saad Eddin Ibrahim (geb. 1938), Professor für Soziologie an der Amerikanischen Universität in Kairo, wurde unter Präsident Mubarak zu einer Gefängnisstrafe verurteilt, dann aber vom Berufungsgericht freigesprochen.

Das islamische Recht (Scharia) hat dazu beigetragen, den Islam zu einer der tolerantesten Religionen der vorindustriellen Kultur werden zu lassen. Seit der Französischen Revolution (1789/99) gibt es jedoch eine weiterentwickelte Stufe der Toleranz, deren Anforderungen die ursprüngliche islamische Botschaft nicht mehr in allem entspricht.

Individuum und Gesellschaft

Heute beziehen sich die Menschenrechte insbesondere auch auf die Autonomie des Individuums gegenüber dem Staat. Der Islam kennt jedoch eine Einschränkung der Staatsgewalt nicht in gleicher Weise. Hinzu kommt, dass für viele Muslime Menschenrechte nur im Rahmen der Scharia gültig sind. Außerdem kennt der Islam traditionell eher kollektive als persönliche Rechte. Auch die islamische Ethik definiert mehr allgemeine Pflichten als Rechte des einzelnen Menschen.

Der Niederschlag der antiken und mittelalterlichen Denkweise hat in einem Teil der islamischen Strafjustiz dazu geführt, dem Islam eine mangelnde Sensibilität für die Menschenrechte vorzuwerfen. Die alltägliche Praxis mancher sich islamisch ausgebender Gesellschaften verstärkt diesen Eindruck noch. Hinzu kommt, dass in den meisten Verfassungen islamischer Länder die Menschen- und Grundrechte theoretisch zwar verankert sind, in der Praxis jedoch oft dagegen verstoßen wird, weil die Demokratisierung nicht genügend weit fortgeschritten ist.

Der Koran führt den Ursprung aller Rechte auf Gott zurück und teilt nicht den Grundsatz der Aufklärung, den schon der griechische Gelehrte Protagoras (490 bis 420 v. Chr.) auf die Formel brachte: „Der Mensch ist das Maß aller Dinge". Gleichwohl formuliert bereits der Koran, wie 1981 auf einer Internationalen Gelehrtenkonferenz in Paris herausgefunden wurde, nicht weniger als 20 grundlegende Menschenrechte: das Recht auf Leben, Würde und Freiheit des Menschen, auf Schutz gegen Übergriffe und Misshandlung, das Recht auf Asyl, Minderheitenschutz, Hausfrieden, soziale Sicherheit und Arbeitsschutz sowie (mit Einschränkungen) Glaubensfreiheit.

ETHIK

Islamische Menschenrechtserklärungen

Das Dokument der Allgemeinen Erklärung der Menschenrechte im Islam (19. September 1981) – verfasst von namhaften islamischen Theologen und Gesellschaftswissenschaftlern – und die Kairoer Erklärung über Menschenrechte im Islam (5. August 1990) entfalten eine spezifische islamische Sichtweise der Menschenrechte, die als Gegenmodell zu den westlichen Schutzsystemen verstanden werden kann. Daneben gibt es die Arabische Charta der Menschenrechte (15. September 1994). Schon früher wurden der Entwurf einer islamischen Verfassung der Islamic Research Academy of Al-Azhar oder die Universal Islamic Declaration des Islamrates für Europa (12. April 1980) in London veröffentlicht. 1948 wurde durch Beschluss des Rates der Arabischen Liga eine Ständige Arabische Menschenrechtskommission errichtet, in der je ein Staatenvertreter und ein Vertreter der PLO repräsentiert sind. Der von dieser Kommission erarbeitete Konventionsentwurf liegt jedoch seit dem 15. Dezember 1994 zur Ratifikation aus.

Dem Afghanen Abdul Rahman drohte die Todesstrafe, weil er vom Islam zum Christentum konvertierte. Aufgrund internationaler Proteste wurde das Urteil 2006 aufgehoben.

Glaubensfreiheit und Todesstrafe

In das Kreuzfeuer westlicher Kritik sind die Fragen der Glaubensfreiheit und der Todesstrafe geraten. Der Koran formuliert das

Nach internationalen Protesten konnte das Todesurteil (2001) gegen die Nigerianerin Safiya Hussaini (Mitte) aufgehoben werden. Roms Bürgermeister Walter Veltroni begrüßte sie 2002 als Ehrenbürgerin Roms.

MENSCHENRECHTE

MAHMUD TAHA (1909–1985)

Während das von Ayatollah Chomeini (1900–1989) gegen Salman Rushdie, den Autor der „Satanischen Verse", verhängte Todesurteil die Weltöffentlichkeit erschütterte, erregte die Hinrichtung des sudanesischen Mystikers und Politikers Mahmud Taha vergleichsweise geringe und kurze Aufmerksamkeit. Der Reformer wurde am 18. Januar 1985 vor Tausenden von Zuschauern auf Befehl des sudanesischen Präsidenten Numeiri erhängt, nachdem das oberste Gericht des Sudans ihn zum Tode verurteilt hatte. Wie im Fall Rushdie lautete die Anklage „Abfall vom Islam", genauer „Provokation der Feindseligkeit gegen den Staat und Aufruf zur Annullierung der Bestimmungen der Scharia".

Mahmud Taha wurde 1909 in der Nähe von Rufaa im Sudan geboren. 1945 gründete er zusammen mit einigen Intellektuellen die „Republikanische Partei" und wurde ihr Vorsitzender. Diese Partei trat für einen unabhängigen Sudan als föderalistische demokratische und sozialistische Republik ein, in der die Verwirklichung individueller Freiheit sowie politische, wirtschaftliche und rechtliche Egalität als höchste Ziele des Staates gelten sollten. Ihre Konzeption war islamisch, und sie begriff ihre Ideen als zeitgemäßes Verständnis der ewigen Grundlagen von Koran und Sunna. Die Scharia hielten sie jedoch für weitgehend überholt. 1965 erhob die „Republikanische Partei" gegen die Bestrebungen Einspruch, eine islamische Verfassung einzuführen. Taha kritisierte unter anderem, dass die Verfassung Nichtmuslimen und Frauen nicht die gleichen Rechte einräume. Daraufhin wurde er 1968 vom Hohen Scharia-Gericht des Sudans angeklagt und des Abfalls vom Islam beschuldigt. Drei Jahre später erfuhr der Vorwurf der Apostasie gegen Taha durch ein Gutachten der Islamischen Weltliga neue Aktualität. Als nach der Machtergreifung Numeiris am 25.5.1969 alle Parteien verboten wurden, nannten sich Taha und seine Anhänger „Republikanische Brüder". Weiterhin übten sie an der Regierung Kritik, setzten sich aber auch für die nationale Versöhnung zwischen Regierung und Opposition ein (1977). Nachdem Numeiri 1983 in den so genannten Septembergesetzen die Scharia als Staatsgesetz eingeführt hatte, bezeichnete Taha diese Maßnahme als „Schande und Erniedrigung für den Islam und das sudanesische Volk". Taha wurde verhaftet. Nachdem man ihn im Dezember 1984 frei gelassen hatte, organisierte er Protestkundgebungen. Abermals wurde er inhaftiert, vor Gericht gestellt und verurteilt.

Taha ging es um eine Weiterentwicklung der Scharia. Während andere Reformer die Zeit des Propheten und der ersten vier Kalifen als ideale Urzeit betrachten, stellten für Taha nur die Bestimmungen der mekkanischen Periode unvergängliche Wahrheiten dar. Bereits in Medina jedoch habe Mohammed Verordnungen erlassen, die durch die damaligen Verhältnisse bedingt waren, darum also keine unbegrenzte Gültigkeit besäßen. Tahas Ansichten genossen zwar den Respekt zahlreicher Vertreter der intellektuellen Elite im Sudan, erreichten jedoch die breite Masse nicht. Vorwiegend stammten seine Gefolgsleute aus der gebildeten Mittelschicht. Als Taha am 18.1.1985 gehängt wurde, war die Empörung in der westlichen Welt einmütig. Viele Muslime betrachteten Taha als Märtyrer und erklärten den 18. Januar zum Tag der Menschenrechte. Doch während die einen ihn „Afrikas Gandhi" nannten und die Gerichtsverhandlung als Inquisition bezeichneten, beglückwünschten andere Numeiri zur Hinrichtung des „Feindes Gottes und Ketzers".

Prinzip islamischer Toleranz (2,257): „Es gibt keinen Zwang im Glauben". Diese Maxime wurde hauptsächlich auf den Bekehrungsverzicht von Juden und Christen, später auch anderer Religionsgemeinschaften angewandt. Ali, der Schwiegersohn Mohammeds und vierter Kalif, schrieb zum Beispiel an Malik ibn-Harith anlässlich dessen Ernennung zum Gouverneur von Ägypten: „Möge dein Herz den Einwohnern deiner Provinz gegenüber mit Barmherzigkeit und Liebe erfüllt sein! In den Bürgern, die an Gott glauben, sollst du Brüder gemäß dem Glauben sehen. Jene aber, die nicht glauben, sollst du als deinesgleichen gemäß der Schöpfung behandeln".

Bei dem Recht auf Glaubensfreiheit handelt es sich nicht um ein innerislamisches Recht. Wenn auch nicht im Koran verankert, so wird entsprechend dem islamischen Recht ein vom Islam abgefallener Mann mit dem Tode und eine Frau mit Gefängnis bestraft. Diese Strenge ergab sich aus der Konfrontation des Islam mit einer in der Frühgeschichte des Islam bestehenden feindlichen Welt. Glaubensabfall war damals Fahnenflucht oder ein Verrat an der um ihre nackte Existenz kämpfenden Gemeinschaft. Eigentlich hat diese strafrechtliche Strenge heute ihre Bedeutung verloren, was aber gerade im Zuge der Re-Islamisierung anders gesehen wird.

Das islamische Recht lässt die Todesstrafe als eine Strafmöglichkeit zu. Allerdings gibt es unter den Rechtsgelehrten unterschiedliche Auffassungen dazu.

ETHIK

HERRSCHAFT UND DEMOKRATIE
Das Verhältnis von Religion und Politik

Während im christlichen Denken im Laufe der Jahrhunderte zumindest die formale Trennung von Religion und Staat immer selbstverständlicher wurde, ist eine umfassende Säkularisierung nur für einen Teil der Muslime mit den Grundideen ihrer Religion vereinbar und wünschenswert.

Reformerische Ansätze

Entwicklungen in Richtung einer demokratischen Staatsform, in der die Gewalt vom Volk ausgeht, begannen in der islamischen Welt ansatzweise seit dem 18. Jahrhundert, als der osmanische Herrscher Selim III. (1761–1808, reg. 1789–1807) eine beratende Versammlung anstrebte. 1876 schuf das Grundgesetz *(Kanun-i Esasiye)* ein

HERRSCHAFT UND DEMOKRATIE

begrenztes System der Mitbestimmung aller Bürger ohne Rücksicht auf die Religion. Reformer des 19. Jahrhunderts, wie der Ägypter Muhammad Abduh (1849–1905), betrachteten Islam und Demokratie als miteinander vereinbar. Zwar kommt in einem islamischen Staatswesen die Souveränität allein Gott zu, doch hat der Mensch als Stellvertreter Gottes *(Khalifa)* teil an dieser Souveränität.

In den Staaten des Nahen und Mittleren Ostens entstanden in der Zeit zwischen den beiden Weltkriegen nominell parlamentarische Demokratien. Sie scheiterten aber oft aufgrund von Verwaltungswillkür, Korruption und Nepotismus.

Staatsverständnis und Islam

Das Verhältnis von Islam und Politik im 20. Jahrhundert entwickelte sich nicht einheitlich. Dies liegt einerseits daran, dass in den einzelnen Ländern verschiedene politische und theologische Kräfte die Regierungsgewalt ausüben, deren Islamverständnis auseinander geht. Zum anderen spielt die geschichtliche Begegnung mit Europa eine bedeutsame Rolle, denn die Auseinandersetzung mit dem säkularen westlichen Gedankengut führte zu jeweils unterschiedlichen Regierungsformen. Außerdem war und ist die Ansicht führender islamischer Denker darüber, welche Staatsformen die Übertragung islamischer Bestimmungen auf die Gegenwart am besten gewährleisten, umstritten.

Parallel zu der Übernahme westlicher Regierungsmodelle unternahmen einige muslimische Führer den Versuch, die Rolle des Islam der des Christentums in Europa anzugleichen. Die religiöse Rechtsprechung wurde abgeschafft oder stark eingeschränkt. Die religiöse Erziehung und die religiösen

Islamische Frauenrechtsaktivistinnen nehmen am 7. März 2005 an einer Debatte des kuwaitischen Parlaments teil.

Der inzwischen an der Universität Leiden lehrende ägyptische Literaturwissenschaftler und Koranforscher Nasr Abu Zaid (geb. 1943) wurde in Ägypten als Glaubensabtrünniger verfolgt und von seiner Ehefrau zwangsgeschieden.

Muslime dürfen ihre Regierungsform selber wählen

„Das islamische Gesetz und die Rechtschaffenheit der Untertanen beruhen auf dem Kalifat im Sinn einer Regierung. Diese kann von irgendeiner Art und beliebiger Form sein, absolut oder beschränkt, monarchisch oder demokratisch, despotisch, konstitutionell oder demokratisch-beratend, sozialistisch oder bolschewistisch (…). Die Religion bindet die Menschen nicht an eine bestimmte Form, sondern stellt es ihnen frei, das Fortschrittlichste zu wählen, zu dem der menschliche Geist gelangt ist (…). Die Muslime haben das Recht, die Regierungsform zu wählen, die ihnen genehm ist, und die Herrschaft auszusuchen, unter deren Verwaltung sie leben wollen. Gott hat ihnen nicht befohlen, dass sie unbedingt ein Kalifat oder eine Republik sein müsse. Vielmehr können sie sie aus freiem Willen und gemäß ihren Interessen wählen. Wenn sie sich über eine Regierungsform geeinigt und sie für gut befunden haben, hält auch Gott sie für gut".

(Ali Abd ar-Raziq: Der Islam und die Ursprünge der Herrschaft, 1962). Der in Oxford ausgebildete Religionswissenschaftler (1888–1966) wurde aufgrund seiner Thesen 1925 von der al-Azhar-Universität in Kairo verwiesen.

ETHIK

Stiftungen wurden unter staatliche Kontrolle gestellt und eine Reform des Familienrechts angestrebt. Ein Beispiel für solche Säkularisierungsversuche sind die Reformen Mustafa Kemals (Atatürks) in der Türkei.

In den letzten Jahrzehnten hat allerdings auch dort der Einfluss des Islam auf das gesellschaftliche Leben wieder zugenommen.

Unabhängig von der offiziellen Regierungskonzeption gibt es in allen Ländern – vor allem unter den gebildeten Schichten – Gruppen, die eher einem säkularen Staatsverständnis zuneigen. Ihr Einfluss nahm seit den 1980er Jahren jedoch ab.

Rückkehr zur Tradition

Schon immer gab es eine Position, die auf staatlicher Ebene die Tradition des islamischen Rechts, wie es von den Juristen der klassischen Periode formuliert wurde, fortzusetzen versuchte. Von der Theorie her bekennt sich Saudi-Arabien am konsequentesten zur ursprünglichen islamischen Idee. Die Schaffung einer Verfassung nach westlichem Vorbild wurde mit der Begründung abgelehnt, dass der Koran die einzige Verfassung eines islamischen Gemeinwesens darstelle. Auch Pakistan versteht sich seit seiner Gründung als islamischer Staat, dessen Gesetze nicht im Widerspruch zum islamischen Recht stehen sollen. Inzwischen wollen in vielen islamischen Ländern Parteien und andere politische Kräfte alle gesellschaftlichen Bereiche wieder durch die Religion bestimmt sehen.

Formen des Ausgleichs

In einigen Ländern erstrebte man eine Verbindung europäischer Vorstellungen mit den rechtlichen Grundsätzen des Islam. Die Mehrzahl der islamischen Länder nahm in ihrer offiziellen Politik bis zu den 1970er Jahren diese Position ein. Es war ein typischer Ausdruck dieses Kompromisses, dass in fast allen Ländern der Islam zur Staatsreligion erklärt wurde.

In einigen Ländern konnte man Bestrebungen beobachten, durch die Wiederbelebung und Neuinterpretation islamischer Werte eigene, von Europa losgelöste Staatsformen zu entwickeln. Von einigen Muslimen wurde zum Beispiel aus den Koranversen 3,159 und 42,38, welche die Aufforderung zur gegenseitigen Beratung *(Schura)* in wichtigen Fragen enthalten, der Gedanke eines Urparlamentarismus und einer eigenen islamischen Demokratie abgeleitet. Jedoch spielte die zum Teil im Frühislam praktizierte Schura bestenfalls bei der Er-

Iranische Studenten demonstrieren am 11.11.2002 an der Tarbiat Modares-Universität in Teheran für den Reformer Hashem Aghajari, der wegen Verunglimpfung des Islam zum Tode verurteilt worden ist.

HERRSCHAFT UND DEMOKRATIE

Ablehnung der Demokratie

Ali Benhadj (geb. 1956), einer der Führer der islamistischen algerischen Front Islamique du Salut (FIS = Islamische Heilsfront), sagte Folgendes zur Haltung des Islam zur Demokratie:

„Unter allen Gründen, derenthalben wir die demokratische Lehre ablehnen, sticht die Tatsache hervor, dass die Demokratie auf der Meinung der Mehrheit beruht, ganz zu schweigen von der Eigenheit dieser Mehrheit: Es wird davon ausgegangen, dass die Meinung der Mehrheit das Kriterium dessen bildet, was gerecht und vernünftig ist.

Man sieht, wie Führer demokratischer Parteien zum Ziel des Stimmenfangs in den Wahlkämpfen, von diesem Prinzip ausgehend, mit allen Mitteln versuchen, sich mit der größtmöglichen Anzahl von Menschen in Übereinstimmung zu bringen, auch wenn es zum Schaden des Glaubens, der Würde, der Religion und der Männlichkeit wäre. (…) Was uns, die ‚Leute der Sunna' betrifft, so glauben wir, dass das Recht (…) nur aus den entscheidenden Zeugnissen der Scharia erkannt wird, und nicht von der Menge der Handelnden und der demagogischen Stimmen erkannt werden kann. (…) Wir verwerfen die Demokratie, die die Lehre des ungläubigen Westens ist".

(Ali Benhadj: Die Demokratie, die die Lehre des ungläubigen Westens ist. Aus: Islam. Politische Bildung und interreligiöses Lernen, Bundeszentrale für Politische Bildung, 2002)

nennung des Kalifen, nicht jedoch bei der Gesetzgebung eine Rolle.

Manche Denker und Strömungen stehen dem mystischen Islam nahe und geraten dabei nicht selten in Konflikt mit der offiziellen Doktrin ihres Staates (zum Beispiel die Republikanischen Brüder im Sudan). Ihre Vertreter sind nicht unpolitisch, bemühen sich aber, eine gewisse Freiheit gegenüber allzu starren politischen und religiösen Vorstellungen zu bewahren. Ihre Tradition kann man bis zu den Anfängen des Islam zurückverfolgen. Anhänger dieses eher verinnerlichten Islam sind in verschiedenen Ländern anzutreffen.

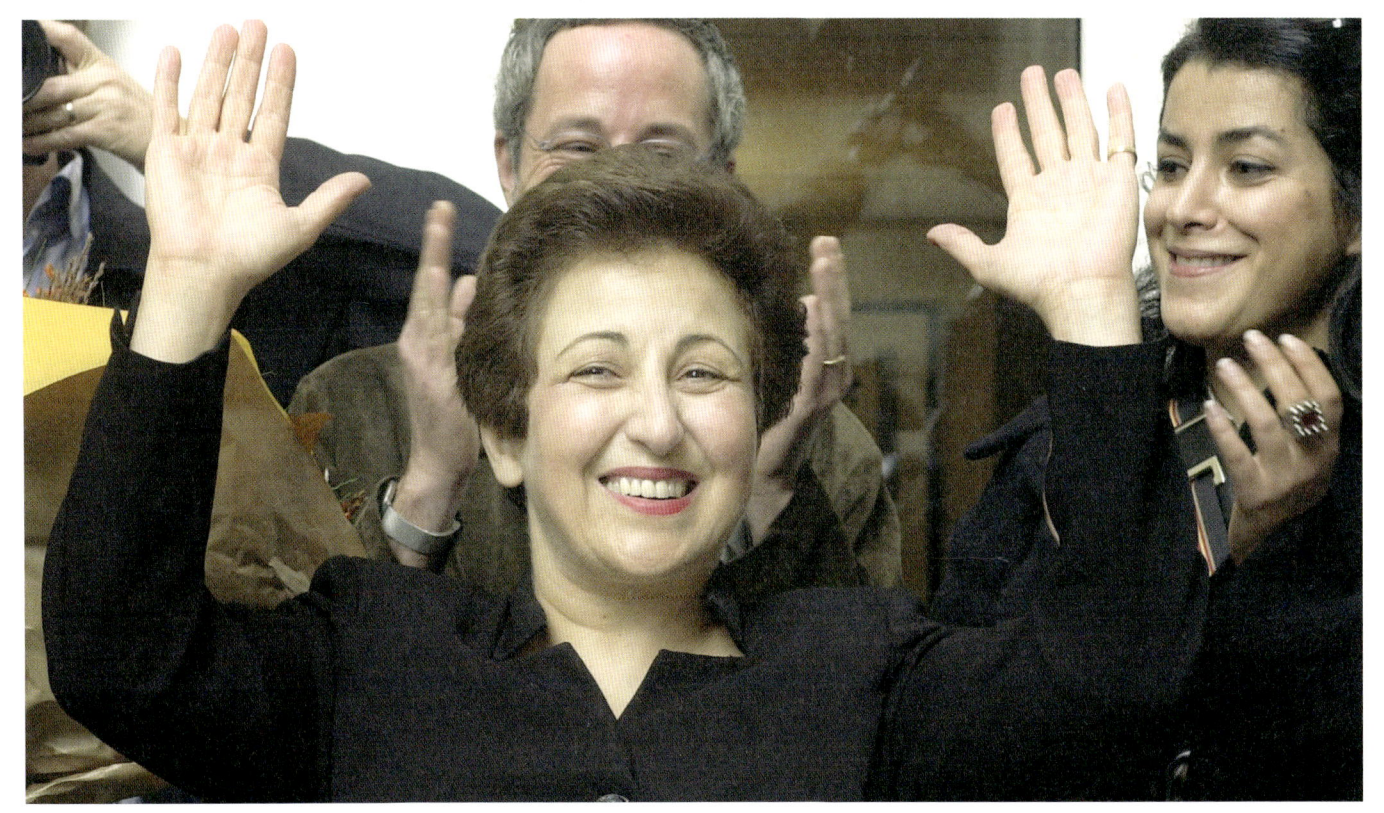

Die iranische Rechtsanwältin und Menschenrechtsaktivistin Shirin Ebadi (geb. 1947) freut sich über die Verleihung des Friedensnobelpreises am 10. Oktober 2003 in Paris. Das Nobelpreiskomitee wollte mit der Verleihung des Preises an eine bekannte Muslimin auch darauf hinweisen, dass der Islam nicht notwendigerweise im Widerspruch zur Demokratie stehen muss.

ETHIK

Das Rechtssystem des Islam – die Scharia
Quellen und Schulen des islamischen Rechts

Die Hauptquelle des islamischen Rechts *(Fiqh)* ist der Koran. Als nach dem Tode des Propheten neue Fragen und Probleme aufkamen, die im Koran keine direkte Antwort gefunden hatten, hielt sich die Gemeinde an die zahlreichen mündlichen Aussprüche und Handlungen des Propheten. Diese den Koran deutenden Worte und Taten Mohammeds heißen Sunna (von arabisch sanna = „gelten, in Gebrauch sein").

Die Sunna besteht aus den so genannten *Hadithen* (Mitteilungen). Abgesehen von Hadithen über vorbildliche Handlungen und Belehrungen des Propheten gibt es solche über die Aussprüche und Taten von Zeitgenossen Mohammeds und der nächsten Generationen, von denen vorausgesetzt wird, dass der Prophet selbst sie gutgeheißen hätte. Ein Hadith besteht in der Regel aus zwei Teilen: dem eigentlichen Text und der vorangestellten Kette von Gewährsmännern.

Im dritten Jahrhundert wurden umfangreiche Hadithensammlungen zusammengestellt, welche die unter den Gläubigen verbreiteten Überlieferungen nach einer genauen Prüfung beträchtlich einschränkten. Im Allgemeinen gelten die Sammlungen von sechs Gelehrten (al-Buchari, at-Tirmidhi, Abu Daud, Muslim, Ibn Maja, Ibn Hanbal) als verlässlich *(Sahih)*.

Wenn in Koran und Sunna keine eindeutige Regelung gefunden werden konnte, wurde als dritte Quelle der durch Koran und Sunna legitimierte „Consensus der Rechtsgelehrten" *(Idjmaa)* einer Ge-

Geistliche in der heiligen schiitischen Stadt Ghom, einem berühmten Wallfahrtsort in Iran, etwa 160 km südlich von Teheran

RECHTSSYSTEM

Die Gesamtheit des aus der Offenbarung, also aus Koran und Sunna beziehungsweise Hadithen, hergeleiteten Rechts wird im Islam *Scharia* (Weg, Gesetz) genannt.

Wichtige Bereiche des islamischen Rechts waren ursprünglich die fünf Grundpflichten (fünf „Säulen"), das Kulturrecht, der Dschihad, Staatsrecht, Strafrecht, Steuerrecht und Personenstandsrecht. Heute ist die Scharia in vielen Ländern auf das Personenstandsrecht und das Kulturrecht be-

Ekrima Sabri, von 2004 bis 2006 Großmufti von Jerusalem und Palästina, während eines Interviews mit der Nachrichtenagentur Associated Press 1996

Beispiel für ein Hadith

„Es berichtete uns Musa ibn Ismail, er sagte, es berichtete uns Mahdi ibn Maimun; er sagte, es berichtete uns Wasli al-Ahdad von al-Marur ibn Suyad von Abu Dharr; er sagte: Der Prophet Gottes sagte – Gott möge Wohlgefallen an ihm haben und ihn gesund erhalten: Es erschien jemand von meinem Herrn, der ihm mitteilte: Derjenige aus meiner Gemeinde, welcher stirbt, ohne Gott etwas als Teilhaber zuzuschreiben, geht in das Paradies ein…"
(Abu Abdallah Mohammed ibn Ismail al-Buchari as-Sahih)

---

neration zu Rate gezogen. Ein Consensus liegt dann vor, wenn eine Generation lang bei Meinungsfreiheit und unter normalen Verhältnissen kein Widerspruch zu einer Lehre bekannt wird. Nach Ansicht der Schiiten muss beim Consensus ein Imam beteiligt sein.

Die vierte Quelle der Rechtsprechung ist der „Analogieschluss" *(Qiyas)*. Man führt dabei ein aktuelles Problem auf eine Regel zurück, die für einen gleichartig oder ähnlich gelagerten Fall geschaffen worden war. Die Schiiten erkennen den Qiyas nicht an. Als legitim galt ursprünglich auch die Rechtsauslegung einzelner Gelehrter – der von einem Mudschtahid ausgeübte *Idschtihad*. Im neunten Jahrhundert wurde diese Praxis der selbständigen Meinungsbildung jedoch untersagt, damit nicht zu viele widersprüchliche Lehrmeinungen entständen. Diese Maßnahme wiederum wurde von Reformern kritisiert, weil sie Neuerungen verhinderte. Bei den Schiiten blieb der Idschtihad hingegen eine erlaubte Methode der Rechtsfindung.

Das islamische Rechtssystem erkennt das bei einem Teil einer Bevölkerung übliche Gewohnheitsrecht an. Dazu gehört auch die Anwendung der in Altarabien sowie im persischen und byzantinischen Rechtssystem gültigen Bestimmungen. In allen Fällen, in denen aus den anderen Quellen keine Richtlinien zu entnehmen sind, hat der Rechtsgelehrte die Pflicht, sich ein eigenes Urteil zu bilden.

Blick in einen Gerichtssaal in Teheran; angeklagt sind Polizisten, die während eines Protests auf dem Teheraner Universitätsgelände Studenten angegriffen haben.

ETHIK

schränkt. Fundamentalistische Muslime wollen alle Lebensbereiche vom islamischen Recht bestimmt sehen. Einige moderne Juristen benutzen in ihren Kommentaren die Lehren verschiedener Rechtsschulen und kombinieren sie. Dieses Verfahren nennt man *Talfiq* (etwa patchwork).

Islam und Strafjustiz

Seit dem Erstarken des Islamismus erfährt man immer wieder aus den Massenmedien, dass aufgrund der Wiedereinführung des islamischen Strafrechts Delikte wie Mord, Raub, Vergewaltigung, Ehebruch, Homosexualität sowie Alkohol- und Drogenmissbrauch durch Auspeitschen, Abschlagen von Händen und Füßen, Hinrichtung bestraft werden. Hinter diesen Strafen steht ein anderes Rechtsverständnis: Der Islam geht von unterschiedlichen Pflichten des Menschen gegenüber seinem Schöpfer und Mitmenschen aus, so dass von einem „göttlichen" und einem „menschlichen Recht" gesprochen wird. Neben Gott und Individuum stellt die Gemeinschaft die dritte, den Rechtsvollzug bestimmende Größe dar. Die Gesellschaft betreffenden Rechte gelten im Islam als göttliche Rechte. Alkoholgenuss, Straßenraub, schwerer Diebstahl, widerrechtlicher Geschlechtsverkehr und falsche Bezichtigung der Unzucht stellen wegen ihrer gesellschaftszerstörenden Potenziale eine Verletzung des göttlichen Rechts dar. Privatrechtliche Vergehen gehören in die Sphäre des menschlichen Rechts. Bei Verleumdung, Körperverletzung und Totschlag dür-

DIE RECHTSSCHULEN DES ISLAM

Hanafiten
Die älteste Rechtsschule ist die von Abu Hanifa (699–767) und seinen Schülern Abu Yusuf (731–798) und ash-Shaibani (749–804) gegründete hanafitische Rechtsschule. Verbreitung: offizielle Rechtsschule der Abbasiden und Osmanen, Balkan, Afghanistan, Pakistan, Zentralasien, Indien, China, Südamerika und Österreich.

Ismailiten
Die Ismailiten werden auch Siebenerschiiten genannt, weil sie als letzten Imam Ismail (gest. 762), den Sohn des sechsten Imams Dschaafar as-Sadiq, anerkennen.

Gegenwärtiges Oberhaupt der Ismailiten ist Karim Aga Khan, der als 49. Imam und Nachfolger des Propheten Mohammed gilt. Er fördert einen toleranten Islam, in dem Glaube und Demokratie vereinbar sind. Viele Ismailiten sind wohlhabende Geschäftsleute und unterstützen zahlreiche Hilfswerke und Bildungsprogramme. Das Aga-Khan-Development Network AKDN fördert Schulen, Kliniken und Bildungseinrichtungen zum Beispiel in Afrika und setzt sich für Nahrungsmittelbeschaffung und Wasserversorgung ein. Das AKDN engagierte sich mit 80 Millionen Dollar für den Wiederaufbau in Afghanistan. 2006 erhielt der Aga Khan für sein Engagement den Toleranzpreis der Evangelischen Akademie in Tutzing.

Malikiten
Die malikitische Rechtsschule ist nach ihrem Gründer Malik ibn Anas (715–795) benannt. Dieser berücksichtigte die Rechtspraxis in der Umgebung von Medina und ließ sie neben den Hauptquellen als Zusatzquelle gelten. Verbreitung: Nordafrika (Marokko, Algerien, Tunesien, Libyen), Nordwestafrika, Oberägypten, Mauretanien, Nigeria, Sudan und Golfstaaten.

Schafiiten
Ash-Shafii (767–820), das Oberhaupt der dritten und wichtigsten Rechtsschule, gilt als der eigentliche Begründer der islamischen Jurisprudenz. Er systematisierte das Recht, begrenzte die Rechtsquellen auf die vier Hauptquellen und lehnte Zusatzquellen und das eigene Urteil von Rechtsgelehrten ab. Verbreitung: Ägypten, Jordanien, Libanon, Bahrain, Indonesien, Malaysia, Sri Lanka, Philippinen, Tansania, Zentralasien und als Minderheiten in Saudi-Arabien, Indien und Iran.

Hanbaliten
Die Lehre des Gründers der vierten sunnitischen Rechtsschule, Ahmad ibn Hanbal (780–855), stellt in mancherlei Hinsicht eine Reaktion gegen rationalistische Strömungen dar. Diese Schule ist in vielen dogmatischen und kulturellen Fragen eher konservativ, gilt nur im Vertragsrecht als relativ fortschrittlich. Verbreitung: Saudi-Arabien, wo das aus ihr hervorgegangene Wahhabitentum Staatsreligion ist, außerdem in Syrien, Irak, Teile Ägyptens, Indiens, Afghanistan und Algerien.

Dscharfariten
Die bedeutendste Rechtsschule der Schia, die dschafaritische – auch Zwölferschia genannt – gilt häufig als fünfte Rechtsschule und wird auf den sechsten Imam Dschafar as-Sadiq zurückgeführt. Verbreitung: hauptsächlich Iran, Teile Pakistans, Indiens, Iraks, Libanons und Syriens.

RECHTSSYSTEM

Die ägyptische Frauenrechtlerin Nawal el Saadawi (Mitte) und ihr Mann werden am 18.6.2001 von der italienischen EU-Abgeordneten Emma Bonino (geb. 1948) vor dem Eingang zum Familiengericht in Kairo begrüßt. Saadawi sollte von ihrem Mann zwangsgeschieden werden, weil sie sich angeblich abfällig über die Rituale der Muslime bei der Pilgerfahrt geäußert hatte.

fen der Betroffene oder dessen Erben das Strafmaß festsetzen. Nach Ansicht der Rechtsgelehrten ist eine Überführung des Angeklagten nur nach dessen Geständnis möglich.

Um Fehlurteile auszuschalten, berücksichtigt das islamische Recht die Zurechnungsfähigkeit und Strafmündigkeit des Beklagten. Ebenfalls muss die Glaubwürdigkeit der Zeugen streng geprüft werden. Gerade bei Sexualverbrechen werden strenge Maßstäbe an die Zeugen angelegt. So kann eine Frau nur des Ehebruchs überführt werden, wenn vier Zeugen dies beeiden. Falsche Anschuldigungen werden streng bestraft (24, 2). Erhebt der Ehemann den Vorwurf, so muss er ihn fünfmal beeiden und zieht sich im Fall einer Falschaussage den Fluch Gottes zu. Ebenso kann die Frau fünfmal ihre Unschuld beteuern. Das Urteil liegt dann im Ermessen des Richters.

Die Wirklichkeit sieht leider oft anders aus. In vielen Ländern des Nahen und Mittleren Ostens ist die Ehre einer Familie wesentlich von dem sexuellen Verhalten ihrer weiblichen Mitglieder abhängig. Benimmt sich eine Frau „schamlos", so bringt sie über die ganze Familie Schande. Männer schwören nicht nur bei Gott, sondern auch bei der Ehre ihrer Mütter und Schwestern. Nach traditioneller Auffassung kann der Ehrverlust kaum gut gemacht werden, es sei denn, die Betroffene wird von einem männlichen Familienmitglied getötet. Ein Mord zur Rettung der Familienehre ist in fast allen islamischen Ländern verboten, kommt aber immer wieder vor und wird in traditionellen Kreisen gut geheißen.

Ein weiteres Vergehen im Rahmen der göttlichen Gesetze ist der Glaubensabfall vom Islam.

Der Strafvollzug basiert auf dem Grundsatz, dass weder Gott noch der Staat den Rechtsanspruch des Menschen beschneiden dürfen und es der islamischen Justiz nicht gestattet ist, das göttliche Recht zu missachten. Ein wichtiges Prinzip lautet: „Jede Art von Zweifel verbietet den Strafvollzug". Außerdem soll man trotz der Forderung nach Gerechtigkeit möglichst Milde walten lassen. Ein zentrales Leitmotiv des Korans lautet: „Wenn ein Mensch einen anderen tötet, so bedeutet das genauso viel, als ob er alle Menschen getötet hätte, und wenn einer einen Menschen am Leben hält, so bedeutet das genauso viel, als ob er alle Menschen am Leben erhalten hätte" (5,32).

ETHIK

RE-ISLAMISIERUNG UND FUNDAMENTALISMUS
Rückbesinnung auf die islamische Tradition

Die Re-Islamisierung begann in den 1970er Jahren als eine in vielen Bevölkerungsschichten verbreitete Betonung des islamischen Kulturerbes. Es handelte sich um eine Rückbesinnung auf die vorkoloniale Zeit, die zum Beispiel im Verlegen des Ruhetages vom Sonntag auf den Freitag, in der Wiedereinführung orientalischer Kleidung, einer Neuordnung des am Westen orientierten Erziehungssystems sowie in der Verbreitung der „heiligen" arabischen Sprache und ihrer Reinigung von nichtarabischen Elementen zum Ausdruck kam.

Hassan Nasrallah (geb. 1960) ist seit 1992 Generalsekretär der radikal-islamischen Organisation Hizbollah („Partei Gottes").

Gemeinsam war vielen Re-Islamisierungsbemühungen der Wunsch, durch Rückkehr zur eigenen islamischen Tradition eine Humanisierung der oft einseitig materialistisch und technisch orientierten Modernisierung zu erreichen und sich eine menschenwürdige Gesellschaft im Einklang mit religiösen Prinzipien aufzubauen. Die europäisch-orientierten Regierungen im Nahen Osten hatten es nicht geschafft, die zahlreichen wirtschaftlichen und sozialen Probleme zu lösen. Der westlichen Gesellschaft stand man auch deshalb kritisch gegenüber, weil man die Reduzierung des Christentums auf den ausschließlich privaten Bereich des Menschenlebens nicht als nachahmenswert empfand.

Was als Re-Islamisierung begann, fand seine Fortsetzung im Fundamentalismus beziehungsweise Islamismus, wie ihn seine Anhänger zum Teil selber nennen: eine Erscheinung, die auf den identitätsbedrohenden Gesellschaftswandel mit intoleranter Ablehnung aller nichtislamischen Ismen und Ideologien sowie mit einer totalitären Einbeziehung des Islam in alle Lebensbereiche antwortete. Es handelt sich weniger um eine religiöse Erneuerung als um eine totalitäre Ideologie, welche die Religion in ihren Dienst stellt und selbst konstruktive Kritik auf das schärfste bekämpft. Der Islam erhielt somit einseitig eine herrschaftserhaltende Funktion. Bisweilen verbündete sich der Islamismus auch mit der stärksten Ethnie in einem Land, deren Angehörige oft zur herrschenden islamischen Schulrichtung gehören. So kam es in Pakistan zu Konflikten zwischen den islamistischen Pandschabis und den Belutschen, Kaschmiris, Paschtunen und Sindhis, in Iran zwischen den Persern und den Minderheiten der Araber, Belutschen, Turkmenen und Kurden, in Algerien zwischen Arabern und Berbern, in Mauretanien zwischen den Mauren und der südlichen Bevölkerung, in Afghanistan zwischen Paschtunen und Tadschiken sowie anderen Volksgruppen.

Deutliche Unterschiede zwischen Re-Islamisierung und Islamismus werden zum Beispiel bei der Diskussion um die Stellung der Frau deutlich. Während bei den Anhängern der Re-Islamisierung Frauen eine aktive revolutionäre Rolle spielten, in Beruf und Gesellschaft gleichberechtigt sein sollten, betonen die Islamisten stärker die traditionellen Aufgaben der Frau im häuslichen Bereich, sprechen sich für ihre Wiederverschleierung aus.

Kennzeichen des Islamismus

Der Islamismus zeichnet sich durch folgende Merkmale aus:

- Rückkehr zum Koran als unverfälschte Glaubensquelle
- Orientierung am Frühislam, als die Einheit der Umma (Gemeinschaft) noch Realität war
- Errichtung einer islamischen Gemeinschaft, in der die Scharia (Weg), das islamische Recht, alle Bereiche des menschlichen Lebens regelt
- Betonung der Gleichheit aller Gläubigen und Einheit Gottes.

Es bestehen prinzipielle Kritik an demokratischen Entscheidungsprozessen und eine Infragestellung des Existenzrechts Israels.

RE-ISLAMISIERUNG

Ein Demonstrant droht mit dem Zeigefinger auf einer Kundgebung der „Islamischen Heilsfront" am 10. Januar 1992 in Algier. Die FIS hatte bei den Parlamentswahlen im Dezember 1991 einen erdrutschartigen Sieg errungen, die erforderliche Mehrheit aber verfehlt.

ETHIK

Im Unterschied zum christlichen Fundamentalismus werden von den Islamisten technologische und ökonomische Neuerungen im Islam nicht kritisiert oder abgelehnt. Wenn auch der Islamismus oft in Verbindung mit terroristischen Aktivitäten steht und diese Tendenz in den letzten Jahren gestiegen ist, gehört Gewaltbereitschaft nicht zu seinen primären Merkmalen. Islamistische Strömungen hat es auch früher gegeben, immer wenn sich die islamische Welt in einer Krise befand. Es gibt noch eine weitere Steigerung des Islamismus: „Politische Militanz: militanter Antisemitismus verbunden mit einer pauschalen West- und Kolonialismuskritik, Option für Schariastaat, Denunziation islamisch geprägter Staaten, die wegen Kooperation mit den USA oder anderen westlichen Staaten als unislamisch kritisiert werden; militärisch terroristisches Dschihad-Verständnis und Gewaltbereitschaft" (Ulrich Dehn).

Häufig werden dem Westen als besonders bedrohlich erscheinende Gruppen fundamentalistisch genannt, während Anhänger anderer Gruppierungen, die sich in ihren religiösen Zielen nicht wesentlich unterscheiden, als „Freiheitskämpfer" gelten. Fallbeispiel Afghanistan: Solange die Mudschaheddin als mutige Dschihad-Kämpfer gegen die Sowjets kämpften, versorgte man diese Verbündeten mit Hilfsgütern. Nach der Perestroika jedoch galten die ehemaligen Freiheitskämpfer als Fundamentalisten. Dass Saudi-Arabien ideologisch fundamentalistisch genannt werden müsste, spielt – solange die Erdöl- und Bündnispolitik stimmt – eine eher untergeordnete Rolle.

ISLAMISTISCHE PARTEIEN UND GRUPPEN
Die Muslimbrüder

Die Muslimbrüder (Al-Ikhuan al-Muslimun) sind in verschiedenen arabischen Ländern eine einflussreiche Organisation mit betont sozialem Charakter. Die in Ägypten bereits 1928 gegründete Bewegung hatte zunächst dort, später auch in Syrien erheblichen Einfluss. Die Muslimbrüder waren die erste Gegenbewegung zum arabischen Säkularismus und eine der Grundlagen für extremistische Strömungen im Islam. Ihr Motto: „Allah ist unser Ziel. Der Prophet ist unser Führer. Der Koran ist unser Gesetz. Dschihad ist unser Weg." Durch die Rückbesinnung auf den Koran wollte der Gründer Hassan al-Banna (1906–1948) den Niedergang des Islam in der ägyptischen Gesellschaft aufhalten. Die Organisation gründete Schulen, baute Krankenhäuser, verbesserte den Lebensstandard auf dem Land durch die Schaffung eigener genossenschaftlich geführter Betriebe, organisierte Religions- und Alphabetisierungskurse. Wesentlich mitverantwortlich für die Radikalisierung des Islam war der ägyptische Muslimbruder Sayyid Qutb (1906–1966). Auf dem Nährboden solcher Ideen entstanden Terrororganisationen wie der Islamische Dschihad und die Djamaat al Islamiya.

Anhänger der ägyptischen Muslimbruderschaft demonstrieren in Alexandria für ihre Kandidaten. Bei den Wahlen 2005 zogen 88 Abgeordnete der Muslimbrüder in das Parlament ein und bilden seitdem die stärkste Opposition.

RE-ISLAMISIERUNG

Scheich Ahmad Jassin, Gründer der Hamas, während eines Interviews in seinem Haus in Gaza City im Jahr 2004

Die Hamas

Der Begriff *Hamas* („Eifer, Engagement") bildet gleichzeitig die Abkürzung für die Harakat al-muqawama al-islamiya („Bewegung für den Islamischen Widerstand"). Die Hamas wurde 1987 als „militärischer Arm" der palästinensischen Muslimbruderschaft gegründet. Bis zum Sechs-Tage-Krieg 1967 wurde der palästinensische Widerstand vorwiegend national begründet. Dann forderten einige seiner Mitglieder eine islamische Reform der Gesellschaft. Zunächst war das Verhältnis zwischen Hamas und PLO relativ gut. Jedoch kam es nach der Einrichtung der Autonomen Palästinenserbehörde im November 1988 zum Bruch. Die Hamas, mit der immer größer werdende Teile der palästinensischen Bevölkerung sympathisierten, erregte vor allem durch Selbstmordanschläge in Israel Aufmerksamkeit.

Am 27.2.1997 fand eine Versöhnungskonferenz der verschiedenen palästinensischen Gruppen statt. Eine zwiespältige Rolle beim Friedensprozess spielte der Hamas-Führer Scheich Ahmad Jassin (1936 bis 2004). Einerseits verurteilte er die Ermordung von Israelis durch Terrorattentate, anderseits rief er zum Dschihad gegen Israel auf. In einer gezielten Aktion wurde er vom israelischen Militär am 22. März 2004 getötet. Im Zusammenhang mit den jüngsten Friedensbemühungen im Nahen Osten ist die Einstellung der Hamas immer radikaler geworden. Bei den Wahlen zum palästinensischen Legislativrat 2006 konnte die Liste der Hamas die absolute Mehrheit der Mandate gewinnen.

Die Hizbollah

Hizb Allah („Die Partei Gottes") lautet die Bezeichnung einer militanten reformistischen schiitischen Gruppe im Libanon. Die Hizbollah entstand während der Iranischen Revolution 1979, als sie Streiks und Demonstrationen organisierte und nach dem Umsturz des Schahregimes als Kontrollgruppe für Recht und Ordnung der neuen Islamischen Republik Iran fungierte. Nach dem israelischen Einmarsch in den Libanon 1982 entstand eine militante antiwestliche und antizionistische Hizbollah im Libanon, deren Mitglieder von Iran unterstützt und finanziert wurden.

Während des Bürgerkriegs war die Hizbollah an Geiselnahmen und Selbstmordanschlägen auf die amerikanischen und französischen Truppen beteiligt, nahm je-

ETHIK

Der palästinensische Premierminister Ismail Haniyeh (geb. 1962/63) zählt zu den politischen Führern der militanten palästinensischen Hamas.

doch nach dem Ende des Bürgerkriegs regelmäßig an Parlamentswahlen teil. Gleichzeitig bekämpften ihre Mitglieder die in der „Sicherheitszone" im Süden des Libanon stationierten israelischen Truppen. 2004 gelang es der Hizbollah, unter deutscher Vermittlung einen groß angelegten Gefangenenaustausch mit Israel vorzunehmen. 2006 eskalierte der Konflikt zwischen Israel und der Hizbollah im Libanon erneut in blutigen Kämpfen.

Die Islamische Heilsfront

Bei der Front Islamique du Salut (FIS) handelt es sich um die 1989 gegründete und 1992 verbotene islamistische Partei Algeriens. Der Parteigründung vorausgegangen waren der Niedergang des Ölpreises in Algerien, eine drastische Zunahme der Jugendarbeitslosigkeit sowie die überall in der arabischen Welt kursierenden Vorstellungen einer islamischen Reform. Die von dem Präsidenten Abbasi Madani (geb. 1931), dem Vizepräsidenten Ali Bey Hajj sowie den Herausgebern des Parteiorgans al-Munqidh geführte Partei übernahm erfolgreich die Rolle der Opposition. Ziel der FIS war die Entstehung einer einheitlichen islamischen Gesellschaft, in der Religion und Politik eine Einheit bilden sollten sowie die Zurückdrängung des westlichen Einflusses. Das Land sollte von religiösen Gelehrten regiert werden. Bei den Wahlen 1991 gewann die FIS 193 von 430 Sitzen mit guten Aussichten für die Nachwahlen im Januar 1992. Doch dann unternahm die Armee am 11.1.1992 einen Staatsstreich und zwang den Präsidenten Chadli Bendjedid (geb. 1929) zum Rücktritt. Die FIS wurde verboten und viele ihrer Mitglieder in Gefängnisse verbracht. Als der neue Präsident Mohammed Boudiaf 1992 von einem mutmaßlichen Anhänger der Islamischen Heilsfront ermordet wurde, nutzte die Armee die Gelegenheit, um gewaltsam gegen die FIS vorzugehen und die Organisation zu zerschlagen.

Unter der Führung des militärischen Arms der FIS „Armée Islamique du Salut" AIS bildeten sich militante islamische Gruppierungen, die den Dschihad ausriefen und das Land mit einer Welle der Gewalt überzogen. Der folgende Bürgerkrieg forderte allein bis 1998 80 000 Tote. Der Konflikt dauert an, obwohl der Ausnahmezustand aufgehoben und Abbasi Madani aus dem Gefängnis entlassen wurden.

Die Djamaat al-Islamiya

Al-Djamaat al-islamiya („Islamische Gruppierungen") ist der Sammelbegriff für verschiedene, meist unabhängig voneinander handelnde islamische Organisationen, die seit den 1970er Jahren in Ägypten auftreten. Anwar as-Sadat (1918–1981) hatte einige Mitglieder der ursprünglich verbotenen Muslimbrüder amnestiert, um ein Gegengewicht gegen die sozialistisch orientierten Nasseristen zu erhalten. Die neu entstandenen Djamaat übernahmen zusammen mit vielen in jener Zeit neu gegründeten Moscheen soziale Aufgaben vor allem in den Städten. Sie verteilten kostenlos Kleidung und Essen und boten Koranunterricht an. Gleichzeitig entstanden neue Hochschulen, zum Beispiel in Assuan, al-Fayyum und Qina, wo islamische Studentenorganisationen an Einfluss gewannen.

Da Sadat in der Djamaat wichtige Zentren des Widerstands gegen seine Versöhnungspolitik mit Israel sah, beschnitt er ihre Freiheiten und Rechte, worauf sich ein Teil der Gruppierungen radikalisierte. Für die Ermordung Sadats am 6.10.1981 war jedoch wahrscheinlich keine Gruppe der Djamaat, sondern eine der Dschihad-Gruppen verantwortlich.

Die Djamaat forderte eine islamische Regierung und die Wiedereinführung der Scharia sowie eine Eindämmung des staatlichen Einflusses auf die Moscheen. Ihr selbsternannter Anführer Omar Abd ar-Rahman (geb. 1938) rief die Muslime Ägyptens zur Regierungsübernahme aller-

Der blinde Scheich Omar Abd ar-Rahman ist selbst ernannter Anführer der Djamaat. 1995 wurde er in den USA wegen Anstiftung zu Terroranschlägen zu einer lebenslangen Haftstrafe verurteilt.

dings ohne Gewalt auf. In der Folgezeit kam es zu zahlreichen Zusammenstößen zwischen der Djamaat und den ägyptischen Ordnungskräften, Verhaftungen und Hausdurchsuchungen. Die Gewaltbereitschaft der Djamaat-Mitglieder nahm zu.

Im Zuge der blutigen Ausschreitungen wurden der Sprecher der Volksversammlung Rifaa al-Mahjub im Oktober 1990, der li-

RE-ISLAMISIERUNG

Taliban-Milizen am Sockel einer Felsnische, in der sich einst eine Buddhastatue befand. Der Führer der Taliban, Mullah Mohammed Omar, ordnete 2001 die Sprengung der gigantischen Felsreliefs im Bamian-Tal und aller anderen Statuen in Afghanistan an.

berale Schriftsteller Fraj Foda im Juni 1992 ermordet, auf den Premierminister Atif Sidqi im November 1993 ein Attentat sowie mehrere Anschläge auf Touristen verübt (November 1997 in Luxor). Ein neues Antiterrorgesetz wurde erlassen und alle Reformisten streng verfolgt. Die Anschläge blieben in der Folgezeit fast ganz aus. Allerdings führte das Vorgehen der Ordnungsmächte zu Protesten bei der Bevölkerung und trug dazu bei, dass radikale islamische Gruppen stärkeren Zulauf erhielten.

Die Taliban

Taliban (arabisch/persisch „Suchende/Studenten der islamischen Wissenschaft[en]") bezeichnet eine bis 2001 in Afghanistan herrschende fundamentalistische Gruppe. Sie wurde von dem Mudschaheddin-Anführer Mullah Mohammed Omar gegründet und trat 1994 erstmalig in Erscheinung. Die Taliban bestehen aus Afghanen, die als Flüchtlinge in pakistanischen Religionsschulen ausgebildet wurden, und aus islamischen Kämpfern, den Mudschaheddin. Im September 1996 nahmen die bei vielen Afghanen ausgesprochen freundlich begrüßten Taliban die Hauptstadt Kabul ein. Ethnisch sind die Taliban vorwiegend Paschtunen. Sie wurden von der afghanischen Paschtunengemeinschaft unterstützt, die von den tadschikischen und usbekischen Führern enttäuscht waren. Mohammed Omar, der sich in Anlehnung an die Kalifen „Herrscher der Gläubigen" nannte, wurde religiöses und politisches Oberhaupt. Die Regierungsgewalt übernahm ein sechsköpfiger Rat. Rückhalt fanden die Taliban insbesondere deshalb, weil sie die herrschende Korruption im Land beseitigten, Frieden herstellten, die Wirtschaft wieder ankurbelten und nicht mit den bisherigen Herrschern paktierten. Ziel der Taliban war der islamische Staat, in dem es keine „Frivolitäten" wie Fernsehen, Musik und Kino gibt. Öffentliche Hinrichtungen und Amputationen von Körperteilen gehörten zum geltenden Strafrecht. Mädchen war es nicht mehr erlaubt, Schulen zu besuchen, und Frauen durften nicht arbeiten. Nachdem die Taliban seit dem 11. September 2001 und Afghanistans ersten Wahlen 2004 an Bedeutung verloren hatten, melden sie sich seit 2006 wieder verstärkt zurück.

ETHIK

GEWINNSTREBEN UND GELDGESCHÄFTE
Wirtschaftsleben im Islam

Das Streben nach wirtschaftlichem Erfolg wird im Islam positiv gesehen. Mohammed stammte aus einer Kaufmannsgesellschaft, und zahlreiche Beispiele seiner Lehre sowie Begriffe im Koran sind in diesem Milieu angesiedelt. Man hat die islamische Wirtschaftsethik mit der katholischen Soziallehre verglichen und viele Gemeinsamkeiten festgestellt. Diese sind u. a. darauf zurückzuführen, dass die Lehren Mohammeds etwa zur selben Zeit und in einem ähnlichen Raum wie die der aus den östlichen Mittelmeerländern und Afrika stammenden Kirchenväter entstanden. Daher konnten sich vergleichbare Vorstellungen über einen angemessenen Lebenswandel, soziale Missstände und ihre Überwin-

WIRTSCHAFT

dung entwickeln, ohne dass daraus die direkte Abhängigkeit beider Lehren abzuleiten ist.

Der Mensch wurde als „Stellvertreter Gottes" (*Khalifa*) geschaffen. Ihm stehen die Reichtümer der Erde zur Verfügung; jedoch bedarf er der göttlichen Rechtleitung beim Erwerb und Gebrauch der irdischen Güter. Die materiellen Erwägungen des Wirtschaftslebens müssen daher auf einer gesunden religiösen und moralischen Basis stehen.

Besitz und Verantwortung

Alles, was auf Erden existiert, gehört Gott. Der Besitz des Menschen ist dem untergeordnet. Der Einzelne und die Gemeinschaft besitzen zwar ein Nutzungsrecht, sind aber gleichzeitig Treuhänder des göttlichen Besitzes auf Erden. Sie sind verpflichtet, diese Güter verantwortungsvoll zu verwalten.

In Armut leben soll der Mensch nicht. Doch soll er bereit sein, einen Teil seines Vermögens Bedürftigen zu geben und für

Linke Seite: Türkische Unternehmen sind besonders im Bereich Textilien und Lederwaren sehr exportstark. Hier zeigt der Chef eines auf Mode für Muslime spezialisierten türkischen Unternehmens Teile seiner neuen Kollektion.

Unten: Eine Kundin beim Verlassen des Kuwait Finance House in Kuala Lumpur. Die Bank zählt zu den größten islamischen Geldinstituten der Welt.

ETHIK

In seiner Werkstatt in der Altstadt von Tripolis arbeitet ein Kupferschmied an einer für die Kuppel einer Moschee bestimmten Mondsichel.

wohltätige Zwecke zu spenden. Diese Forderung wurde im Islam in der Pflichtabgabe (*Zakat*) verankert, während die Kirchenväter von der Tugend des freiwilligen Almosens sprachen. Besitz anzuhäufen wird dann verurteilt, wenn er nicht durch eigene ehrliche Arbeit erworben wurde, zum Zweck der Ausbeutung und Verschwendung oder zum Ungehorsam gegen Gott verwendet wird.

Da der Besitz eine sozial gebundene Funktion hat, ist eine Gewinnbeteiligung an Geschäften verboten, die zu sozialen Konflikten führen können. Der Islam nennt in diesem Zusammenhang Spekulationen, Wetten und Glücksspiele. Gewerbetreibende werden ermahnt, nicht zu betrügen und den Arbeitenden einen gerechten Lohn zu zahlen. Geldverleih gegen Zinsen wird untersagt. Das ist u.a. auf die in altarabischer Zeit ungerechten Zinspraktiken zurückzuführen. Oft handelte es sich zum Beispiel um Notkredite nach einer Missernte, wobei der Schuldkredit häufig verdoppelt wurde, wenn er zum Fälligkeitstermin nicht zurückgezahlt werden konnte.

Rechtmäßig erworbener Privatbesitz wird heute im Allgemeinen anerkannt und gilt als schützenswertes Gut. Nur bei natürlichen Ressourcen – also Bodenschätzen, aber auch Wasser – sind Einschränkungen möglich, wenn es um den Schutz des Allgemeinwohls (*Masâlih*) geht. Unternehmergeist und produktive Arbeit gelten als Voraussetzungen persönlichen und gesellschaftlichen Wohlergehens.

Arbeit und Mühe im Dienst Gottes

Grundvoraussetzung für wirtschaftlichen Erfolg ist die menschliche Arbeit. Aufgrund des ganzheitlichen islamischen Menschenbildes gilt jede menschliche Tätigkeit als Gottesdienst, sofern sie nicht verboten ist und von aufrichtiger Absicht geleitet wird. Deshalb ist Arbeit im engeren wirtschaftlichen Sinn für den klassischen Islam kein religiöses Thema. Der im Koran vorkommende Begriff *Amal* hat in der Neuzeit die Hauptbedeutung von Tat, Arbeit, Wirken, Leistung, Praxis, Geschäft und beschreibt in den älteren Texten allgemein das Tun des Menschen, wenn er nicht in einem spezifisch philosophischen oder juristischen Kontext verwendet wird. Die Menschen werden im Koran aufgefordert, richtig zu handeln und gute Taten zu begehen, wofür ihnen Lohn beziehungsweise Strafe im Jenseits in Aussicht gestellt werden. Die Verben *Kadaha* („sich abplacken, sich bemühen") und *Saa* („sich bemühen, streben") heben einerseits die persönliche Verantwortung des Menschen hervor, anderseits die Notwendigkeit der Mühe. Demgegenüber

WIRTSCHAFT

wird das Paradies vornehmlich mit Begriffen der Ruhe und Muße als Belohnung für die irdischen Bemühungen beschrieben. Abgesehen von dem Aspekt der Mühe ist die Arbeit auch ein Mittel, durch das sich der Mensch am Leben erhält: „auf dass sie von ihren Früchten und der Arbeit ihrer Hände speisen" (36,35). Indirekt gehört auch der Begriff Dschihad zum Wortfeld Arbeit, womit das Bemühen, die Anstrengung, der Einsatz „auf dem Wege Gottes" gemeint ist. In neuerer Zeit werden zum Beispiel die Arbeit an wirtschaftlichen Aufbauprogrammen, der Einsatz zur Beseitigung sozialer Missstände und Korruption als Dschihad bezeichnet.

Anders als in der jüdischen und christlichen Tradition wird die Mühe der Arbeit nicht als Strafe für den Sündenfall gewertet. Zwischen göttlichem und menschlichem Handeln besteht ein Unterschied: Gott ist der „Schöpfer" (*Khaliq*), nicht aber der „Arbeitende" (*Amil*). Der Gegensatz von arbeitendem und ruhendem Gott ist dem Islam fremd; denn Gott „überkommt weder Schlummer noch Schlaf" (2,255). Nach islamischem Verständnis beeinträchtig ein ruhebedürftiger Gott den Gedanken der Allmacht.

Der Historiker und Soziologe Ibn Chaldun (1332–1406) bezeichnete die menschliche Arbeit als eine Möglichkeit, Profit zu gewinnen. Als Erwerbszweige nennt er in erster Linie Landwirtschaft, Handwerk und Handel.

Verbot von Zins und Spekulation

Das klassische islamische Recht enthält zwei Vorschriften, die in Konflikt zu den international üblichen Formen des Wirtschaftslebens geraten können. Im Koran gilt Handel als erlaubt, *Riba* (Zins, Wucher) hingegen als verboten. Eine zunehmende Zahl von Rechtsgelehrten versteht unter Riba ausschließlich das Verlangen von Wucherzinsen, die Mehrheit der Gelehrten untersagt jedoch jede Form von Zinsnehmen.

Zeitgenössische Juristen versuchen, den Sinn der Riba-Vorschrift neu zu erforschen und den Verhältnissen der Zeit anzupassen. Sie berücksichtigen dabei den Zeitwert des Kapitals. Zinsanteile sollen nur den Wertverlust des Kapitals durch Inflation und Verwaltungskosten abdecken. Nach dieser Auslegung werden auch Verzugszinsen als legitimer Schadensersatz anerkannt. 1989 erließ der Mufti von Ägypten ein Fatwa, demzufolge auch verzinsliche Staatsschatzbriefe nicht gegen das Riba-Verbot verstoßen. Seine Ansicht ist jedoch in der islamischen Welt umstritten.

Zweitens sind dem Muslim Glücksspiel und Spekulationsgeschäfte untersagt. Dies kann bei zahlreichen Bankgeschäften und dem Abschluss von Verträgen mit noch nicht im Einzelnen feststehenden Vertragsleistungen zum Problem werden. Dabei werden Vorstöße dahingehend unternommen, die Gesamtheit der Versicherten mit zu berücksichtigen, was die Wahrscheinlichkeit des Eintritts bestimmter Schäden vergrößert und den Vorwurf der Spekulation entkräftet.

Die Finanzwirtschaft hat bereits auf die Bedürfnisse traditionell denkender Muslime reagiert. So bieten deutsche und Schweizer Banken islamische Aktienfonds zur Geldanlage an, bei denen Geschäfte mit Glücksspiel, Alkohol, verzinslichem Kredit, Versicherungen oder religiös illegitimer Sexualität ausgeschlossen sind. Die Gewinne werden nicht ausgeschüttet, sondern direkt wieder investiert.

Ein Bagdader Bäcker bedient im Al Kadem-Viertel der Stadt einen seiner Kunden. Im Vordergrund liegen verschiedenste traditionelle Hefebackwaren.

GESCHICHTE

SUNNITEN UND SCHIITEN
Die zwei Hauptrichtungen des Islam

Die Sunniten bilden die weitaus größte muslimische Glaubensgruppe. Nur etwa 10 Prozent aller Muslime sind Schiiten, die vor allem in Iran und Irak, in Pakistan und Syrien beheimatet sind.

Die vier „Rechtgeleiteten Kalifen"

Als Mohammed 632 starb, war die Frage seiner Nachfolge nicht eindeutig geregelt. Die Mehrheit der Muslime einigte sich darauf, Mohammeds Schwiegervater und langjährigen Gefährten, Abu Bakr (reg. 632–634), zum ersten *Kalifen* (Nachfolger, Stellvertreter, Statthalter) zu wählen. Seine erste wichtige Aufgabe bestand darin, den Aufstand einiger arabischer Stämme niederzuschlagen. Diese fühlten sich nämlich nach Mohammeds Tod nicht mehr an die mit ihm eingegangenen Vereinbarungen gebunden. Der zweite Kalif, Omar (reg. 634–644), setzte die bereits von Abu Bakr begonnenen Feldzüge fort. Sie richteten sich zunächst gegen Provinzen des persischen und byzantinischen Reiches, die aufgrund innerer Streitigkeiten und lange gegeneinander geführter Kriege erschöpft waren. Dem Erfolg der Muslime kam zugute, dass sich viele orientalische Christen (Nestorianer und Monophysiten) von der in der oströmischen Kirche gültigen Lehrmeinung getrennt hatten und verfolgt wurden. Die Muslime wurden daher oft geradezu als Befreier empfunden.

Der dritte Kalif, Othman (reg. 644–656), dem die in großen Teilen bis heute gültige Koranausgabe zu verdanken ist, musste während seiner Regierungszeit einige schwer lösbare Aufgaben bewältigen. So ging es einmal darum, den Sittenverfall in Medina zu verhindern, das Steuereinkommen zwischen den Provinzen und der Zentralregierung gerecht zu verteilen sowie die nach Selbständigkeit drängenden Statthalter zu kontrollieren. Um diese Probleme zu lösen, besetzte Othman viele Ämter mit eigenen Verwandten, was ihm von verschiedenen Seiten zum Vorwurf gemacht wurde. Unter nicht genau geklärten Umständen wurde Othman 656 ermordet.

Jedes Jahr zum Aschura-Fest führen Schiiten ein Drama vom Tode des Imam Hussain in Kerbela (680) auf.

Streit um Mohammeds Nachfolge

Eine kleinere Gruppe von Gläubigen war allerdings mit der Wahl der ersten drei Kalifen nicht einverstanden: Nur ein Mitglied aus der Familie des Propheten wäre dazu berechtigt, der *Umma* (Gemeinde) als *Imam* (Oberhaupt) vorzustehen. Ihrer Überzeugung nach hatte Mohammed vor seinem Tod seinen Vetter und Schwiegersohn Ali dazu bestimmt. Ali ging als siegreicher Kalif aus den Machtkämpfen nach Othmans Tod hervor. Doch die Anhänger Othmans – in erster Linie Moawija, der Statthalter von Damaskus – hielten ihn für schuldig am Tode des früheren Kalifen. Bald schon erschütterte ein Bürgerkrieg die junge islamische Gemeinschaft. Im Verlauf der Auseinandersetzung kam es zur Schlacht von Siffin (657) zwischen den irakischen Muslimen unter der Führung Alis und den Anhängern Moawijas in Syrien. Sie stand zwar im Zeichen der Rache für Othman, doch waren auch andere machtpolitische Interessen betroffen. Bei dieser Schlacht hefteten die Syrer Koranblätter an ihre Lanzen. Sie bekundeten damit, dass sie den islamischen Bruderkampf verabscheuten und dass man sich einem Gottesurteil unterwerfen wollte. Ali musste auf diese Forderung eingehen.

Mohammed, seine Tochter Fatima, sein Vetter Ali ibn Abi-Talib, Vetter und Schwiegersohn des Propheten, sowie seine beiden Enkel Hassan und Hussain

SUNNITEN UND SCHIITEN

Die Entstehung der Schia

Das 658 abgehaltene Schiedsgericht von Adruh verweigerte Ali schließlich seine Legitimation im Amt. Die syrischen Truppen huldigten Moawija, der 661 nach Alis Ermordung Kalif wurde und die Dynastie der Omajjaden begründete. Die Charidjiten gehörten ursprünglich zur Gefolgschaft Alis, missbilligten dann jedoch seine Einwilligung zur Einberufung eines Schiedsgerichts nach der Schlacht bei Siffin (657) und trennten sich von ihm und Moawija. Sie vertraten die Ansicht, dass Menschen von ungenügender Frömmigkeit, wie Ali und schon vor ihm Othman, nicht Leiter der Gemeinde sein dürften. Die Gläubigen sind befugt, ihr Oberhaupt zu wählen oder abzusetzen. Leiter der Gemeinde soll der beste Muslim sein, ohne Rücksicht auf Abstammung, Rasse und Rang – eine Einstellung, die später viele Anhänger bei den nichtarabischen Muslimen fand.

Dieser Streit ist die Ursache der Unterscheidung zwischen sunnitischen und schiitischen Muslimen. Unter Sunniten versteht man die Anhänger der vier islamischen Rechtsschulen, die sich seit dem neunten Jahrhundert als Vertreter der Sunna des Propheten und der Gemeinschaft der Muslime bildeten. Während die Schiiten (Schia = Partei Alis) nur Ali als rechtmäßigen Nachfolger Mohammeds betrachten, sehen die Sunniten in Abu Bakr, Omar, Othman – und dann erst in Ali die vier ersten „Rechtgeleiteten Kalifen". Die Schiiten verlangen, dass der Führer (Imam) der islamischen Gemeinschaft ein Nachkomme Alis und der Prophetentochter Fatimas sein muss. Obwohl sie meistens offiziell die Herrschaft der sunnitischen Kalifen anerkannten, betrachteten sie die Imame als ihre eigentlichen Führer.

Die Schlacht von Kerbela

Mit Ausnahme Irans galten die Schiiten innerhalb der muslimischen Welt immer als Minderheit. Der tief verwurzelte Glaube an die Wiederkehr des *Mahdi* (Retter) ließ die meisten Schiiten die ungerechten Herrschaftsverhältnisse ertragen. Ein zentrales Ereignis ist für Schiiten die Tragödie von Kerbela. Im Jahre 680 fand der dritte schiitische Imam, Hussain, Enkel des Propheten Mohammed, während einer Schlacht gegen die Armee des Kalifen Yazid den Tod. Der Tod Hussains spielte für die Entwicklung der Schia eine entscheidende Rolle: Hatte sie sich bis dahin als eine rein politische Bewegung verstanden, so nahm sie nach ihrem politischen Scheitern immer mehr religiöse Züge an. Schiiten verehren Hussain seitdem als Märtyrer. Zum ersten Mal taucht im Islam der Gedanke auf, dass der Opfertod eines Menschen für das Wohl der anderen verdienstvoll ist.

Jedes Jahr erinnern sich Schiiten in einer zehntägigen Trauerzeit an die Ereignisse von Kerbela. Mit zum Teil blutig verlaufenden Prozessionen werden die Ereignisse aus dem Jahr 680 nachgestellt. Höhepunkte sind dabei der neunte, vor allem aber der zehnte so genannte Aschura-Tag, an dem Hussain und seine Gefährten getötet wurden.

Schiitische Hauptrichtungen

Die meisten Schiiten gehören zu den „Zwölfer-Schiiten". Sie glauben, dass der zwölfte Imam im Jahre 873 „entschwunden" sei und eines Tages wiederkehren werde, um auf der Erde als Mahdi eine gerechte politische und soziale Ordnung zu schaffen. In Iran ist die Zwölfer-Schia seit 1501 Staatsreligion. Die Rechtsgelehrten und Geistlichen verstehen sich als Stellvertreter des verborgenen Imams. Die Ismailiten oder „Siebener-Schiiten" andererseits glauben an die Rückkehr des siebten Imams als Mahdi. Die Zaiditen, auch „Fünfer-Schiiten" genannt, erkennen im fünften Imam den rechtmäßigen Nachfolger, lehnen aber die Mahdi-Lehre ab. Die Splittergruppe der „Extremen Schiiten" erhebt Ali und viele seiner Nachkommen in quasi göttlichen Rang.

Was das Menschenbild betrifft, so unterscheiden sich die Schiiten ebenfalls von den Sunniten. Unter dem Einfluss der neuplatonischen Philosophie entwickelte sich die eigentlich unkoranische Lehre von der Gottesebenbildlichkeit des Menschen. Die Schiiten erlauben die Praxis der freien Rechtsfindung. Überall da, wo sich Prophetenaussagen widersprechen oder nicht mit Aussagen des Korans übereinstimmen, darf der theologisch besonders Qualifizierte dieses Prinzip selbständig anwenden.

Grabmoschee des 3. Imam Hussain (626–680) in dem Wallfahrtsort Kerbela in Zentralirak

GESCHICHTE

DIE ZEIT DER OMAJJADEN
Spaltung der muslimischen Gemeinde und Expansion des Islam

Die Dynastie der Omajjaden herrschte von 661 bis 750. Die Omajjaden leiten ihren Namen von Omajja ab, dem Stammvater einer einflussreichen Sippe der Quraisch, der auch Mohammed entstammte. Die Familie der Omajjaden begegnete wie die übrige herrschende Schicht in Mekka der Botschaft Mohammeds lange ablehnend, trat erst spät und nicht nur aus religiösen Motiven zum Islam über.

Machtübernahme der Omajjaden

Um die Ermordung Othmans, des dritten rechtgeleiteten Kalifen der Sunniten zu rächen, zog der Statthalter von Syrien, Moawija I. (reg. 661–680), gegen den vierten Kalifen Ali ibn Abi-Talib zu Feld und ließ sich dann selbst zum Kalifen ausrufen. Dadurch erlebte die islamische Gemeinde eine Spaltung, die von historischer Bedeutung sein sollte. Das Wahlprinzip der vier „Rechtgeleiteten

OMAJJADEN

Die Ruinen der Omajjadenstadt Anjar im Libanon geben heute einen guten Einblick in die Stadtplanung der Omajjaden. Die Ausgrabungsstätte gehört seit 1984 zum Weltkulturerbe der UNESCO.

GESCHICHTE

Kalifen" wurde nun durch eine dynastische Erbfolge ersetzt. Die Omajjaden verlegten das Zentrum des Reiches von Medina nach Damaskus in Syrien. Moawijas Sohn Yazid I. folgte seinem Vater 680 auf den Thron. Es war das Jahr, als Alis Sohn Hussain einen letzten erfolglosen Aufstand im Irak unternahm. Die Familienerbfolge konnte fortgesetzt werden, obwohl zwei Söhne Yazids in einen Bürgerkrieg verwickelt waren. Die ersten drei Kalifen aus der Dynastie, Moawija, Yazid I. und Moawija II., stammten aus einem Hauptzweig der Familie. Mit Marwan ibn al-Hakam (684 bis 685) und dessen Sohn Abd al-Malik (685–705) kam eine Nebenlinie an die Macht.

Einigung und Expansion des Reiches

Abd al-Malik zentralisierte die Verwaltung, die man von den Persern und Byzantinern übernommen hatte. Auch führte er die arabische Währung und Arabisch neben dem Griechischen als Amtssprache ein. Das Arabische wurde nunmehr nicht nur als „heilige Sprache", sondern auch als politisches Instrument zur Einigung des islamischen Reiches eingesetzt. Als Sprache der Gebildeten wurde es bis in die Gegenwart gepflegt und verdrängte die vorislamischen, zum Beispiel koptischen und aramäischen Dialekte fast vollständig. Außerdem ließ Abd al-Malik als Zeichen seiner Frömmigkeit den Felsendom in Jerusalem und wahrscheinlich die Einfriedung der Kaaba in Mekka bauen.

Während der Regierungszeit der Omajjaden (661–750) wurden die begonnenen Expansionen zu Ende geführt. Muslimische Truppen eroberten Nordafrika, und 711 überschritt der Feldherr Tarik die später nach ihm benannte Meerenge von Gibraltar (wörtlich Djabal Tariq = „Berg Tariqs"). Das spanische Gotenreich brach zusammen, und die Muslime drangen weiter nach Norden vor, bis 732 dem islamischen Vormarsch durch das Eingreifen von Karl Martell ein Ende bereitet wurde. Im Osten erreichten die Muslime bereits im Jahr 711 von Südpersien aus das Industal. In Mittelasien kamen einige Jahre später die Städte Samarkand und Buchara unter islamische Herrschaft. Bald darauf begann eine allmähliche Islamisierung der Türken.

Infolge der schnellen und weiten Ausdehnung des Reiches wurde der Verwaltungsapparat der eroberten Gebiete übernommen. Viele Nichtmuslime – in erster Linie Juden und Christen – bekleideten hohe Regierungsämter. Die Angehörigen der verschiedenen Religionen waren während der Omajjadenherrschaft geschützte Minderheiten. In ihren innerreligiösen Angelegenheiten genossen sie weitgehend Autonomie und wurden gegen Angriffe von außen verteidigt. Dieser Status der Schutzbefohlenen war zunächst für Juden und Christen, dann auch für Zoroastrier geschaffen worden, weil diese drei als Buchreligionen galten. Später hatte dieser Status auch für den Hinduismus Gültigkeit. Man begründete dies damit, dass diese indische Religion ihrem ursprünglichen Wesen nach eine monotheistische Philosophie sei, und nur im Volksglauben Götzendienst praktiziert würde. In der Regel gab es zur Omajjadenzeit kein großes Interesse an der Bekehrung von Nichtmuslimen, da diese neben der Bodensteuer eine Kopfsteuer entrichten mussten, die eine wichtige Einnahmequelle darstellte.

Untergang der Dynastie

Eine Hauptursache für den späteren Niedergang der Omajjadendynastie lag in der Unzufriedenheit der nichtarabischen Neumuslime, die sich von den Vertretern dieser ursprünglich arabischen Dynastie zurückgesetzt fühlten. Ebenfalls kritisch eingestellt waren die Familien der Prophetengenossen, die während der Omajjadenzeit in den Hintergrund gedrängt worden waren.

Das Grab von Johannes dem Täufer in der Omajjadenmoschee in Damaskus. Johannes wird in Sure 3,39 „Herr", „Asket" und „Prophet" genannt und ist „einer von den Rechtschaffenen".

OMAJJADEN

Auf dem von Arkaden gesäumten Innenhof der Moschee in der syrischen Hauptstadt Damaskus befindet sich das achteckige Schatzhaus, das einst den Staatsschatz der Omajjaden beherbergte.

Missfallen erregte insbesondere der luxuriöse Lebensstil der Omajjadenherrscher. Obschon von den Omajjaden der Grundstein der kulturellen Blüte der Abbasiden, insbesondere auf dem Gebiet der Architektur, gelegt worden war, rief der Bau allzu üppiger Schlösser sowie die Vorliebe einiger Kalifen für Wein, Jagd, Musik und andere Formen leichter Unterhaltung geradezu die Ablehnung jener Muslime hervor, die eine verweltlichte Herrschaft nicht mit den religiösen Anforderungen für das Nachfolgeamt des Propheten für vereinbar hielten. Schließlich waren es die Unzufriedenheit arabischer und nichtarabischer Bevölkerungsteile, die Opposition in Persien, die Gegnerschaft schiitischer und charadjitischer Kreise sowie die immer stärker werdende Unabhängigkeit einzelner Gouverneure, die 749/750 den Umsturz unter Führung des Mohammed Ali ibn al-Abbas ermöglichten. Dem einzigen Überlebenden Abd ar-Rahman gelang es, in Spanien (al-Andalus) eine Omajjadendynastie mit Córdoba als Zentrum des Emirats zu gründen. 929 erhob sich Abd ar-Rahman III. zum Kalifen von Córdoba.

Die Kritik am religiösen Lebenswandel der Omajjaden, die allerdings teilweise abbasidische Propaganda darstellte, hat dazu beigetragen, dass diese Dynastie bis heute bei vielen Kritikern nicht als Kalifat, sondern als Königsherrschaft gilt. Von heutigen arabischen Nationalisten werden die Omajjaden als Vertreter eines arabischen Großreichs eher positiv gesehen.

GESCHICHTE

DIE HERRSCHAFT DER ABBASIDEN
Kulturelle Hochblüte in Bagdad

Die Kalifendynastie der Abbasiden, die von 749 bis 1258 regierte, führte ihre Herkunft auf einen Onkel des Propheten, al-Abbas ibn Abd al-Muttalib ibn Hashim, zurück. Bereits der zweite Abbasidenkalif, al-Mansur (reg. 754–775), verlegte die Hauptstadt von Damaskus nach Bagdad. Unverkennbar ist während dieser Zeit der zunehmende persische Einfluss, und so war es denn auch die persische Adelsfamilie der Barmakiden, in der al-Mansur und seine Anhänger geschickte Helfer beim Aufbau eines neuen Staats- und Verwaltungsapparats fanden.

Auf die beiden Kalifen al-Mahdi (reg. 775–785) und al-Hadi (reg. 785–786) folgte Harun ar-Rashid (reg. 786–809), der schon zu Lebzeiten zum Idealbild des Kalifen wurde und dessen Leben Niederschlag in den Erzählungen von „Tausendundeine Nacht" fand. Nach abendländischen Quellen soll Harun mit Karl dem Großen Gesandtschaften ausgetauscht haben.

Glanzzeit der Kultur und Wissenschaft

Das achte und neunte Jahrhundert, vor allem die Herrschaftszeit Harun ar-Rashids, gilt als Blütezeit des Kalifats von Bagdad. Die Muslime sammelten den umfangreichen Wissensschatz der alten Inder, Babylonier, Ägypter, Perser und Griechen, übersetzten ihre wichtigsten Werke und entwickelten die gewonnenen Erkenntnisse weiter. Die Muslime waren die eigentlichen Begründer der wissenschaftlichen Forschung in den Bereichen Algebra, Arithmetik, Chemie, Physik und Geologie. Die Verwendung der „arabischen" Ziffern erleichterte das Rechnen wesentlich und schuf die Voraussetzung für die moderne Mathematik. Die von den Babyloniern und Griechen übernommenen astronomischen Kenntnisse ergänzten islamische Gelehrte durch eigene Himmelsbeobachtungen. Islamische Ärzte wiesen als Erste den Blutkreislauf nach, besaßen Kenntnisse über Infektion und Keimfreiheit (Asepsis), kannten die Funktion der Gebärmutter und beschrieben Krankheiten wie Masern und Gelenkrheumatismus. Haren ar-Rashid ließ in Bagdad das erste islamische Krankenhaus errichten. Weitere folgten bis zum 10. Jahrhundert. Erstmals fand hier die ärztliche Ausbildung in Theorie und Praxis statt.

Islamische Techniker leisteten Beachtliches bei der Bearbeitung des Eisens. Besonders die Damaszener Schwertklinge blieb lange Zeit unübertroffen. Von den Chinesen lernten die Araber die Papierherstellung, übernahmen und verbesserten ihre Drucktechnik. Bereits 794 wurde in Bagdad die erste Papiermühle betrieben. Die Muslime druckten später nicht nur Papiergeld, sondern auch Spielkarten, die sich in Europa ebenso großer Beliebtheit wie das von den Arabern übernommene Schach- oder Damespiel erfreuten.

Schon im elften Jahrhundert wurde der von den Chinesen erfundene Kompass von arabischen Seeleuten benutzt. Islamische Chemiker wandten anstelle der früher üblichen Schmelzmethoden neue Lösungsverfahren unter Verwendung von Schwefelsäure, Salzsäure und Salpetersäure an. Nach Europa wurden viele wertvolle orientalische Stoffe und Tücher wie Brokat oder Damast exportiert.

Auch in der Architektur wurde der islamische Einfluss sichtbar. So gehen die Bündelpfeiler der Gotik auf arabische Vorbilder zurück, und die Glockentürme jener Zeit orientierten sich in ihrer Bauweise auch am Minarett der Moschee. Die frühmittelalterliche Ringburg wurde durch fest gemauerte morgenländische Anlagen ersetzt. Zinnen, Mauertürme und Wehrerker sind ebenfalls islamischen Ursprungs.

Bis heute finden sich viele Lehnworte aus dem Arabischen in unserer All-

Arabisches Astrolab des Ibrahim al-Sahli aus Valencia/Andalusien, 1086 n. Chr.

ABBASIDEN

medicina est scia qua huāi corporis dispōes noscitur ex pte qua sanat' vel ab ea removet'
vt habita sanitas rōservetur et amissa recuperet'. Post autē aliquis dicet q medicina diidit' in theoricā z pticā: sed tu tota ipām posuisti theoricā cum divisti q est scia. ☙ Ꝓes aūt respōde

existit nisi in medicina. ☙ Cū ergo de medicia duximus q eius est theorica ex ea est ptica: nō est existimandum q volumus dicre q vna divisionū medicie est scire: et altera operari quēadmodum multi huc seū pscrutātes existimant. Sed debes scire q illud qd volumꝰ est ad et q nulla duarū divisionū medicie est nĩ scia: sed vna earū e ad sciendum principia: et altera ad sciendū operādi qualitatē. ☙ Post vero primā earum nōe scie aut theorice appropriamꝰ

Der persische Arzt und Philosoph Avicenna (980–1037) erteilt Unterricht; Miniatur (12. Jh.). Von Avicennas (Ibn Sina) etwa 160 Werken ragen besonders die im Canon medicinae gesammelten Schriften hervor. Mit seiner Philosophie beeinflusste er die christliche Scholastik, u.a. Albertus Magnus und Thomas von Aquin.

tagssprache: Admiral, Alkohol, Aprikose, Baldachin, Benzin, Damast, Gamasche, Jacke, Kaffee, Magazin, Matratze, Muskat, Mütze, Orange, Razzia, Sofa, Tabak, Ziffer, Zucker. Diese Worte lassen ahnen, wie tiefgreifend die islamische Kultur die abendländische Lebensweise beeinflusst hat.

Zersplitterung der Macht

Obwohl als offizielles Ende der Abbasidendynastie die Eroberung Bagdads durch die Mongolen im Jahre 1258 gilt, war bereits vorher die Herrschaft über Syrien und Ägyptern an die Tuluniden (868–905) sowie über Nordafrika an die unabhängige Dynastie der Aghlabiden verloren worden. In Nordafrika regierten später die teilweise bis Spanien vordringenden Dynastien der Almorawiden, Almohaden und Abdalwadiden. At-Tahir gründete in Khorasan die Tahiridendynastie (820–873). Unter al-Mamun (reg. 813–833) und seinem Nachfolger al-Mu'tasim (833–842) verstärkte sich der türkische Einfluss, während unter dem Kalifen al-Mustakfi (944 bis 946) die iranisch-schiitischen Bujiden praktisch die Macht übernahmen. Etwa ein Jahrhundert später wurden sie von den türkisch-sunnitischen Seldschuken verdrängt (1055).

Es gab nun schon lange kein geschlossenes islamisches Reich mehr, sondern eine islamische Welt, in der das Kalifat vornehmlich geistliche Autorität besaß und die Lokalherrscher in den verschiedenen Gebieten sich offiziell vom abbasidischen Schattenkalifat in ihrem Amt bestätigen ließen. 1258 bereitete der Mongolensturm dem Kalifat ein Ende.

Die Laute al-Oud, Hauptinstrument der arabischen Musik, ist Vorläufer der europäischen Lauten und wurde vermutlich von den Kreuzfahrern und über das maurische Andalusien nach Europa gebracht.

ABBASIDEN

Restauriertes Eingangsportal der Madrasa al-Sharabia in Bagdad/Irak, eventuell gegründet 1231 n. Chr. Die Architektur dieses Lehrgebäudes ist typisch für die Zeit der Abbasiden.

Krankenhäuser und Ärzte, wie sie die Welt noch nicht sah

„Lieber Vater! Du fragst, ob Du mir Geld bringen sollst. Wenn ich entlassen werde, bekomme ich vom Krankenhaus einen neuen Anzug und fünf Goldstücke für die erste Zeit, damit ich nicht sofort wieder arbeiten muss. Du brauchst also von deiner Herde kein Stück zu verkaufen. Du musst aber bald kommen, wenn du mich hier noch finden willst. Ich liege auf der orthopädischen Station neben dem Operationssaal.

Wenn Du durch das Hauptportal kommst, gehst Du an der südlichen Außenhalle vorbei. Das ist die Poliklinik, wohin sie mich nach meinem Sturz gebracht hatten. Dort wird jeder Kranke zuerst von den Assistenten und Assistenzärzten untersucht, und wer nicht unbedingt Krankenhausbehandlung braucht, bekommt dort sein Rezept, das er sich nebenan in der Krankenhausapotheke anfertigen lassen kann. (…)

Wenn Du Musik oder Gesang aus einem Raum vernimmst, sieh hinein. Vielleicht bin ich dann schon in dem Tagesraum für die Genesenden, wo wir Musik und Bücher zur Unterhaltung haben.

Als der Chefarzt heute Morgen mit seinen Assistenten und Wärtern auf Visite war und mich untersuchte, diktierte er dem Stationsarzt etwas, was ich nicht verstand. Der erklärte mir hinterher, dass ich morgen aufstehen darf und bald entlassen werde. Dabei mag ich gar nicht fort. Alles ist so hell und sauber hier. Die Betten sind weich, die Laken aus weißem Damast und flaumig wie Samt.

In jedem Zimmer ist fließendes Wasser, und jedes wird geheizt, wenn die kalten Nächte kommen. Fast täglich gibt es Geflügel oder Hammelbraten für den, dessen Magen es verträgt. (…) Also komm, bevor mir mein letztes Huhn gebraten wird."

(Sigrid Hunke: Allahs Sonne über dem Abendland © 1960 Deutsche Verlags-Anstalt, München in der Verlagsgruppe Random House GmbH)

GESCHICHTE

ISLAM IN AL-ANDALUS
Blütezeit und Niedergang des Kalifats von Córdoba

Blick auf die Mezquita in Córdoba/Spanien; von oben werden ihre Ausmaße besonders deutlich. Im Vordergrund der mit Orangenbäumen bewachsene Innenhof

AL-ANDALUS

Al-Andalus war anfänglich eine unbedeutende Provinz des Kalifats von Damaskus, bis im Jahre 756 der Omajjadenprinz Abd ar-Rahman auf seiner Flucht vor den Abbasiden nach Spanien kam und in Córdoba die Herrschaft der Omajjaden noch einmal aufblühen ließ. Das unter seinen Nachfolgern entstandene islamische Reich wetteiferte in seinem Glanz mit dem des Kalifen von Bagdad.

Der berühmte Löwenhof der Alhambra, prächtiger Mittelpunkt des Palastes

Errungenschaften der islamischen Herrschaft

Die Einnahmen des Kalifats unter Abd ar-Rahman III. überstiegen wahrscheinlich die gesamten Staatseinkünfte der lateinischen Christenheit. Diese Einkünfte waren nicht hohen Steuern zuzuschreiben, sondern der hohen Entwicklung von Ackerbau und Gewerbe. Der Regent al-Hakam II. war der Gebildetste und Friedlichste unter den Omajjadenherrschern. Er gründete in Córdoba 25 öffentliche Schulen, die für Kinder aller Gesellschaftsschichten offen standen. Studenten aus allen Teilen der Welt, auch junge Christen aus den Reichen nördlich der Pyrenäen, strömten zum Studium nach Córdoba.

> *„Córdoba ist von sehr schönen Gärten umgeben, und die Bäume geben herrliche essbare Früchte. Nach Norden hin liegt das Gebirge, an dessen Hängen Weinreben und Bäume wachsen. Vom Gebirge fließt Wasser durch Bleirohre in den Alcázar, und von überall kommen die Menschen nach Córdoba, um dieses Wunder zu bestaunen."*
> **(aus der Chronik des Mauren Rasi)**

Mitte des zehnten Jahrhunderts lebten dort 250 000 Menschen – eine unglaubliche Zahl in einer Zeit, da keine Stadt Europas außer Konstantinopel mehr als 30 000 Einwohner zählte.

In der Stadt gab es im zehnten Jahrhundert über 600 Moscheen, 3000 Bäder, 50 Hospitäler, 17 Hochschulen und 20 öffentliche Bibliotheken, wobei der Palast von Córdoba zeitweilig die größte Bibliothek des Abendlandes beherbergte. Die Hunderttausende von Büchern standen einer Bevölkerung zur Verfügung, die imstande war, sie auch zu lesen.

> *„Und während es geschehen konnte, dass noch die ‚Kölnische Zeitung' vom 28. März des Jahres 1819 die Beleuchtung der Straßen durch Gaslaternen als ‚aus theologischen Gründen verwerflich' anprangerte, ‚da die göttliche Ordnung und Finsternis nicht vom Menschen zerstört werden darf', waren Córdobas Straßen, auf die insgesamt 80 000 Läden mündeten, 950 nicht nur höchst fortschrittlich gepflastert und regelmäßig durch Ochsenkarren gereinigt, sondern auch des Nachts von Laternen erhellt, die an den Hauswänden befestigt waren. Erst 200 Jahre später, 1185, schloss als erste Stadt des Abendlands Paris sich dem arabischen Vorbild wenigstens in der Straßenpflasterung an."*
> *(Sigrid Hunke: Allahs Sonne über dem Abendland, 1991, S. 305f.)*

Die Muslime schufen ein bewundernswürdiges Bewässerungssystem. Sie bohrten Brunnen, legten Hebewerke mit gewaltigen Schöpfrädern an, fingen das Gebirgswasser in riesigen Staugräben und verteilten es über Berieselungsanlagen auf die terrassierten Felder. Auch die herrlichen Gärten, die die Stadt umgaben, wurden auf diese Weise bewässert. Die wasserrechtlichen Vorschriften waren religiös begründet, da Wasser als Geschenk Gottes gerecht verteilt werden sollte.

Auf den verschiedenen Märkten Córdobas spiegelte sich der ganze Reichtum von al-Andalus wider, der hauptsächlich auf dem Fernhandel mit Luxusgütern wie Seide, Lederwaren und Keramik beruhte: Es wurden golddurchwirkte Seidenstoffe und kostbares Glas- und Porzellangeschirr aus

Blick in die Gärten des Generalife-Palasts, die sich an die Alhambra (Granada) anschließen

Almería, Málaga und Murcia sowie Teppiche aus Abanilla angeboten. Granada lieferte farbenprächtige Seidenkleider. Hinzu kamen prächtige Bettgestelle, entzückende Gewebe und Metallwaren, die von Handwerkern aus Murcia fabriziert wurden.

Friedliches Miteinander

Jahrhunderte lang war al-Andalus berühmt wegen der dort praktizierten religiösen To-

GESCHICHTE

Die Mezquita (Moschee) in Córdoba/Spanien (Baubeginn 784) mit ihren 1000 hufeisengebogenen Säulen aus Jaspis, Onyx, Marmor und Granit ist eines der bedeutendsten maurischen Bauwerke Andalusiens.

AL-ANDALUS

GESCHICHTE

leranz. Die Mozaraber, unter islamischer Herrschaft arabisierte Christen, hatten allenfalls steuerliche Nachteile. Obwohl das Gesetz die öffentliche Ausübung jeder nichtislamischen Religion untersagte, veranstalteten die Christen ungehindert ihre Prozessionen. Die meisten Christen schrieben und sprachen klassisches Arabisch neben ihrer eigenen Sprache, dem Romanoarabisch. Das Arabische war nicht Verwaltungs- und Handelssprache allein, sondern auch Zeugnis einer weit überlegenen Kultur. Die Mozaraber richteten sich innerhalb ihrer Gemeinschaft weiterhin nach westgotischen Gesetzen und behielten ihre Richter und Priester. Die Bischöfe hielten die Konzilien ab und bekleideten manchmal auch staatliche Ämter.

Mittelpunkt von Córdoba war die Mezquita, die Große Moschee am Ufer des Guadalquivir. Vier Herrscher hinterließen ihre Handschrift durch immer neue Erweiterungen und Verschönerungen des monumentalen Baus. Anfänglich fanden 10 700 Gläubige im Betsaal Platz. Ende des zehnten Jahrhunderts waren es 45 000 Menschen. Die Anzahl der Säulen wuchs mit der Zahl der Einwohner. Wer durch eines der 20 offenen Tore trat, konnte nicht nur in der Moschee beten, sondern fand eine offene Begegnungsstätte, wo Recht gesprochen und Unterricht abgehalten wurde.

Untergang des islamischen Reiches in Spanien

Über 700 Jahre dauerte die islamische Herrschaft in Spanien, über 700 Jahre zog sich auch die Reconquista, die christliche Rückeroberung, hin. Nachdem das Kalifat von Córdoba bereits im elften Jahrhundert durch einen Bürgerkrieg in 32 Kleinreiche zerfallen war, eroberte Ferdinand III. im Jahre 1236 die Stadt und vertrieb die dort verbliebenen Muslime.

1492 fiel schließlich die letzte muslimische Festung in Granada, und es begann eine Zeit beispielloser Barbarei. Die christlichen Eroberer vernichteten alle arabischen Kulturwerte: Über eine Million Bücher aus allen Teilen der Wissenschaft und Kultur wurden verbrannt, arabische Kleidung, Sprache und Lebensweise, wie zum Beispiel die Benutzung von Bädern, verboten. Tausende Muslime und auch Juden wurden vertrieben, umgebracht oder zwangschristianisiert. Damit endete die Blütezeit von al-Andalus.

Heutige Spuren

Noch heute kann man in vielen spanischen Städten die für die arabische Zeit typische Anlage bewundern: schmale, häufig ihre Richtung ändernde Straßen, Sackgassen, das Fehlen einer durchgehenden Häuserflucht. Bis heute gibt es in den von den Mauren gegründeten Städten (Madrid, Granada, Toledo) Tore, Brücken und Fassaden aus islamischer Zeit. Auch zahlreiche spanische Namen verraten ihren arabischen Ursprung: Algarve („der Westen"), Alfama („die Quelle"), Albaida („die Weiße"), Alcázar („das Schloss"), Alcazaba („die Zitadelle"), Alcalá („die Burg"), Alcántara („die Brücke") sowie Flussnamen, die mit „Guad" (von arabisch Wadi = „Fluss") beginnen.

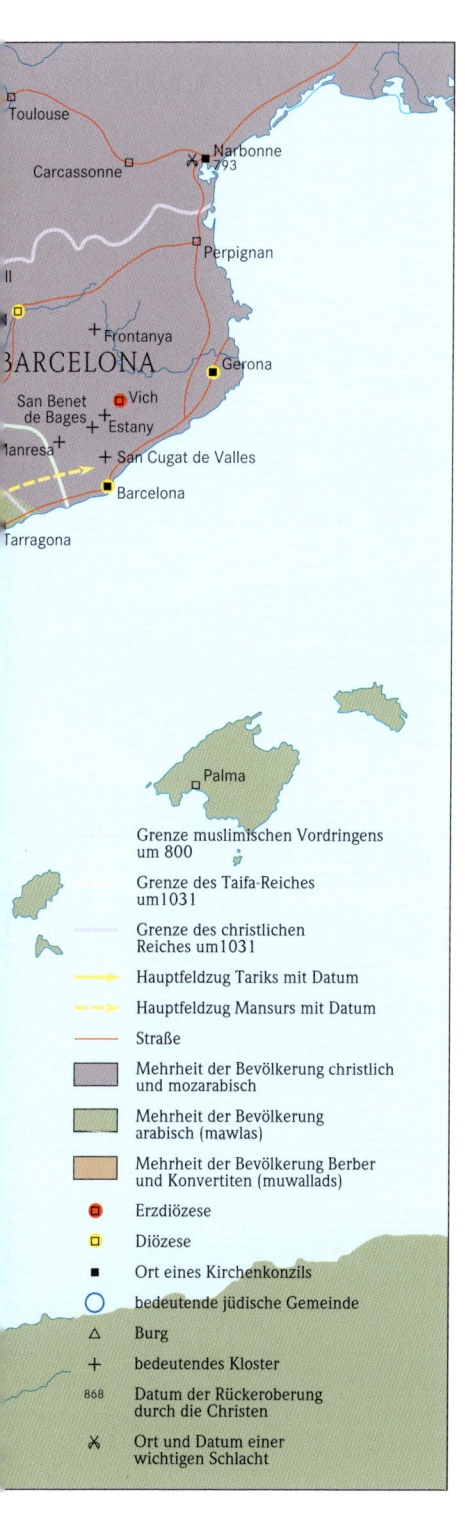

Der christliche Schriftsteller Paulus Alvarus (Mitte 9. Jahrhundert), der einer vornehmen Familie Córdobas entstammte, schrieb erbittert:

„Meine Glaubensgenossen lesen gerne die Gedichte und die Phantasiewerke der Araber und sie studieren die Schriften ihrer Theologen, nicht, um sie zu widerlegen, sondern um eine fehlerfreie und elegante Ausdrucksweise im Arabischen zu erlernen. Alle jungen Christen von Talent kennen und studieren ausschließlich die arabische Sprache und Literatur. Sie lesen und studieren mit dem größten Eifer arabische Bücher: Mit großem Aufwand richten sie riesige Bibliotheken ein und verbreiten überall, dass jene Literatur bewundernswert sei... Das schmerzt! Die Christen haben die Sprache ihrer Religion vergessen, und unter tausend von uns werdet ihr schwerlich einen finden, der in der Lage ist, einen mittelmäßigen Brief in Latein an einen Freund zu schreiben. Wenn es jedoch darum geht, einen Brief in Arabisch zu verfassen, werdet ihr eine große Anzahl von Personen finden, die sich in dieser Sprache leicht und sehr elegant ausdrücken, und ihr werdet sehen, dass sie Gedichte verfassen, die selbst die der Araber übertreffen..."

(Hagen Schulze/Ina Ulrike Paul [Hg.]: Europäische Geschichte, 1994)

GESCHICHTE

DAS OSMANISCHE REICH
Die neue Macht am Mittelmeer

Im 14. Jahrhundert verdrängten die Osmanen die Seldschuken aus Kleinasien, die dort fast drei Jahrhunderte geherrscht hatten. Die Osmanen bildeten das letzte islamische Großreich. Ursprünglich handelte es sich bei ihnen um türkische Nomaden, die vor den Mongolen nach Westen geflohen waren.

Der Aufstieg der Osmanen

Gegründet wurde das riesige Reich von Osman I. (reg. 1281–1326). Hauptstädte des Reiches waren zunächst Bursa und Edirne. 1453 eroberte der osmanische Sultan Mehmed II. (reg. 1444, 1451–1481) Konstantinopel und machte diese Stadt unter dem Namen Istanbul zur Hauptstadt. Ein Teil der Kirchen wurde von Konstantinopel in Moscheen verwandelt, darunter die byzantinische Kaiserkathedrale Hagia Sophia.

Seit dem elften Jahrhundert nannte man den unabhängigen Herrscher eines islamischen Gebietes Sultan. Die osmanischen Sultane delegierten wiederum viele Aufgaben an die Wesire, vor allem an den Großwesir.

Das Millet-System (Mill = Glaubensgemeinschaft) räumte im Osmanischen Reich nichtislamischen Glaubensgruppen Selbstverwaltung ein. Sie durften nach ihren eigenen rechtlichen und religiösen Vorschriften leben. Dadurch konnten die unterworfenen Völker ihre Religion, Sprache und Identität bewahren.

Osmanische Eroberungszüge

Früh bildeten die Sultane eine auf sie eingeschworene eigene Elitetruppe aus jungen Christen (den so genannten Janitscharen), die durch Knabenlese der Reichsbevölkerung entnommen wurden. Die Osmanen drangen bis nach Europa vor. Murad I. (reg. 1362–1389) eroberte Teile Serbiens, Bosniens und Bulgariens, während Beyazid I. (reg. 1389–1402) Feldzüge bis nach Thessalien und zur Donau unternahm. Venedig, der Papst und Byzanz stellten ein europäisches Heer gegen ihn zusammen, das er jedoch 1396 bei Nikopolis schlug (heutiges Nikopol in Bulgarien).

Nach dem osmanischen Vormarsch in Europa kam es im Jahre 1402 zu Zusammenstößen mit Timur an der östlich-islamischen Front. Mehmed I. (reg. 1413–1420) und seinem Sohn Murad II. (reg. 1421–1451) gelangen sowohl die Konsolidierung des Reiches als auch die Eroberung Konstantinopels (1453), Serbiens (1459), Bosniens (1463), verschiedener Städte in Anatolien sowie wichtige Gebiete der Genueser, wie Moldova (1455) und die Krim (1475). Selim I. (reg. 1512–1520) konnte durch seinen Sieg über die Safawiden und Mamluken (1516/17) Syrien und Ägypten in sein Reich einverleiben. Während der langen Regentschaft Süleymans des Prächtigen (reg. 1520–1566) kam es schließlich durch die Eroberung Ungarns zu einer direkten Nachbarschaft des Osmanischen Reichs und des Habsburgerreichs. Franz I. von Frankreich verbündete sich daraufhin mit Süleyman, woraufhin sich Ferdinand und Karl V. um eine habsburgisch-safawidische Verbindung bemühten, der jedoch nicht viel Erfolg beschieden war. Unter der Herrschaft Süleymans kam es zu prächtigen Bauten von Moscheen, Schulen, Bibliotheken, Krankenhäusern, Bädern und Armenküchen.

Langsamer Zerfall des Reichs

Nach Süleyman setzte der allmähliche Niedergang ein. Die Kosten der Feldzüge wuchsen ins Unermessliche. Eine fehlende Wirtschaftspolitik ließ drastische Steuererhöhungen notwendig erscheinen, was zur Landflucht führte. Die zweite Belagerung Wiens (1683) scheiterte, nach dem Frieden von Karlowitz (1699) ging Ungarn verloren. Dank der Rivalität der europäischen Mächte konnte das osmanische Reich jedoch noch ein weiteres Jahrhundert bestehen.

DAS OSMANISCHE REICH

⬢	osmanischer Verwaltungssitz
⊛	osmanischer Sieg
⊗	osmanische Niederlage
⌑	osmanische Belagerung
☆	Handelsplatz für den osmanischen Warenaustausch mit Europa
▮	spanische Festung
▮	spanische Festung, die von den Osmanen eingenommen wurde
Gold	Handelsware im Osmanischen Reich
→	Kriegs-/Raubzug der Osmanen oder Tataren
—	Handelsroute

	Osmanisches Reich, 1492
	osmanische Eroberungen bis 1520
	osmanische Eroberungen, 1520–1566
	osmanische Eroberungen, 1566–1640
	habsburgische Gebiete, 1550
	Gebiet der Republik Venedig, 1550
	Safawiden-Reich, 1512
	safawidische Gebiete, die die Osmanen erobert hatten, aber vor 1640 zurückgaben
	Gebiet der Krimtataren, das sie vor 1640 an die Saporoger Kosaken verloren
	osmanisch-safawidische Grenze, 1639
	Grenzen, 1600

Danach war der Niedergang nicht aufzuhalten. Griechenland, Serbien, Moldova und die Walachei wurden unabhängig (1829). Nach den Balkankriegen 1912/13 gingen weitere Gebiete verloren, bis vom ehemaligen Osmanischen Reich nach dem Ersten Weltkrieg nur noch die heutige Türkei übrig blieb. Die anderen ehemaligen Gebiete des Osmanischen Reichs wurden britische und französische Mandate, später dann unabhängige Staaten.

GESCHICHTE

Die islamische Welt im 19. Jahrhundert
Vorherrschaft der europäischen Kolonialmächte

19. JAHRHUNDERT

Das 1810 von Antoine-Jean Gros geschaffene Gemälde zeigt Napoleon Bonaparte (1769–1821), der seinen Soldaten vor Beginn der so genannten Pyramidenschlacht eine Ansprache hält.

Diese undatierte, wahrscheinlich 1898 aufgenommene Fotografie zeigt den französischen General und Forschungsreisenden Jean-Baptist Marchand (1863–1934) und zwei weitere Expeditionsteilnehmer in einem ägyptischen Dorf.

Napoleons Ägyptenfeldzug (1798) gilt als das zentrale Datum der Geschichte des Islam im 19. Jahrhundert. Wenn auch die Forschung diesem Datum nicht die gleiche Bedeutung beimisst und auf die eigenständigen wirtschaftlichen und kulturellen Entwicklungsmöglichkeiten der islamischen Welt hinweist, so kommt dem Jahr 1798 auf jeden Fall eine große symbolische Bedeutung zu. Um die Wende vom 18./19. Jahrhundert setzte noch stärker als zuvor die Expansion des industriellen Europa im Vorderen Orient ein. Sie zwang somit dessen Gesellschaften, europäische Errungenschaften zu übernehmen, sich andererseits aber auch angesichts fremder Einflüsse selbst zu behaupten.

Der letzte große islamische Historiker al-Dschabarti (1756–1825) lebte in Ägypten, als Napoleons Armee landete. Während die übrigen Gelehrten damals gar nicht wussten, was in Europa vor sich ging und warum die Franzosen in Ägypten erschienen, bewertet al-Dschabarti das Vorgehen der Franzosen zurückhaltend. In einer geschickt formulierten Proklamation, die er mit der klassischen islamischen Formel „Im Namen Gottes, des barmherzigen Erbarmers" einleitet, spricht Napoleon von Freiheit und Gleichheit und dass die Mamluken ihren Anspruch auf Herrschaft in Ägypten verwirkt hätten. Gleichzeitig beteuert Napoleon, dass er den Propheten und den Koran respektieren werde. Al-Dschabarti ist skeptisch, bezeichnet die französische Besetzung als „Beginn des Umsturzes der natürlichen Ordnung und der Korruption und Zerstörung aller Dinge." Er erkennt die wissenschaftlichen Errungenschaften der Europäer an, sieht jedoch gleichzeitig eine Gefahr für Religion und Moral.

Unter westlicher Kolonialherrschaft

Die Geschichte des Islam im 19. Jahrhundert ist unlösbar mit der westlichen Expansion im Zeitalter des Kolonialismus verbunden. Sie besitzt sowohl zur Erklärung der politischen, wirtschaftlichen und kulturellen Situation im 20. Jahrhundert als auch zum besseren Verständnis der islamischen Geschichtssicht dieser Epoche große Bedeutung. Einerseits entstanden in dieser Zeit Ideologien wie Panislamismus und Panarabismus. Andererseits erzeugten die Erfahrungen mit dem europäischen Kolonialismus ein von der islamischen Welt bis heute nicht überwundenes Trauma.

Viele Muslime standen in der ersten Hälfte des 19. Jahrhunderts dem Westen zunächst unkritisch gegenüber und orientierten ihre Reformvorstellungen auf den Gebieten Militär, Technik, Gesetzgebung, Erziehung und Verwaltung an Europa. Die kritische Sicht begann bei vielen erst, als die koloniale Durchdringung schon ziemlich weit fortgeschritten war.

Beinahe alle islamischen Länder – abgesehen von Teilen der arabischen Halbinsel – standen zeitweise unter westlicher Kolonialherrschaft (England: Ägypten, Sudan, Kuwait, Jordanien, Scheichtümer am Persischen Golf; Frankreich: Algerien, Tunesien, Marokko, Syrien; Italien: Libyen). Fast ganz Afrika wurde unter den Europäern aufgeteilt. Großbritannien hatte bis 1818 seine Hoheitsrechte auf den größten Teil Indiens ausgedehnt. China, das Osmanische Reich und Persien entgingen zwar der Kolonisation, galten aber als Interessengebiete eines oder mehrerer Staaten und standen in wirtschaftlicher Abhängigkeit. Die Ausdehnung der europäischen Kolonialherrschaft über die islamische Welt dauerte bis zum Ende des Ersten Weltkriegs, setzte sich danach aber noch in anderen Herrschaftsformen fort.

Die Kolonialverwaltung sah in den einzelnen Ländern unterschiedlich aus. England neigte in Befolgung der „indirect rule" eher dazu, die vorgefundenen Traditionen zu bewahren und bezog auch die einheimische Bevölkerung in die Verwaltung ein. Frankreich vertrat die Idee einer Vormundschaft über die „unmündigen Kolonisierten". Bei der Verfolgung dieser „Mission Civilisatrice" wurde den religiösen, kulturellen und sozialen Bindungen zugunsten der eigenen europäischen Werte wenig Achtung gezollt.

Die Geschichte des Vorderen Orients im 19. Jahrhundert im Spannungsfeld zwischen erzwungener und freiwilliger Annahme des Europäischen wird allgemein in drei Hauptphasen unterteilt:

Die Phase von 1798 bis 1856

Dieser Zeitraum umfasst die Herrschaft Mohammed Alis (reg. 1805–1848, Vizekönig von Ägypten) und die erste Phase der osmanischen Reformpolitik bis 1856. Damals waren die meisten islamischen Staaten noch souverän und bemühten sich um politische und wirtschaftliche Gleichberechtigung mit Europa. Zunächst kam der islamischen Welt wie anderen Gebieten auch die Rolle zu, die Rohstoffversorgung der neuen Industriestädte zu übernehmen. Gleichzeitig führten die Währungsprobleme von 1810/11 zu einem Einbruch der Welthandelspreise für landwirtschaftliche Produkte. Die Weltwirtschaft wurde umgestaltet. Sie tangierte auch die islamische Welt und beraubte sie allmählich ihrer wirtschaftlichen Souveränität.

In dem sudanesischen Dorf Faschoda eskalierte im zweiten Halbjahr 1898 der Konflikt zwischen Großbritannien und Frankreich.

19. JAHRHUNDERT

Die Phase von 1882 bis 1910

In der Zeit von 1882 bis 1910 standen die islamischen Staaten mit Ausnahme des Osmanischen Reichs, Persiens und von Teilen der arabischen und malayischen Halbinsel unter der direkten militärischen und politischen Kontrolle Europas. Die dritte Phase war durch den Aufbruch zur Selbstbehauptung gekennzeichnet. Neue politische Ordnungsvorstellungen entstanden, es kam zur Herausbildung des türkischen und arabischen Nationalgedankens. Diese Zeit endete mit dem Zusammenbruch des Osmanischen Reiches.

Besonders folgenschwer war das Interesse der westlichen Staaten an den christlichen Minderheiten in den islamischen Ländern, die später aufgrund ihrer westlichen Ausbildung und wirtschaftlichen Führungspositionen die Ablehnung und Feindschaft ihrer muslimischen Nachbarn hervorriefen. Dennoch waren vor allem auch Christen Träger wichtiger Reformideologien, wie des Panarabismus, der neben panislamischen und pantürkischen Strömungen zu den wichtigsten Erneuerungsbewegungen gehört.

Die 1893 im Pariser Le Petit Journal erschienene Karikatur mit dem Titel „Un protecteur" („Ein Beschützer") macht sich über das Verhältnis zwischen dem Khediven Abbas Il Hilmi Pascha (1874–1944) und der britischen Besatzungsmacht lustig.

Die Phase von 1856 bis 1881

Die zweite Phase der Auseinandersetzung mit dem europäischen Kolonialismus begann in Kairo mit dem Herrschaftsantritt Saids (1854) und in Konstantinopel mit dem Ende des Krimkriegs und dem Reformedikt 1856. Die Epoche von 1830 bis 1918 stellte den Höhepunkt des imperialen Kolonialismus dar. Die industrielle Revolution steigerte sprunghaft die ökonomische und technische Entwicklung in den Industrieländern, vergrößerte auch die Furcht vor wirtschaftlichen und sozialen Krisen. Die Kolonien beziehungsweise verdeckte Formen eines Wirtschaftskolonialismus (Monokulturen, Kontrolle der Welthandelspreise) sicherten Europa auf lange Sicht Rohstoffe und Absatzmärkte für die eigene Industrie sowie günstige Kapitalanlagen. Sie trugen dazu bei, die Krisen des kapitalistischen Systems zu mindern und Hilfe bei der Lösung sozialer Fragen und Anhebung des Lebensstandards der unteren Schichten zu leisten.

Gleichzeitig befand sich die islamische Welt in einer Reformbegeisterung. Diese Phase endete mit dem Staatsbankrott in Istanbul und Kairo und der Einrichtung einer internationalen Schuldenverwaltung in der osmanischen Hauptstadt 1881 sowie der britischen Besetzung Ägyptens 1882. In dieser Zeit verloren die meisten Staaten ihre wirtschaftliche und finanzpolitische Unabhängigkeit.

Soldaten der französischen Kolonialarmee und Soldaten aus Senegal, Indien, Algerien und Madagaskar auf dem Titel des Petit Journal

GESCHICHTE

Der Islam im 20. Jahrhundert
Entwicklungen und Strömungen

Eine von Manuel Orazi 1909 angefertigte, anklagende Farblithographie des für seine Grausamkeit und Hinterhältigkeit berüchtigten Sultans Abdülhamid II. Unter seiner Herrschaft (1876–1909) wurden in den Jahren 1894–1896 die ersten Massaker an den im Osmanischen Reich lebenden Armeniern verübt, die Zehntausende von Toten forderten.

Nach dem Ersten Weltkrieg wurden Gebiete des Osmanischen Reichs in teilweise künstliche Staatengebilde unter englischem und französischem Mandat aufgeteilt, das Osmanische Reich selbst auf die heutige Türkei beschränkt und die Errichtung einer jüdischen Heimstätte in Palästina beschlossen. Der Zweite Weltkrieg schwächte die europäischen Staaten so, dass sie fast allen Staaten Unabhängigkeit zugestehen mussten (1941 Syrien und Libanon; 1946 Transjordanien; 1948 Palästina; 1951 Libyen; 1956 Tunesien und Marokko; 1961 Kuwait; 1962 Algerien). Damit beginnt die Geschichte der einzelnen Nationalstaaten.

Das 20. Jahrhundert ist zunächst vom Erstarken eines arabischen Nationalismus geprägt. Seit den 1970er Jahren setzte wieder eine stärkere Betonung des Islam in allen Bereichen des gesellschaftlichen Lebens ein.

Islamischer Sozialismus

In den 1950er und 1960er Jahren spielte vor allem die Nationalismus- und Sozialismusdebatte eine wichtige Rolle. Trotz konzeptioneller Unterschiede galt für den islamischen Sozialismus, dass er sich häufig als „dritten Weg" zwischen Kapitalismus und Kommunismus verstand, eher religiös als materialistisch, eher national als international eingestellt war. Nicht die Klassengesellschaft an sich, sondern die Widersprüche zwischen den Klassen sollten abgeschafft werden. Ein zentraler Begriff der islamischen Soziallehre war *Taawun* („Kooperation, Genossenschaft"), wobei an die Zusammenarbeit aller Mitglieder der Gesellschaft zum Wohl des Ganzen gedacht war. Die Muslimbrüder, die in den Anfangsjahren vor allem wohltätige Arbeiten realisierten, besaßen genossenschaftlich geführte Betriebe. Der Führer der syrischen Muslimbru-

Am 19.10.1954 unterzeichnen der ägyptische Premierminister Gamal Abdul Nasser (rechts) und der britische Kriegsminister Anthony Head (links) in Kairo das Suez-Abkommen.

derschaft Mustafa al-Sibai (1915–1964) stellte den Begriff *Takaful* („gegenseitige Verantwortung") in den Mittelpunkt seines Ansatzes.

Panarabismus

Der Panarabismus war eine arabisch-nationalistische Ideologie, die auf der Basis der arabischen Sprache einen arabischen Nationalstaat anstrebte. Die Ideologie des Panarabismus verstand sich überkonfessionell, was sowohl seine Attraktivität für arabische Christen förderte als auch zu einem Konflikt mit der Idee des Pansislamismus führte. Die Revolte des Scharif Husain, 1917–1924 König des Hedjas, gegen das Osmanische Reich (1916) und die Einrichtung eines arabischen Königtums im Hedjas werden als ein Ergebnis des Panarabismus. Als dessen bedeutendste Vertreter werden der syrische Schriftsteller Sati al-Husri (1880–1961), der libanesische Schriftsteller Amim al-Rihami (1876 bis 1940), der Christ, Autor des Werkes „Der Golf von Akaba" (1937) und einer der ersten Theoretiker des Arabismus, Edmond Rabbath (1901–1991) sowie der Iraker Sami Shawkat gesehen. Der von der Hitler-Jugend Faszinierte gründete in Anlehnung an die HJ die Studentenorganisation Futuwwa, deren Aufgaben er 1939 so beschrieb:

„Wir wollen Krieg. Wir wollen Blut vergießen für das Heil des Arabertums". Husri entwickelte einen arabischen Nationalismus, bei dem er sich auch auf Nationalisten der europäischen Romantik berief, insbesondere auf Herder, Fichte, Arndt und Hegel.

1945 wurde die Arabische Liga gegründet, die auch panarabische Ziele verfolgte. Djamal Abd al-Nassir (Gamal Abdul Nasser, 1918–1970) erhob während seiner Regierungszeit den Panarabismus zur Staatsideologie. In Syrien und dem Irak wurde die von dem Politiker und Mitbegründer der Baath-Partei Michel Aflaq (1910–1989) entwickelte Vorstellung einer arabischen Wiedergeburt (Baath) zur Staatsdoktrin. In den 1960er Jahren enthielten alle arabischen Staatsverfassungen die Klausel, dass der jeweilige Nationalstaat nur ein Teil der arabischen Umma (Nation) sei. Doch mit dem Erstarken der Re-Islamisierung und der zunehmend führenden Rolle Saudi-Arabiens, das panislamische Ziele verfolgte, nahm der Panarabismus an Bedeutung ab.

Panislamismus

Der Panislamismus war eine Ideologie, welche die Solidarität und Gemeinsamkeit aller Muslime betonte und deren Wurzeln in das 19. Jahrhundert zurückgehen. Der Islam besaß seit jeher ein starkes Gefühl der Zusammengehörigkeit aller Gläubigen. Panislamische Ideen entstanden als Gegenreaktion auf das Vordringen der Kolonialmächte im Nahen und Mittleren Osten und waren vor allem unter den Intellektuellen des Osmanischen Reichs verbreitet. Einer der prominentesten Vertreter des Panislamismus war Djamal ad-Din al Afghani (1838/39 bis 1897). Der Sultan Abdülhamid II. (reg. 1876–1909), der sich als geistiges und weltliches Oberhaupt aller Muslime verstand, machte den Panislamismus zur Staatsdoktrin des Osmanischen Reichs. Nach dem Ersten Weltkrieg und der Abschaffung des Kalifats (1924) nahm die Bedeutung des Panislamismus ab. Trotzdem fanden noch mehrere Konferenzen über die Perspektiven des Panislamismus statt: 1924 in Mekka, 1926 in Kairo, 1931 in Jerusalem und 1935 in Genf. Sowohl die Gründung der Liga der Islamischen Welt 1962 als Dachorganisation für islamische Nichtregierungsorganisationen als auch die Organisation der Islamischen Konferenz 1969 sollten den Zusammenhalt islamischer Staaten und panislamischer Ziele unterstützen.

Kemalismus

Der Kemalismus war eine politische Bewegung in der Türkei, begründet von Kemal Atatürk (1881–1938). Zu seinen Hauptmerkmalen zählen Nationalismus, Säkularismus und Modernismus. Der Islam als ideologische Basis des Staates wird abgelehnt. Die Trennung von Staat und Religion wurde von den Kemalisten als *Lailik* (türkisch „Laizismus") bezeichnet. Darunter wurde ein völlig säkulares Staats- und Gesellschaftssystem verstanden, auf das die Religion keinen Einfluss mehr haben sollte. Ziel des Kemalismus war die politische und kulturelle Anlehnung der Türkei an Europa.

1937 wurden die sechs Prinzipien des „Kemalismus" in die Verfassung aufgenommen: a) Republikanismus, Gründung eines republikanischen Regimes; b) Populismus, Gleichheit der Bürger; c) Nationalismus, Errichtung eines türkischen Nationalstaats; d) Etatismus, bestimmende Rolle des Staa-

Eine aus dem Jahr 1964 stammende Aufnahme des ägyptischen Staatsmannes Gamal Abdul Nasser (1918-1970). Nasser war zwischen 1954 und 1970 ägyptischer Präsident und gilt noch heute als einer der bedeutendsten arabischen Politiker des 20. Jahrhunderts.

20. JAHRHUNDERT

Aus Anlass der Wahl des ägyptischen Außenministers Esmad Abdel Maguid zum Generalsekretär der Arabischen Liga trifft sich die 21 Mitglieder umfassende Liga am 15.5.1991 zu einer Konferenz in Kairo.

tes in der Wirtschaft; e) Reformismus, permanente dynamische Umformung von Staat und Gesellschaft; f) Laizismus, Trennung von Staat und Religion.

Modernismus

Unter Modernismus ist eine Strömung unter muslimischen Intellektuellen zu verstehen, die im Gegensatz zu Anhängern des Reformislam oder des Traditionalismus ihr Konzept gleichberechtigt aus islamischen und europäischen Wurzeln ableiten. Ihr Ziel besteht hauptsächlich darin, die offensichtliche Rückständigkeit der islamischen Welt zu überwinden. Politisch strebten die Modernisten die Einschränkung autoritärer Herrschaftsformen sowie die Einführung von konstitutionellen parlamentarischen Regierungssystemen an. Zu den Modernisten gehörten Anfang dieses Jahrhunderts auch viele arabische Christen, vor allem in Ägypten und Syrien, welche die westliche Aufklärung als Teil ihrer Identität betrachteten. Der Westen wurde nicht als Feind angesehen, sondern galt als Vorbild auch bei der Wiedergewinnung von politischer Freiheit in den neu gegründeten Nationalstaaten. Man entdeckte die eigene spezielle Geschichte unabhängig von panarabischen Ansprüchen.

Es gelang den Modernisten in den 1940er Jahren nicht, ihre demokratischen und liberalen Vorstellungen politisch durchzusetzen. Durch die Entstehung zahlreicher Modelle eines arabischen Sozialismus in den 1960er Jahren gerieten die Modernisten in eine Krise, und es kam zu einer Annäherung an gemäßigte Vertreter eines Reformislam.

Bis heute bleibt die Frage aktuell, wie moderne Werte und Verhaltensweisen mit der eigenen Tradition in Einklang gebracht werden können. Zentrale Begriffe sind *Asala* (Authentizität), *Turarth* (Erbe) sowie *Muasara* (Zeitgemäßheit).

GESCHICHTE

KRISENHERD NAHOST
Kurzer Abriss des arabisch-israelischen Konflikts

Im arabischen Befreiungskampf von 1916 unter der Führung des Scherifs von Mekka, Husain ibn Ali, erhofften sich die Araber die Loslösung von den Kolonialmächten. Die Engländer hatten Husain ibn Ali für seine Unterstützung gegen das Osmanische Reich einen unabhängigen Staat, bestehend aus dem Hedjas, Palästina, Syrien und dem Irak versprochen. Aber die zwischen England, Frankreich, Russland und Italien längst vorgenommene Aufteilung des Osmanischen Reichs in künstliche Staatengebilde unter englischem und französischem Mandat sowie die Balfour-Erklärung zur Errichtung einer jüdischen Heimstätte in Palästina machten diese Hoffnungen zunichte.

Staatsgründung Israels – Ausbruch der Kampfhandlungen

1922 stimmte der Völkerbund dem Palästinamandat Großbritanniens zu. Obwohl die Araber in Palästina die jüdische Einwanderung zunächst duldeten, kam es zwischen den beiden Weltkriegen zu zahlreichen Aufständen. 1948 folgte direkt auf die Gründung des Staates Israel ein arabischer Angriff. Kurz darauf flohen eine Million Palästinenser aus Israel, die jedoch von den arabischen Aufnahmeländern nicht eingegliedert, sondern in Lagern aufgefangen wurden. Im Laufe der Jahrzehnte gab es zahlreiche Kampfhandlungen und Kriege mit den arabischen Nachbarn, die sich als An-

Auf einem Friedhof in Ramallah kniet ein palästinensischer Kämpfer am Grab eines während der zweiten Intifada in seinem Dorf getöteten Kindes.

KRISENHERD NAHOST

Rettungskräfte bergen Verwundete, nachdem kurz vor Beginn des Sabbats am 12.4.2002 auf einem Markt in Jerusalem eine Bombe detonierte.

wälte der vertriebenen arabischen Palästinenser fühlten.

1964 wurde in Jerusalem die Palestinian Liberation Organization (PLO) gegründet, die Anfang der 1970er Jahre terroristische Aktivitäten und politischen Druck ausübte. Infolge des Krieges 1967 befand sich auch Ostjerusalem wieder in israelischer Hand. Die UNO verabschiedete erfolglos mehrere Resolutionen, in denen Israel zur Räumung der besetzten Gebiete aufgefordert wurde, der Verlust der Bürgerrechte der Palästinenser kritisiert und ihr Recht auf Selbstbestimmung bestätigt wurden. Der Staat Israel wiederum fühlte sich bedroht; denn er wurde von den arabischen Nachbarn als religiöser und politischer Fremdkörper gesehen und seine Existenz in Frage gestellt. Die Unterstützung Israels durch die USA und andere westliche Staaten wurde zudem mit Argwohn betrachtet.

Mehrmals haben Politiker, die sich für den Frieden einsetzten, einen gewaltsamen Tod gefunden, wie der ermordete ägyptische Ministerpräsident Anwar As-Sadat (1918–1981) und der israelische Ministerpräsident Yitzhak Rabin (1922–1995). Die Palästinenserpolitik Israels löste eine Welle des Widerstands (*Intifada*) aus. Immer wieder macht Gewalt, vor allem der Hamas, die Friedensprozesse zunichte. Zunächst war das Verhältnis zwischen der zunehmend islamistisch orientierten Hamas und der PLO relativ gut. Jedoch kam es nach der Einrichtung der Autonomen Palästinenserbehörde im November 1988 zum Bruch. Die Hamas erregte vor allem durch Selbstmordanschläge und in neuester Zeit durch ihre Wahlerfolge in Israel internationale Aufmerksamkeit. Der Abschluss eines Friedens zwischen Israel und seinen arabischen Nachbarn sowie die Errichtung eines eigenen palästinensischen Staates stellt bis heute ein vordringliches Problem dar.

Streitpunkt Jerusalem

Obwohl der arabisch-israelische Konflikt vorwiegend politischer Natur ist, spielen auch religiöse Gefühle eine Rolle, vor allem wenn es um Jerusalem geht. Als Stadt des Streites und Kampfes dürfte Jerusalem wohl unübertroffen sein. Mehr als 40 Kriege tobten in der Geschichte um diese Stadt. 17-mal wurde sie zumindest teilweise zerstört, ein Dutzend Mal wechselte Jerusalem die herrschende Glaubensrichtung. Jerusalem ist nicht nur die heiligste Stadt der Juden, sondern nach Mekka und Medina die heiligste Stadt der Muslime und darüber hinaus auch eine Stadt von besonderer Heiligkeit für die Christen.

Muslimische Geistliche beteiligen sich in der südlibanesischen Stadt Nabatiyeh im August 2001 unter den gelben Fahnen der Hizbollah und der Flagge Palästinas an einer Demonstration gegen Israel.

DIE BEDEUTUNG JERUSALEMS FÜR JUDEN, CHRISTEN UND MUSLIME

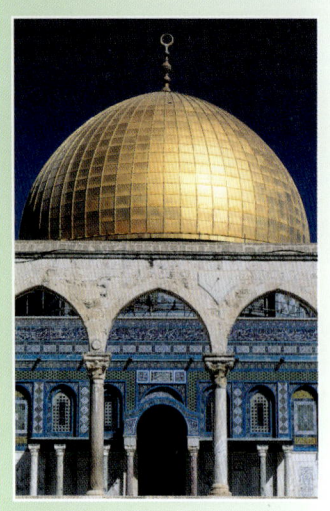

Juden gedenken im Abendsegen zu Sabbat und an Feiertagen Jerusalems: „Gelobt seist du, Herr, der die Hütte seines Friedens ausbreitet über uns und ganz Israel und über Jerusalem."

Der Empfang der Sabbatbraut erfolgt an jedem Freitagabend mit der Hymne „Lecha dodi". Sechs der neun Strophen sind Jerusalem gewidmet. Das Abschlussversprechen in der Pessach Haggada drückt die Hoffnung auf eine Rückkehr in das Land der Mütter und Väter aus: „Das kommende Jahr in Jerusalem!" Und das Zertreten eines Glases am Hochzeitstag soll an das traurigste Ereignis in der jüdischen Geschichte erinnern: die Zerstörung Jerusalems und des Tempels. Nach Schalom Ben-Chorin (1913 bis 1999), einem bedeutenden jüdischen Religionsphilosophen des 20. Jahrhunderts, ist Jerusalem für Juden die Stadt, „in der sich Gott der Welt offenbart hat".

Der südöstlich der Jerusalemer Altstadt gelegene Felsendom. Das Bauwerk ist einer der heiligsten Orte des Islam.

Der Tempelberg ist besonders heilig, weil ihn Abraham bestiegen hatte, um seinen Sohn Isaak zu opfern. Am heiligsten jedoch ist das „Allerheiligste" des Tempels, das nur der Hohepriester an Jom Kippur betreten darf. Die Heiligkeit des Tempelbezirks gilt für alle Zeiten – auch nachdem der Zweite Tempel im Jahre 70 n. Chr. zerstört worden war. Der Tempelberg gilt zudem als Zentrum der Schöpfung. Hier wird der Dritte Tempel entstehen und dereinst die Posaune zum Jüngsten Gericht ertönen.

Auch im Christentum findet sich die Überzeugung von der Lage Jerusalems in der Mitte der Welt. So lokalisiert die berühmte Ebstorfer Landkarte (1230/50) das himmlische Jerusalem genau in Mittelposition: am „Nabel der Welt". In hellenistischer Zeit bildete sich die Vorstellung eines „himmlischen Jerusalem" heraus und erlangte große Bedeutung in der Apokalyptik. Für Christen ist Jerusalem heilig, weil mit dieser Stadt zentrale Erinnerungen der Heilsgeschichte verbunden sind. Jerusalem ist Ort des Leidens, der Auferstehung und Himmelfahrt Jesu.

Für den Islam steht Jerusalem an dritter Stelle hinter Mekka und Medina. Die Bedeutung von al-Quds, wie Jerusalem auf Arabisch heißt, leitet sich vor allem aus der 17. Sure des Korans ab, wo die Nacht- und Himmelsreise des Gesandten Gottes erwähnt werden. Jerusalem gilt als die erste Qibla, die „Richtung des Gebets"; denn erst nach der „Auswanderung" Mohammeds von Mekka nach Medina (622) wurde das rituelle Pflichtgebet nach Mekka ausgerichtet. Seit der islamischen Eroberung 638 blieb Jerusalem – unterbrochen nur durch die Kreuzfahrerzeit – unter islamischer Herrschaft, der „heilige Bezirk", bestehend aus „Felsendom" und al-Aqsa-Moschee, auch nach der Entstehung des Staates Israel. Die Muslime betrachten den heiligen Felsen als Stätte des Ibrahim (Abraham)-Opfers.

KRISENHERD NAHOST

Blick auf die acht Meter hohe Schutzmauer, die das östliche Jerusalem vom Westjordanland abtrennt. Mit der Mauer, mit deren Bau 2003 begonnen wurde und die insgesamt rund 760 km lang werden soll, versucht sich Israel vor Angriffen zu schützen. Das Projekt ist international umstritten.

GESCHICHTE

DIE ISLAMISCHE REPUBLIK IRAN
Staatsgeschichte und religiöse Ausrichtung

Nach der islamischen Eroberung im 7. Jahrhundert war Iran zunächst sunnitisch. Eines der ältesten Zentren der im Irak entstandenen Schia war jedoch die iranische Stadt Ghom. Im 11. und 12. Jahrhundert gab es außerdem Schiiten in Rey, Qazwin, Abeh, Kashan, Sabzavar, Nischapur und Tus. Erst die Dynastie der Safawiden (1501–1732) leitete die systematische Verbreitung der Schia in Iran ein. Unter den Safawiden bildete sich die Hierarchie der Religionsgelehrten heraus, die bis heute das politische Leben Irans bestimmt. Die außergewöhnliche Stellung der Gelehrten beruht auf der Idee des *Idschtihad* (Sich-Anstrengen), einer Auslegungsmethode religiöser Quellentexte mit dem Ziel, die islamische Gesetzgebung neuen Entwicklungen anzupassen. Eine juristische Fragen selbständig entscheidende Person heißt Mudschtahid. Einige wissenschaftlich hervorragende, ethisch-vorbildliche und fromme Mudschtahids genießen einen solchen Ruf, dass sie Marja i-taqlid (Oberste theologische Autorität) werden. Solchen theologischen Berühmtheiten wird der Ehrentitel Ayatollah vom Volk verliehen.

Offizielles Foto von Mohammed Reza Pahlewi, seiner 3. Ehefrau Farah Dibah (geb. 1938) und Sohn Prinz Reza aus dem Jahr 1971. 1979 musste der Schah mit seiner Familie das Land verlassen. Er starb ein Jahr später im Exil in Kairo.

Der 1881 geborene und 1967 gestorbene iranische Politiker Mohammed Mossadegh war 1951 bis 1953 Ministerpräsident Irans.

Schah-Regime und Islamische Revolution

Seit 1921 öffnete sich Persien mit Reza Schah Pahlewi (1878–1944) unter dem Einfluss von Großbritannien nach Westen. Dies wurde jedoch von der Bevölkerung

ISLAM IN IRAN

nicht rückhaltlos gutgeheißen. Das vor allem von den Briten als Persia bezeichnete Land wurde von da an in Iran umbenannt. Durch den Erdölreichtum entwickelte sich Iran zur führenden Macht in der Region. 1951 verstaatlichte die Regierung Mohammed Mossadeghs die Ölindustrie, weil das britische Unternehmen BP nicht bereit war, seine in Iran erzielten Gewinne aus dem Ölgeschäft mit dem iranischen Staat zu teilen. Es kam zum internationalen Boykott des iranischen Öls insbesondere durch die USA und Großbritannien. Ministerpräsident Mossadegh wurde durch eine von der CIA unterstützte Aktion der US-Regierung gestürzt.

Der Sohn Reza Schah Pahlewis, Schah Mohammed Reza Pahlewi (1941–1979), stellte sich mit Unterstützung der USA gegen Mossadegh. Einem Handelsabkommen mit den USA zufolge sollten Ölförderrechte an US-amerikanische Unternehmen übertragen werden. Mossadegh weigerte sich. Als Folge der zwischen ihm und dem Schah entstandenen Krise musste der Schah im August 1953 das Land verlassen. Ein von den USA und dem ehemaligen General Fazlollah Zahedi organisierter Staatsstreich brachte den Schah wieder an die Macht zurück. Mit den USA wurden neue Verträge geschlossen. Schah Mohammed Reza Pahlewi leitete zwar die „Weiße Revolution" (u.a. Programme zur Landreform) ein.

Weibliche Fußballfans jubeln im Teheraner Azadi-Stadion am 20.6.2005 während des WM-Qualifikationsspiels Iran-Nordkorea ihrer Mannschaft zu.

GESCHICHTE

Ein junges Paar raucht im Teheraner Sad Abaad-Park ("Wo das Glück beschieden ist") zusammen eine Wasserpfeife.

Doch verlor er die Unterstützung großer Bevölkerungsteile. Anfang 1979 musste er Iran wegen der Islamischen Revolution endgültig verlassen. Der Schiitenführer Ruhollah Chomeini (1902–1989) kehrte aus dem französischen Exil zurück und verwandelte das Kaiserreich Iran beziehungsweise Persien (offizielle Bezeichnungen des Landes bis 1979) in eine „Islamische Republik".

Ungefähr 27 Jahre nach der Islamischen Revolution ist eine gewisse politische und ideologische Konstanz festzustellen. Es hat aber auch Richtungswechsel und Akzentverschiebungen gegeben. Man kann drei Phasen der Islamischen Republik Iran unterscheiden: die Zeit des Revolutionsführers Chomeini (1979–1989), die Zeit von 1989–1997, in der Ayatollah Seyyed Ali Chamenei (geb. 1939) Revolutionsführer und Ali Akbar Hachemi Rafsandschani (geb. 1934) Staatspräsident waren sowie die Reformperiode unter Präsident Mohammed Chatami (geb. 1943) 1997–2005. Unter ihm begann eine von großen Bevölkerungsteilen geforderte Reformpolitik. Die Presse wurde liberalisiert, und viele erhofften eine Liberalisierung der islamischen Bestimmungen insbesondere für die Frauen und eine Öffnung zum Westen. Durch die Wahl Mahmud Ahmadinedschads (geb. 1956) geriet der Reformkurs vorerst ins Stocken.

Religiöse Ausrichtung und Führung
Heute gehören über 90 Prozent der iranischen Bevölkerung der dschafaritischen Rechtsschule an, auch Zwölferschiiten genannt. Nach Artikel 1 der Verfassung ist diese Richtung offizielle Staatsreligion. Die anderen Schulrichtungen werden jedoch anerkannt. Außerdem leben aserbaidschanische Türken im Nordwesten, Araber im Südwesten, Kurden im Westen und Turkmenen im Nordosten und die sunnitische Minderheit der Balutschen im Südosten des Landes. Zoroastrier, Juden und Christen können ihre Religion im Rahmen des Gesetzes ausüben. Die Personenstandsangelegenheiten und die religiöse Erziehung werden nach der entsprechenden Religion geregelt. Die Bahai genießen diesen Minderheitenschutz nicht.

Die Schiiten erkennen als religiöses Oberhaupt nur die direkten Nachfahren (Imame) Mohammeds aus der Linie seines

Unmittelbar vor seiner Amtseinführung zeigt sich der neu gewählte iranische Präsident Mahmud Ahmadinedschad (rechts) am 3.8.2005 zusammen mit Parlamentspräsident Rafsandschani (links), dem Ex-Präsidenten Chatami (Mitte) und dem Obersten religiösen Führer des Landes Chamenei (2. v. rechts).

RUHOLLAH MUSSAWI CHOMEINI

Ruhollah („Geist Gottes") Chomeini wurde 1902 geboren. Er erhielt eine traditionelle schiitisch-religiöse Erziehung und galt als Experte in religiösen Fragen. Chomeini erwarb den Titel eines Muschtahids und erhielt den Würdetitel Ayatollah. Chomeinis Opposition gegen das Schahregime, die bereits in die Regierungszeit vom Vater des letzten Schahs zurückreichte, galt später insbesondere der Weißen Revolution (1963), die er für pro-westlich und anti-iranisch hielt. Energisch kritisierte er die Beziehungen Irans zum westlichen Ausland. Zu einem endgültigen Bruch mit der Schahregierung kam es bei der Unterzeichnung jenes Abkommens, das US-Bürgern Immunität vor iranischen Gerichten garantierte. Chomeini musste Iran verlassen, lebte mehrere Jahre im Ausland, bis er 1979 als Führer der Islamischen Revolution den Schah stürzte. Dabei kam ihm die Tatsache zu Gute, dass die Geistlichkeit sich an die Spitze der Opposition stellte und ihre Möglichkeiten zur Mobilisierung der Massen nutzte.

In seinen Schriften beschäftigte sich Chomeini vor allem mit der Frage nach der geeigneten Regierungsform bis zur Ankunft des verborgenen Imam. Die Kontrolle über die Rechtmäßigkeit einer vorläufigen Regierung liegt bei den Theologen. Die Regierung eines islamischen Staates soll durch anerkannte Rechtsgelehrte oder einen Rat solcher Gelehrten kontrolliert werden.

Chomeinis Vision von der Regierung durch islamische Rechtsgelehrte bis zur Rückkehr des verborgenen Mahdi erweckten angesichts der Kritik gegen das Schahregime zunächst bei vielen auch skeptischen Muslimen große Hoffnung.

Viele der in der Chomeini-Ära erlassenen Bestimmungen lösten jedoch nicht nur im Ausland, sondern auch bei Muslimen Kritik aus. Dazu gehören: die unbarmherzige Unterdrückung jeglicher Opposition; Menschenrechtsverletzungen; einseitige Einführung des islamischen Strafrechts; Wiederverschleierung der Frauen. Chomeini selbst rief im Westen durch sein im Februar 1989 verkündetes Todesurteil gegen Salman Rushdie, den Autor der „Satanischen Verse", große Empörung hervor. Der in der letzten Zeit seines Lebens eher im Hintergrund des politischen Geschehens stehende greise Ayatollah starb am 3. Juni 1989. Bis heute befindet sich das Bild Chomeinis, der als der große Führer der Islamischen Revolution gilt, in allen offiziellen Gebäuden und Behörden Irans.

Enkels Hussain an. Sie glauben, dass der zwölfte Imam 873 „in die Verborgenheit entschwunden" sei, eines Tages jedoch wiederkehren werde, um auf der Erde als „Retter" (Mahdi) eine gerechte politische und soziale Ordnung zu schaffen. Die Rechtsgelehrten und Geistlichen verstehen sich als Stellvertreter dieses verborgenen Imams. Seit der Islamischen Revolution liegt die Führungsbefugnis während seiner Abwesenheit bei dem jeweils hervorragendsten Rechtsgelehrten als dem Führer (*Rahbar*). Dieser kann durch einen kollektiven Führungsrat ersetzt werden. Das Prinzip des *Welayat-i-faqih* (Regierungsgewalt durch Theologen) wurde auch in der Verfassung der Islamischen Republik verankert, die von einer zu großen Teilen aus Geistlichen bestehenden „Expertenversammlung" entworfen worden war. Ein von der Verfassung vorgesehener, aus sechs religiösen Geistlichen und sechs weltlichen Rechtswissenschaftlern bestehender „Wächterrat" überprüft die Vereinbarkeit aller Gesetze mit der Scharia. Der Wächterrat ist befugt, jedes Gesetz abzulehnen oder für ungültig zu erklären und Kandidaten bei Wahlen für das Parlament und das Präsidentenamt abzulehnen. Iran besitzt neben dem obersten Rechtsgelehrten einen säkularen Staatspräsidenten. In seinen Entscheidungen ist dieser aber von der obersten religiösen Autorität und dem Wächterrat abhängig.

Die Juristen werden vom Obersten Richter, dem Chef der Judikative, ernannt, der Oberste Richter seinerseits vom Revolutionsführer. In der iranischen Verfassung Artikel 57 werden Legislative, Exekutive und Judikative der religiösen Führung (Velayat-e fawhi) unterstellt. Das iranische Parlament (Islamischer Konsultativrat; persisch Majles e-Shura ye-Eslami) wurde (außer 2000–2003) von den islamisch-konservativen Kräften bestimmt.

GESCHICHTE

DER ISLAM IN GRIECHENLAND
Geschichte eines langen Kulturaustauschs

Die Beziehungen zum Islam sind für Griechenland insofern ein besonderes Problem, als das Land sowohl islamische Nachbarn im Osten (Türkei) als auch im Norden (Albanien) hat. Darüber hinaus bevölkern Muslime weitere angrenzende Länder wie zum Beispiel das frühere Jugoslawien, Mazedonien und Bulgarien. Ungefähr 98 Prozent der Griechen sind griechisch-orthodox, ein Prozent gehört anderen christlichen Konfessionen an.

Um 1800 entstandene Aquatinta von Edward Dodwell (1767–1832). Sie zeigt Derwische beim Tanz in dem auf der römischen Agora in Athen gelegenen Turm der Winde.

Muslimische Gruppierungen

Die ca. 300 000 Muslime, von denen allein zwei Drittel in der Hauptstadt Athen leben, sind ethnisch und kulturell keineswegs homogen. Der Islam setzt sich aus der muslimischen Minorität in Westthrakien und aus islamischen Migranten vor allem seit den 1990er Jahren zusammen. Die westthrakische Minderheit, die insbesondere in den Städten Xanthi, Komotini und Didimothikon lebt, umfasst ca. 112 000 bis 120 000 Menschen und besteht aus drei ethnisch unterschiedlichen Gruppen. Den größten Anteil haben die Türkischstämmigen (ca. 60 000), die Pomaken (30 000) sowie die Athigani (20 000), worunter die Roma verstanden werden. Die wohl auf indogermanische Ursprünge zurückgehenden Pomaken verloren während der osmanischen Besatzung ihre Muttersprache und traten zum Islam über. Sie sprechen einen dem Bulgarischen ähnlichen Dialekt. Die Pomaken werden nicht als ethnische, sondern nur als muslimische Minderheit anerkannt. In den Schulen werden sie daher in türkischer Sprache unterrichtet. Die islamischen Griechen teilen sich in zwei religiöse Richtungen auf: Sunniten und Anhänger des Bektaschi-Ordens. Hinzu kommen die wegen ihrer roten Kopfbedeckung Kizilbasch genannten alevitischen Muslime. Im Osmanischen Reich galten sie nicht als orthodoxe Muslime.

Geschichte

Die Verbindung zwischen griechischer Kultur und Islam ist viele Jahrhunderte alt. Der siebte abbasidische Kalif al-Mamun (um 786–833) gründete in Bagdad das „Haus der Weisheit" (Bait al-Hikma). Dort scharte er griechische und islamische Gelehrte um sich, um philosophische und wissenschaftliche Texte ins Arabische übersetzen zu lassen. Hunderte von Manuskripten konnten auf diese Weise gerettet werden. Byzantinische Gelehrte verfassten Abhandlungen über den Islam, meist apologetischer beziehungsweise polemischer Natur. Handelsverbindungen im Mittelalter inten-

Eingangstor der Sultan Mustafa Moschee in Rhodos. Die Moschee wurde vermutlich zur Regierungszeit des osmanischen Sultans Mustafa III. (1757–1774) erbaut.

ISLAM IN GRIECHENLAND

GESCHICHTE

Besucher der griechischen Insel Rhodos beim Betrachten der Suleiman-Moschee in der Altstadt von Rhodos-Stadt

sivierten den kulturellen Austausch zwischen Griechenland und der islamischen Welt.

Die griechisch-islamischen Beziehungen waren jedoch nicht nur durch ein konstruktives kulturelles Geben und Nehmen bestimmt, sondern auch durch Spannungen, Feindseligkeiten und militärische Aktionen. Die dreieinhalb Jahrhunderte dauernde osmanische Besatzung Griechenlands (1453–1821) prägte die Erfahrungen der Griechen mit dem Islam nachhaltig. Es entwickelte sich auch eine apokalyptische Literatur gegen den Islam, die zur Stärkung des Glaubens und Nationalbewusstseins der unterdrückten Griechen beitrug. Nachdem das Osmanische Reich zusammengebrochen war, führten die Bestimmungen des Lausanner Pakts vom 10. April 1923 dazu, dass ungefähr zwei Millionen Griechen und ca. 30 000 Muslime aus ihrer ursprünglichen Heimat in die Türkei auswandern mussten. In Istanbul und auf den benachbarten Ägäisinseln Imbros und Tenedos in

ISLAM IN GRIECHENLAND

der türkischen Provinz Çanakkale durften ca. 110 000 Griechen und in Westthrakien etwa 86 000 Muslime bleiben. Diese gelten seither als griechische Staatsbürger islamischer Religion.

Neuere Entwicklung

Die griechische Staatsverfassung und besondere Gesetze schützen Glaube, Bräuche und Rechte dieser islamischen Minorität. Die islamischen Pomaken sind die einzige offiziell anerkannte Minderheit des Landes. Der griechische Staat sorgt für die Bildung und die religiöse Unterweisung der Muslime. Es gibt zwei Seminare für die geistlichen Ämter (Madrasa), eine Pädagogische Akademie in Thessaloniki für muslimische Lehrer, 250 islamische Volksschulen, einige staatliche Gymnasien und Lyzeen. Drei Muftis, die religiöse Gutachten über schwebende Rechtsfragen abgeben, tragen die oberste religiöse Verantwortung. Sie sind aus der griechischen Staatskasse besoldete Staatsbeamte. Ein spezielles Gesetz respektiert das in islamischen Ländern im Einklang mit der Scharia geltende Wahlrecht für einen Mufti. Dieser entscheidet als Glaubensrichter (*Qadi*) über Eheschließung, Erbschaft, Adoption und alle Streitsachen auf zivil- und strafrechtlichem Gebiet. Die Entscheidungen der Muftis werden durch die staatlichen Gerichtsbehörden bestätigt und ausgeführt.

Zurzeit leben in Griechenland über eine halbe Million (eventuell sogar fast eine Million) Wirtschaftsflüchtlinge aus südost- und osteuropäischen Staaten und aus Ländern wie Ägypten, Nigeria und Pakistan. Ein knappes Drittel der illegalen Einwanderer stammt aus Albanien. Seit den 1990er Jahren stieg insbesondere in Athen und Piräus die Zahl islamischer Emigranten, Gastarbeiter, See- und Kaufleute sowie Studierender aus Pakistan, Albanien und dem Nahen Osten.

In vielen griechischen Städten gibt es Moscheen aus osmanischer Zeit, die oft als Museen oder Veranstaltungsorte genutzt werden. Im Großraum Athen gibt es nach inoffiziellen Schätzungen mindestens 20 Gebetsräume, andere geben die Zahl von knapp hundert „Hinterhofmoscheen" an. Einwanderer aus Pakistan bilden mit über 50 000 Mitgliedern die größte islamische Gemeinschaft in Athen. Die griechische Außenministerin Dora Bakogianni forderte im Frühjahr 2006 den Neubau einer Moschee mitten in Athen. Bislang scheiterte der Bau der Athener Moschee jedoch am Widerstand der Orthodoxen Kirche. Da Griechenland keine Trennung von Kirche und Staat kennt, muss jedes nichtorthodoxe Gotteshaus von der Griechisch-orthodoxen Kirche genehmigt werden.

Die aus der Zeit der türkischen Besatzung Griechenlands (1456–1827) stammende Moschee am Hafen Chanias, der zweitgrößten Stadt Kretas.

Zur muslimischen Minderheit gehörende Männer in einem Café im thrakischen Komotini

GESCHICHTE

DER ISLAM IN DER TÜRKEI
Reformen Kemal Atatürks und Re-Islamisierung

Studentinnen der 1979 gegründeten Istanbuler Bosporus Universität während einer Unterhaltung auf dem Campus. Da das Tragen des religiös motivierten Kopftuchs in der laizistischen Türkei in keinem Gesetz explizit untersagt ist, finden sich auch an den Hochschulen Frauen mit und ohne Tuch.

Das durch den Islam zusammengehaltene Osmanische Reich war das letzte islamische Vielvölkerreich. Die Osmanen beanspruchten, den Titel des Kalifen 1517 bei der Eroberung Ägyptens von dem letzten abbasidischen „Schattenkalifen" übertragen bekommen zu haben. Prinzipiell sollten Politik und Gesetzgebung im Osmanischen Reich mit der Scharia übereinstimmen. Oberste Aufsicht besaß der *Scheich-ül-Islam*.

Für den Republikgründer Mustafa Kemal (1881–1938), der sich 1934 den Ehrentitel Atatürk („Vater der Türken") selbst zuschrieb, besaß der Islam die Hauptschuld am Verfall des Osmanischen Reichs. Für Atatürk war der Islam das größte Hindernis, um die Türkei politisch, sozial, wirtschaftlich und kulturell Europa anzunähern. Daher setzte er sich für eine umfassende Säkularisierung seines Landes ein: Im März 1924 wurden das Kalifat abgeschafft und der letzte Kalif, Abdülmecid II. (1868–1944), des Landes verwiesen. Die Ministerien für Scharia-Angelegenheiten und religiöse Stiftungen, die Scharia-Gerichte sowie das Amt des Scheich-ül-Islam wurden abgeschafft. Sämtliche Schulen des Landes wurden dem Unterrichtsminister unterstellt, der kurz darauf die 479 höheren Schulen für islamische Theologie schloss. Im Herbst 1924 wurde der Religionsunterricht an den Gymnasien eingestellt, wenige Jahre später auch an den Mittelschulen, den städtischen Schulen und 1938 sogar an den Dorfschulen. 1925 wurden die Mausoleen und Derwischkonvente geschlossen. Die einflussreichen mystischen Bruderschaften, darunter die bedeutenden Orden der Mevleviyya, Naqshbandiyya und Bektaschi, wurden verboten.

1924-1937 wurden die auf der Scharia basierenden Gesetzbücher durch europäische Gesetzgebungen ersetzt: durch das Schweizer Bürgerliche Gesetzbuch im Zivilrecht, das italienische Strafrecht und das deutsche Handelsrecht. Atatürks Reformen gingen sogar noch weiter: 1925 löste der Gregorianische Kalender den islamischen Mondkalender ab. In den Jahren 1926 bis 1928 wurde die arabische Schrift durch das lateinische Alphabet ersetzt und das Tragen des Fes verboten. Ab 1932 war der Gebetsruf (Ezan) anstatt auf Arabisch nur noch auf Türkisch erlaubt. Erst Anfang der 1950er Jahre wurde diese Entscheidung rückgängig gemacht. 1934 wurde der Sonntag anstelle des Freitags zum wöchentlichen Feiertag.

Die Wiederbelebung des Islam
Ende der 1940er Jahre begann die Wiederbelebung des Islam. Noch während der Regierungszeit der auf Atatürk zurückgehenden Republikanischen Volkspartei (Cumhuriyet Halk Partisi/CHP) wurde das kemalistische Säkularisierungskonzept verändert. 1948 wurde an den Grundschulen der freiwillige Religionsunterricht eingeführt, in den Jahren darauf folgten die städtischen Schulen, die Mittelschulen und die Gymnasien. Nach Artikel 24 der Verfassung von 1982 wurde schließlich der Religionsunterricht für alle muslimischen Schüler in den Primar- und Sekundarstufen zum verbindlichen Fach erklärt. 1949 nahm man die seit dem Lehrjahr 1932/33 unterbrochene Ausbildung islamischer Geistlicher und Gelehrter wieder auf. In Ankara wurde die erste Theologische Fakultät per Gesetz eingerichtet. Unter der Regierung des 1961 hingerichteten Ministerpräsidenten Adnan Menderes (Demokratische Partei/DP) kam es 1951 zur Neueröffnung der Imam-Hatip-Schulen.

Seit 1971 finden unter der Aufsicht des Präsidiums für Religiöse Angelegenheiten (Diyanet Isleri Baskanligi/DIB, vormals Diyanet Isleri Reisligi/DIR) Korankurse statt. Abgesehen von den offiziellen Kursen veranstalten antikemalistische Orden und Gruppen wie Nurculuk, Süleymancilik und

Des Begründers der modernen Türkei Kemal Atatürk (eigentlich Mustafa Kemal Pascha, 1881–1938) mit seiner Frau Latifah; undatierte Aufnahme

GESCHICHTE

Ein Lehrer mit seinen Schülern in einer an der türkisch-irakischen Grenze gelegenen kurdischen Schule

Naqshbandi eigene inoffizielle Korankurse. Artikel 68 der Verfassung von 1982 verbietet die Gründung religiöser Parteien, die im Widerspruch zu den säkularen Prinzipien der Republik stehen. Die Artikel 163, 241 und 242 des türkischen Strafrechts stellen die Anwendung der Religion zu politischem und privatem Vorteil unter Strafe. Mehrere Parteien wurden seit Errichtung der Republik wegen Verletzung dieser Gesetze verboten.

Bei einigen Parteien spielten religiöse Themen und Parolen eine wichtige Rolle, zum Beispiel bei der DYP/Partei des rechten Weges, der ANAP/Mutterlandspartei und der inzwischen verbotenen RP/Wohlfahrtspartei. Die Parlamentswahlen wurden 2002 von der neu gegründeten konservativ-islamischen AKP (Partei für Gerechtigkeit und Entwicklung) gewonnen, die den Präsidenten Recep Tayyip Erdogan (geb. 1954) stellt.

Die gegenwärtige Situation

Knapp 99 Prozent der türkischen Bevölkerung sind Muslime, davon ungefähr 80 Prozent Sunniten, die überwiegend der ha-

In traditioneller Tracht gekleidete Türken

nafitischen Rechtsschule angehören. In der Südosttürkei ist auch die schafiitische Rechtsschule vertreten; 15 bis 20 Prozent der Türken sind Aleviten.

Oberste religiöse Aufsichtsbehörde ist das Präsidium für Religiöse Angelegenheiten (DIB). Es wurde 1924 neben dem Generaldirektorium für Religiöse Stiftungen als Ersatz für das Amt des Scheich-ül-Islam gegründet. Sein Vorsitzender, der vom Ministerpräsidenten vorgeschlagen und vom Staatspräsidenten ernannt wird, ist die höchste islamische Autorität in der Türkei.

Weitere islamische Gemeinschaften:
1. Die beachtliche Minderheit der schiitischen Aleviten fühlt sich vom staatlich-religiösen Regelwerk kaum angesprochen, da dieses weitgehend am sunnitisch-orthodoxen Islam ausgerichtet ist.
2. Die Naqshbandi, ein von Baha ud-Din Naqshband (gest. 1390) gegründeter Der-

wischorden sunnitisch-orthodoxer Prägung. Der Orden ist im gesamten Land verbreitet, unterhält eigene Moscheen und Koranschulen und praktiziert nach wie vor die seit 1925 verbotenen rituellen Zusammenkünfte.

3. Auch die religiös-konservativen Süleymancilik leiten sich von einem Naqshbandi-Scheich ab, Süleyman Hilmi Tunahan (1888 bis 1959).

4. Die Nurculuk („Schüler des Lichts") gehen auf den kurdischen Naqshbandi-Scheich Said Nursi (1876–1960) zurück. Said Nursi reformierte die religiöse Sprache und vermittelte eine neue Terminologie, um den Islam an modernen Diskussionen über Konstitutionalismus, Wissenschaft, Freiheit und Demokratie teilnehmen zu lassen. Said Nursi trat für eine stärkere Rückbesinnung auf Koran und Sunna unter Berücksichtigung naturwissenschaftlicher Erkenntnisse ein, die für ihn nicht im Widerspruch zur Religion standen. Die heutige Nur-Bewegung ist in sich sehr vielfältig. Eine neuartige, über die Türkei hinaus wirkende Nur-Bewegung geht zurück auf den populären, seit 1999 in den USA lebenden, Fetullah Gülen (geb. 1938), der das nationale Element stark betont und sich an Marktwirtschaft und neo-liberalen Wirtschaftsgedanken orientiert. Der Einfluss seiner Bewegung ist in Zentralasien, Südosteuropa ebenso spürbar wie in der Mongolei, in Bangladesh und einigen westeuropäischen Städten. Die Gülen-Bewegung hat bereits über 300 moderne, hoch qualifizierte Schulen gegründet, deren Lehrpläne keine expliziten islamischen Inhalte aufweisen. Sie wollen eine Elite heranbilden, die zwischen Vernunft und Offenbarung keinen Konflikt sieht.

Tansu Çiller (geb. 1946) war 1993–1996 erste und bislang einzige Premierministerin der Türkei und anschließend bis 1997 türkische Außenministerin.

Trotz aller Beschränkungen hat der Islam immer mehr an Bedeutung gewonnen. 1976 wurde die laizistische Türkei Vollmitglied der Islamischen Konferenz. 1983 erließ Ministerpräsident Turgut Özal (1927–1993) ein Gesetz, das die Gründung islamischer Banken erlaubte. 1987 hob er die Beschränkung auf, wonach jeder Türke nur einmal nach Mekka pilgern darf. Özal brach auch als erster Regierungschef der modernen Türkei selber zum Hadsch nach Mekka auf. Während seiner Regierungszeit (1983–1989) erfuhr der Islam insgesamt eine deutliche Aufwertung.

Das kemalistische Laizismuskonzept wird immer mehr aufgeweicht, denn in der Türkei herrschen zum Teil die gleichen sozialen und wirtschaftlichen Bedingungen, die in anderen Staaten des Nahen Ostens den islamistischen Gruppen Enttäuschte und Hoffnungslose zutreiben.

Der türkische Ministerpräsident Turgut Özal zu Besuch bei seinem griechischen Amtskollegen Andreas Papandreou (links) im Juni 1988.

GESCHICHTE

Der Islam in Amerika
Verbreitung und gesellschaftliche Wahrnehmung

Amerikanische Muslime während einer Parade auf der New Yorker Madison Avenue anlässlich des jährlich gefeierten Muslim Days

In Südamerika lebt über eine Million Muslime. Die dichtesten islamischen Ballungszentren befinden sich in Surinam (22%), außerdem in Guyana (10%) und auf Trinidad und Tobago (6%). Bei den Muslimen auf Trinidad und Tobago handelt es sich um Nachkommen der als Kolonialarbeiter eingewanderten Inder. In Surinam leben darüber hinaus viele Indonesier. Obwohl die meisten nach Lateinamerika ausgewanderten Araber dem christlichen Glauben angehören, gibt es in Argentinien (1,5 %), Venezuela (0,5 %) und Mexiko (0,3 %) islamische Gemeinden mit zum Teil eigenen Moscheen.

Muslime in den USA

Von den in den USA lebenden über 6 Millionen Muslime sind 77 Prozent nicht in den USA geboren, sondern kommen aus Osteuropa (Albanien, Bulgarien, Rumänien, ehemaliges Jugoslawien, Ukraine und Russland), aus dem Nahen und Mittleren Osten so-

ISLAM IN AMERIKA

wie aus Saudi-Arabien, Syrien, Israel, Ägypten, Irak, Türkei, Marokko. Eine weitere beträchtliche Anzahl stammt aus Asien (Indien, Kambodscha, China, Philippinen, Indonesien, Japan, Korea, Pakistan, Laos, Taiwan u.a.) sowie aus der Sub-Sahara (Äthiopien, Ghana, Nigeria, Südafrika, Cap Verde). Eine weitere Gruppe kommt aus der Karibik (Bahamas, Barbados, Bermuda, Brasilien, Dominikanische Republik, Guayana, Haiti, Jamaika, Trinidad). Infolge der Iranischen Revolution stieg die Anzahl der aus Iran stammenden Muslime. Hinzu kommen Amerikaner afrikanischer Abstammung. Die muslimischen Ballungszentren befinden sich in New York, Kalifornien und Illinois. Bis zum Jahr 2010 wird sich der Islam in den USA nach Schätzungen des US-Außenministeriums zur zweitgrößten Religion nach dem Christentum entwickeln.

New York hat als typische Einwandererstadt auch einen hohen Anteil an Muslimen, die nach den Terrorakten vom 11. September 2001 auch heute noch misstrauisch beäugt werden.

Geschichte

Die Geschichte des Islam in Nordamerika beginnt im frühen 19. Jahrhundert mit afrikanischen Einwanderern wie Bilali (Ben Ali) Mohammed (1803), Hajj Omar Ibn Sayyid (1807), Mohammed Ali Ibn Said (1860). Die erste größere muslimische Einwanderung erfolgte zu Beginn des 20. Jahrhunderts. Die meisten islamischen Migranten kamen aus wirtschaftlichen Gründen und wollten nur für einen absehbaren Zeitraum in den USA bleiben. Ein Jahrzehnt später waren jedoch immer mehr entschlossen, sich dauerhaft niederzulassen und ließen ihre Familien folgen. Die ersten Moscheen albanischer Muslime entstanden 1915 in Biddeford und Connecticut. Moscheen in Cedar Rapids/Iowa, Toledo, Detroit und Michigan City folgten. Die Muslime bauten ihre Gemeinden entsprechend ihren Bedürfnissen weiter aus. Todesfälle führten zur Einrichtung islamischer Friedhöfe, die zunehmende Entfremdung der Kinder von ihrer Kultur zur Einrichtung von Jugendgruppen und Religionsunterricht. Die Begegnung mit dem christlichen Weihnachtsfest inspirierte die Muslime dazu, den Geburtstag Mohammeds festlicher zu begehen.

Um 1950 führte der Wunsch, eine islamische Dachorganisation zu gründen, zur ersten Muslim Conference in Cedar Rapids. Weitere Konferenzen folgten: 1953 in Toledo, 1954 in Chicago. Dort wurde die Dachorganisation Federation of Islamic Associations of the United States and Canada (FIA) mit Abdullah Ingram als erstem

In dem im Nordosten Südamerikas gelegenen Surinam leben die verschiedensten Hautfarben und Religionen ohne größere Konflikte zusammen. Das Bild zeigt das friedliche Nebeneinander der Neve Shalom Synagoge und der größten Moschee der Stadt in Paramaribo, der Hauptstadt des Landes.

GESCHICHTE

Präsidenten ins Leben gerufen. Die Föderation stärkte das Gemeinschaftsgefühl der Muslime in den USA. Sie betonte in ihrem Manifest den Gedanken einer muslimischen Gemeinschaft in Amerika, die sich im Einklang mit dem Koran befindet und sich für geistige und soziale Entwicklung mit den islamischen Prinzipien einsetzt. In den 1960er Jahren begannen Studentenorganisationen, sich außerhalb der FIA zu organisieren.

Muslimorganisationen

1981 wurde in Virginia das International Institute of Islamic Thought ins Leben gerufen, um islamische Forschung in der ganzen Welt zu fördern und den Muslimen bei der Lösung von aktuellen Problemen zu helfen. Die Islamic Society of North America (ISNA) bemühte sich seit 1986, ein politisches Programm für die Zukunft zu entwickeln. Bereits 1983 war die Muslim League of Voters gegründet worden. Sie ermutigte muslimische Bürger, am politischen und zivilen Leben teilzunehmen. Seit 1985 wurden mehrere Muslim Political Action Comitees (PACS) gebildet. Das National Council of Islamic Affairs (NCIA) setzt sich für Völkerverständigung ein und unterstützt islamische Politiker bei ihrer Kandidatur für den Kongress. Der Islamic Supreme Council of America (ISCA), der „Höchste Islamische Rat in Amerika" vertritt einen gemäßigten Islam und lehnt extremistische Formen wie den saudischen Wahhabismus und andere islamistische Richtungen ab.

Das Islamische Zentrum in Washington ist die erste Moschee, die in der US-amerikanischen Hauptstadt gebaut wurde und war zugleich das erste große Gebetshaus der Muslime in den USA.

Muslimische Frauen beten während des ersten öffentlichen, für beide Geschlechter zusammen veranstalteten Gebets am 18.3.2005 in einer Gemeinde in New York.

Zur gegenwärtigen Situation

Was die gesellschaftlichen und politischen Aktivitäten der in Amerika lebenden Muslime betrifft, so kann man zwischen einer eher defensiv-pazifistischen und einer aktivistisch-missionarischen Einstellung der Muslime unterscheiden. Die erste bemüht sich lediglich um ein sinnvolles islamisches Leben in einer nicht-islamischen Umwelt. Diese Muslime sind direkt oder indirekt geistige Erben jener Emigranten, die den unruhigen Verhältnissen im Nahen Osten und Osteuropa entkommen wollten und sich auf ein mehr oder weniger angepasstes Leben in der amerikanischen Gesellschaft

ISLAM IN AMERIKA

eingestellt hatten. Einer kleineren Gruppe von Muslimen geht es dagegen nicht darum, sich in einer nichtislamischen Umwelt anzupassen. Sie wollen ihre Glaubensüberzeugung nicht nur wahren, sondern missionarisch auch auf den nicht-islamischen Bereich ausweiten. Diese Gruppe wurde von den Muslimbrüdern und der pakistanischen Djamaat-i-Islami des Abu Ala Maududi (1903–1979) beeinflusst. Für den Maududi-Schüler Khurram Murad war die islamische Bewegung ein organisierter Kampf, die bestehende Gesellschaft in eine islamische zu verwandeln.

Die Anschläge vom 11. September und die daraus resultierenden Angriffe auf Afghanistan, der von den USA begonnene Irak-Krieg, der Atomstreit mit Iran, das Erstarken der Hamas und auch der Streit um die Mohammed-Karikaturen haben das amerikanisch-islamische Verhältnis sehr stark belastet. Nach einer Umfrage der Washington Post (2006) nehmen 46 Prozent der US-Amerikaner den Islam heute negativ wahr. Unter den Muslimverbänden wächst die Sorge um das so genannte „Islam bashing", der öffentlichen Beschimpfung des Islam. Der republikanische Politiker Jim Walker aus Colorado sprach Muslimen die Fähigkeit ab, loyale Staatsbürger zu sein. Der Sohn des Fernsehpredigers Billy Graham bezeichnete den Islam sogar als „sehr schlimme und boshafte Religion". Es gibt aber auch US-Bürger mit einer gemäßigten Einstellung, wie auch auf islamischer Seite vermittelnde Stimmen auf sich aufmerksam machen. So tritt der Council of American-Islamic Relations (CAIR), der „Rat der Amerikanisch-Islamischen Beziehungen", für ein positives Islambild ein und engagiert sich dafür, zwischen „normalen" Muslimen und Terroristen zu unterscheiden.

Zusammen mit ihren beiden Töchtern kauft eine amerikanische Muslimin im Super Greenland-Supermarkt in Dearborn, Michigan, ein – dem nach Aussagen seiner Besitzer größten arabischen Geschäft der USA.

GESCHICHTE

DER ISLAM IN DEUTSCHLAND
Anfänge und Verbreitung des Islam in der deutschen Gesellschaft

Zu den ersten Muslimen in Deutschland zählen türkische Kriegsgefangene (1686–1698), deren Zahl bis in die mehrere Hunderte ging. Einige konvertierten zum Christentum, lebten später in Franken, Bayern und Sachsen. Die übrigen kehrten in ihre Heimatländer zurück. Die wohl ältesten Grabsteine sind die des sechsjährigen Mustaf in Brake (1689) sowie die von Hammet und Hassan in Hannover (1691).

1731 fand der Islam erneut seinen Weg in die deutsche Diaspora. Ein Herzog aus dem heutigen Lettland schenkte dem Preußenkönig Friedrich Wilhelm I. 20 türkische Gardesoldaten. Dies war die Grundsteinlegung für die erste muslimische Gemeinde, die ihre Rechtfertigung aus einem königlichen Dekret (1731) bezog. Muslimische Soldaten verschiedenster ethnischer Couleur beteiligten sich an den Preußenkriegen. Andere Muslime kamen als Kriegsgefangene nach Deutschland. 1740 schrieb Friedrich der Große an den Rand einer Eingabe aus Frankfurt/Oder, ob ein Katholik in der evangelischen Stadt Bürgerrecht erwerben dürfe: „Alle Religionen sind gleich und gut, wenn nur die Leute, die sich zu ihnen bekennen, ehrliche Leute sind. Und wenn die Türken (…) kämen und wollten hier im Lande wohnen, dann würden wir ihnen Moscheen (…) bauen".

Die erste Moschee war die „Rote Moschee" im Schwetzinger Schlossgarten. Sie entstand 1779–1791 als Schmuck und Mittelpunkt des „türkischen Gartens", hatte zunächst keine religiöse Funktion. Kriegsgefangene kranke Muslime verwendeten sie nach 1870/71 erstmals als Gebetsstätte.

Die erste islamische Gemeinde

Der Erste Weltkrieg brachte das Osmanische Reich auf die Seite der Mittelmächte. Wiederum kamen Militärs und Kriegsgefangene nach Deutschland. Bei Berlin entstanden zwei Internierungslager für muslimische Gefangene aus den alliierten Streitkräften. Propaganda und regelrechte Umerziehung sollte sie dazu bringen, auf osmanischer Seite erneut in den Krieg einzutreten. In einem dieser Lager errichtete man 1915 die erste „richtige" Moschee Deutschlands. Der Holzbau wurde 1925/26 wegen Einsturzgefahr abgebrochen; nur die „Moscheestraße" und einige Soldatengräber erinnern heute daran.

Mit dem Ende des Krieges blieb eine Reihe muslimischer Exilanten und Flüchtlinge in Berlin. Durch den Zuzug von Studierenden, Akademikern und Intellektuellen entfaltete sich ein reges islamisches Gemeindeleben, dem sich deutsche Konvertiten anschlossen und von dem heute noch die im Jahr 1924 gegründete Wilmersdorfer Moschee der Ahmadiyya-Gemeinschaft zeugt. Die Muslime in Berlin organisierten sich in mehreren Vereinen. Nicht alle konnten sich der politischen Instrumentalisierung durch die Nationalsozialisten entziehen. Bevor der Großmufti von Jerusalem mit den Nationalsozialisten paktierte, durften sogar Christen und Juden Mitglieder der Deutsch-Muslimischen Gesellschaft in Berlin werden.

Nach Kriegsende sammelten sich die verbliebenen Muslime um die allmählich bedeutungsloser werdende Moschee. Die seit langem in Hamburg ansässigen iranischen Kaufleute schufen sich 1961 ihre eigene Moschee an der Außenalster. Mit der Einreise von Studierenden und Akademikern entstanden noch vor der Anwerbung islamischer Arbeitsmigranten in den 1960er Jahren in Aachen und München die bis heute bekannten islamischen Zentren. Sie boten hauptsächlich arabischen Studierenden ein Forum.

Der ehemalige Bundespräsident Johannes Rau (1931–2006) spricht bei einer interreligiösen Veranstaltung in der Fatih-Moschee in Marl am 17.12.2001.

ISLAM IN DEUTSCHLAND

Zuwanderung muslimischer Arbeitskräfte

Im Wesentlichen geht die islamische Präsenz auf die Arbeitsmigration zurück, die erstmalig Muslime in größerer Zahl nach Deutschland führte. Ein lebhaftes Gemeindeleben begann mit dem Eintreffen der überwiegend türkischen Arbeiter. Die Moscheen dienen als Ort der Begegnung, Gebets- und Ruheplatz, Ausbildungsstätte für Theologen, Rechtsgelehrte, als Koranschule. Zu größeren Moscheen gehören Lebensmittelgeschäfte, Teehäuser und Bibliotheken. Zahlreiche Gemeinschaften bieten Alphabetisierungs- und Nähkurse für Frauen sowie Hausaufgabenhilfe an. In Deutschland gibt es ca. 2600 Gebetsstätten, entstanden in den 1970er und 1980er Jahren in Gewerbegebieten und Hinterhöfen. Seit Anfang der 1990er Jahre wurden 100 bis 150 Moscheen mit Kuppel und Minarett gebaut, trotz Mahnwachen und Bürgerbegehren gegen diese Vorhaben, u. a. in Berlin, München, Köln. Die größte Moschee im klassisch-osmanischen Stil entsteht zur Zeit in Duisburg-Marxloh. Freitags wird in den von Türken besuchten Moscheen auf Türkisch gepredigt. Die etwa 70 000 Libanesen und die Gläubigen aus arabischen Staaten beten auf Arabisch, Iraner und Marokkaner in ihren Landessprachen sowie auf Arabisch.

Heute leben etwa 3,3 Millionen Muslime in Deutschland. Davon sind rund 2,6 Millionen Sunniten und 225 500 iranische und türkische Schiiten. Die Zahl deutschstämmiger Muslime beträgt ca. 15 000. Rund 1 Million Muslime besitzen die deutsche Staatsangehörigkeit.

Islamische Vereinigungen und Organisationen

Überregionale und/oder supranationale muslimische Spitzenverbände wie der Zentralrat der Muslime in Deutschland (ZMD), der Islamrat für die Bundesrepublik Deutschland/Islamischer Weltkongress Deutschland, das Islamische Konzil übernehmen die Vertretung vieler Gemeinden.

Die 1924 gegründete Moschee der pakistanisch-islamischen Ahmadiyya-Gemeinde im Berliner Stadtteil Wilmersdorf

Nur etwa 12 Prozent (389 000) der Muslime gehören überhaupt islamischen Organisationen an. Dabei ist die dem Vereinsmitglied angehörende Familie nicht mit eingerechnet. Zu den großen Gemeinschaften zählt die sich ausschließlich für türkische Belange einsetzende und dem türkischen Präsidium für Religionsangelegenheiten Staat (Diyanet) unterstehende Türkische Anstalt für religiöse Angelegenheiten (DITIB). Sie unterhält die weitaus meisten Moscheen (ca. 900). Daneben existieren weitere bundesweite Organisationen wie die größte nicht-staatliche Islamische Gemeinschaft Milli Görüs (IGMG), der im August 2000 aus dem Zentralrat der Muslime ausgetretene Verband der Islamischen Kulturzentren (VIKZ, Islam Kültür Merkezleri Birli i), die Föderation der Aleviten-Gemeinden in Deutschland (Almanya Alevi Birlikleri Federasyonu, AABF), der inzwischen verbotene Verband der islamischen Vereine und Gemeinden (Islam Cemaatleri ve Cemiyetleri Birlii Kaplanc, ICCB), besser bekannt als die Gemeinschaft des „Kalifen von Köln", die Jamaat un-Nur, auch Nurculuk („Gemeinschaft des Lichts") genannt. Hinzu kommen die Sondergemeinschaft der Ahmadiyya sowie andere kleinere Gemeinschaften. In einem positiven Sinne bemerkenswert ist Schura – Rat der islamischen Gemeinschaften in Hamburg, in der über 40 Hamburger islamische Vereine verschiedener Richtungen und unterschiedlicher nationaler Herkunft vereint sind.

Das 2002 gegründete Deutsche Islamforum, das sich aus Persönlichkeiten aller wichtigen islamischen Gruppierungen, anderer Religionsgemeinschaften, gesellschaftlicher Institutionen, der Wissenschaft und staatlicher Einrichtungen zusammensetzt, tritt für einen Islam europäischer Prägung ein. Für Muslime in Deutschland hat dieses Forum 2006 eine Zusammenfassung der islamischen Grundwerte vorgelegt. Bereits im Anschluss an unser Kölner Schulbuchanalyseprojekt (s. S. 58f.) wurde unter dem Titel „Islam im Unterricht" eine thesenartige Aufstellung zentraler islamischer Inhalten in ähnlicher Absicht erarbeitet, die auf erhebliche Akzeptanz in islamisch-türkischen und christlich-religionspädagogischen Kreisen stieß.

Die erste deutsche Islam-Konferenz (27. September 2006) im Berliner Schloss Charlottenburg brachte nach vielen Jahren der Stagnation Bewegung in den Dialog von Staat und deutschen Muslimen. Diese Veranstaltung bildete den Auftakt zu einem mehrjährigen Dialog, der sich mit strittigen Fragen beschäftigen will wie: rechtliche Stellung des Islam, Islamunterricht an staatlichen Schulen, Ausbildung von Imamen in Deutschland, Moscheepredigt in deutscher Sprache.

Am 11. April 2007 gründeten die vier großen, konservativ ausgerichteten überregionalen Spitzenverbände den „Koordinierungsrat der Muslime in Deutschland" (KRM). Er versteht sich als „einheitlicher Ansprechpartner" der Politik.

GESCHICHTE

SONDERGEMEINSCHAFTEN IM ISLAM
Drusen, Ahmadiyya Muslim Bewegung, Aleviten und Black Muslims

Die Drusen sind eine religiös-ethnische, arabischsprachige Gemeinschaft im Libanongebirge (ca. 400 000 Gläubige im Gebirge des Chouf und Metn), in Südwestsyrien, Jordanien, Nordisrael (nach Schätzungen bis zu 450 000 Menschen) sowie in den USA. Die Bezeichnung geht entweder auf den extremen schiitischen Schriftgelehrten Mohammed ad-Darazi (Druz = Anhänger des Darazi) oder auf das arabische Verb daraza („studieren, Studium

SONDERGEMEINSCHAFTEN

der heiligen Bücher") zurück. Ihre offizielle Bezeichnung lautet al-Muwahidun („Bekenner der Einheit").

Die Drusen haben sich von den schiitischen Ismailiten abgespalten. Die auch Siebener-Schiiten genannten Ismailiten erkennen als letzten, 7. Imam, nur Ismail (gest. 762), den Sohn des 6. Imam Dschafar as-Sadik, an. Sie glauben nicht an Ismails Tod, sondern erwarten seine Rückkehr als Mahdi. Ismailiten leben in Syrien, Afghanistan, Pakistan und Indien. Oberhaupt der indischen Ismailiten ist ein Aga Khan, zurzeit Karim Aga Khan IV. (geb. 1936). Zu den persischen Ismailiten gehörten im Mittelalter die Assassinen (von arabisch hashishin = „Haschischesser").

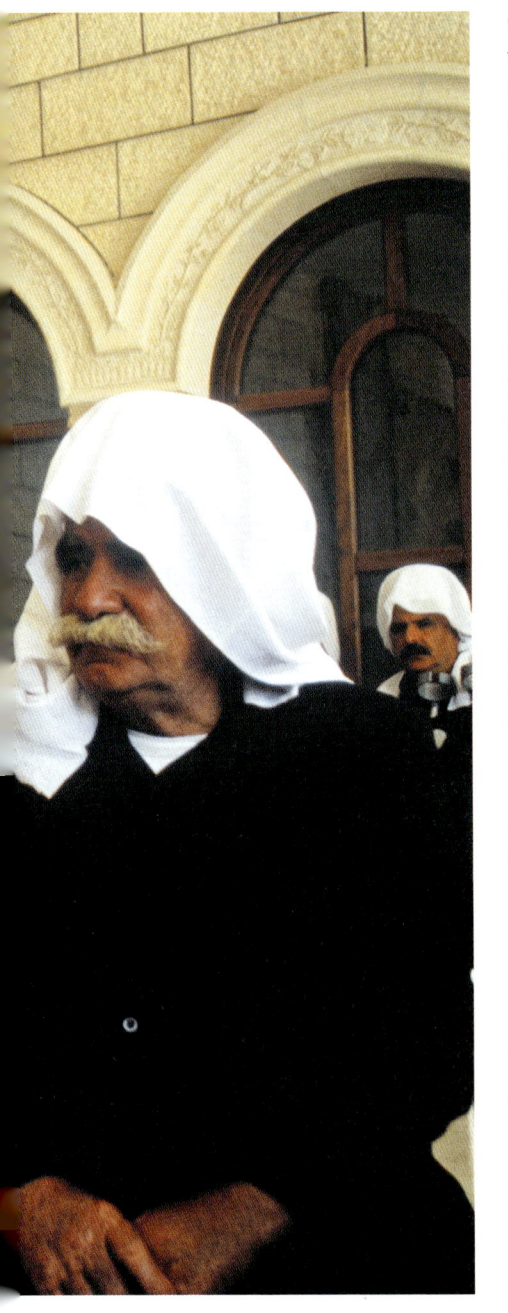

Glaubensinhalte

Obwohl sich die Drusen inhaltlich sehr weit vom Islam entfernt haben, gibt es noch Berührungspunkte zum Islam wie auch zu Judentum, Christentum, Neuplatonismus, Buddhismus und Hinduismus. Die Drusen glauben an die mehrmalige Menschwerdung Gottes. Seine letzte und endgültige Inkarnation war ihrem Glauben gemäß al-Hakim bi Amri Allah, der 1021 n.Chr. verstorbene sechste Herrscher der Fatimiden. Für die Gläubigen verschwand Hakim in der Verborgenheit. Sie erwarten seine Rückkunft am Ende der Zeiten. Die Drusen glauben in einer spezifischen Weise an die Seelenwanderung: Menschen werden nur als Menschen – ausschließlich innerhalb desselben Geschlechts – wiedergeboren. Der Sinn der Reinkarnation liegt in der allmählichen Vervollkommnung des Menschen. Zu den weiteren Grundlehren der Drusen gehört die Vorstellung der Inkarnation göttlicher Prinzipien: Weltseele und Weltvernunft. Ein Übertritt zum Drusentum ist nicht möglich. Die Drusen erkennen Evangelium und Koran an, ordnen diesen jedoch ihre eigene Heilige Schrift (Kitab el-Hikmet, „Buch der Weisheit") über. Das Heilige Buch der Drusen ist ein aus 111 Briefen bestehender Kanon. Drusen praktizieren die Arkandisziplin, das heißt nur ein kleiner Kreis, die *Ukkal* (Eingeweihten), kennt im Unterschied zu den *Juhhal* (Laien) die tieferen Glaubensgeheimnisse. In diesen Kreis können Männer und Frauen aufgenommen werden. Sie tragen die Titel Scheich und Scheicha.

Ältere Drusen am Grab des von ihnen als einer ihrer sieben Propheten verehrten Schwiegervaters Moses Jethro in der nordisraelischen Stadt Nabi Shueib

AHMADIYYA MUSLIM BEWEGUNG

Diese aus dem indisch-sunnitischen Islam hervorgegangene Religionsgemeinschaft entstammt dem Umkreis islamisch-messianischer Bewegungen und erwartet einen Mahdi, eine Art messianischer Persönlichkeit. Zentrum der Ahmadiyya-Bewegung, die den Islam von Fehlentwicklungen reinigen will, ist Pakistan. Begründet wurde sie von dem aus der Stadt Qadian (Pandschab) gebürtigen Hazrat Mirza Ghulam Ahmad (1839–1908). Der zunächst in der britischen Kolonialverwaltung beschäftigte Ahmad („hochlöblich") attackierte in seinem apologetischen Werk Barahin i Ahmadiyya („Thesen der Ahmadiyya", 1880/83) Hinduismus und Christentum. Ahmads Sendungsbewusstsein gewann Gestalt, als er sich u.a. Mudschaddid („Erneuerer/Reformer") nannte. Seit 1889 berief er sich auf die ihm zuteil gewordenen Offenbarungen. 1891 trat er mit dem Anspruch auf, Mahdi und Masih (Messias) zu sein und Wunder tun zu können. Später hielt sich Ahmad sowohl für den herabgestiegenen Krischna, den Mesio Darbahmi der auf den altiranischen „Priester-Propheten" Zarathustra zurückgehenden Zoroastrier (Parsen), sowie für das „Ebenbild Mohammeds".

Aufspaltung der Bewegung

1901 ließ Ahmad die Ahmadiyya-Bewegung als eigenständige Religionsgemeinschaft registrieren. Aufgrund von Nachfolgestreitigkeiten spaltete sich die Bewegung 1914 in zwei Zweige. Die wesentlich kleinere, in ihrem Weiterbestand heute nicht ungefährdete Lahore-Gruppe sieht in Ghulam Ahmad lediglich einen Mudschaddid, während ihm die Mehrheit, die Qadiani-Gruppe (seit 1947 Hauptsitz in der selbst gegründeten Stadt Rabwah/Pakistan), den Status eines „Propheten" zubilligt. Seit 1982 wird die Qadiani-Gruppe von ihrem

GESCHICHTE

im britischen Exil lebenden 4. Kalifen Hazrat Mirza Tahir Ahmad mit dem Titel Khalifat ul Masih IV. (Kalif Messias IV.) geleitet. 1974 stempelte das pakistanische Parlament die Ahmadiyya zur nichtislamischen Minorität, obwohl diese in praktisch-religiöser Hinsicht mit dem Mehrheitsislam weitgehend konform geht. Eine in Mekka einberufene Konferenz aller islamischer Organisationen und Rechtsschulen unter dem Vorsitz des saudiarabischen Justizministers schloss die Ahmadiyya-Bewegung am 10.5.1974 offiziell aus der Gemeinschaft des Weltislam aus.

Religiöse Ausrichtung

Zu den Sonderlehren der Ahmadiyya gehört die Behauptung: Jesus starb nicht am Kreuz, sondern war nur ohnmächtig und seine Jünger retteten ihn. Auf der Suche nach den „verlorenen Schafen Israels" wanderte Jesus nach Kaschmir aus und starb dort im Alter von 120 Jahren. Das Grab Yuz Asafs („Jesus der Versammler") wird in Srinagar gezeigt.

Die Ahmadis haben die islamischen „fünf Säulen" um das Gebot der Welteroberung und der Verbreitung des Korans mit friedlichen Mitteln erweitert. Im Mittelpunkt ihrer Frömmigkeit steht der unfehlbare, unveränderbare, durch keine weitere heilige Schrift ersetz- oder ergänzbare Koran. Die Ahmadis betonen die geistigen Aspekte gegenüber den legalistischen. Die Ahmadiyya-Bewegung betreibt die planmäßigste Missionsarbeit im Islam. Heute ist die Religionsgemeinschaft in über 150 Ländern (vor allem Indien, Pakistan, Westafrika, Südostasien) vertreten. Ein Schwerpunkt ihrer Missionsarbeit liegt in Westafrika (Nigeria, Ghana), wo die Ahmadis sozial sehr engagiert sind und Krankenhäuser und Schulen unterhalten. Auch in den USA und in Europa bemüht man sich, neue Anhänger zu gewinnen. Weltweit zählt die Qadiani-Gemeinschaft nach eigenen (vermutlich hoch gegriffenen) Angaben über 15 Millionen Anhänger. In Deutschland unterhält die Qadiani-Ahmadiyya nach eigenen Angaben über 250 Gemeinden mit ca. 50 000 Mitgliedern, meist Flüchtlinge aus Pakistan. Die Bedeutung des Lahore-Zweigs in Deutschland ist gering.

DIE ALEVITEN

Die Religionsgemeinschaft der Aleviten führt ihre Anfänge bis auf die Zeit der Entstehung des Islam zurück. Die Aleviten sind insbesondere in Anatolien und auch in den Balkanländern verbreitet. Ihr Name leitet sich ab von Ali (um 598–661), dem Schwiegersohn Mohammeds. In der Türkei werden die Aleviten, die sich weder dem

Empfang einer deutschen Jugendgruppe bei alevitischen Scheichs in Antakya (Hatay/Türkei)

SONDERGEMEINSCHAFTEN

Der Führer der Sozialistischen Fortschrittspartei des Libanon und einflussreichste Drusenführer Walid Dschumblat (geb. 1943) nimmt am 17.2.2006 in Beirut an einer Gedenkfeier für den ermordeten Premier Rafik Hariri teil.

schiitischen noch sunnitischen Islam zurechnen, argwöhnisch betrachtet und gelten als Häretiker. In der Geschichte wurden die Aleviten oft verfolgt.

Es gibt zwei alevitische Richtungen: Die Bektaschi-Aleviten verbanden sich seit dem 16. Jahrhundert mit den Klöstern und Orden von Haci Nektash Veli, die Kizilbasch-Aleviten bis zum 17. Jahrhundert mit den Kizilbasch-Orden in Ardabil/ Iran.

Der mystische Grundzug der Aleviten wird in der Bedeutung ihrer Geistlichen (*Dede*) deutlich. Diese erst ermöglichen dem Gläubigen den Aufstieg zu Gott. Neben Gott und Ali werden die zwölf Imame, das heißt die Prophetenfamilie, verehrt. Zusätzlich zum Koran, der aufgrund seiner Veränderung durch die Sunniten für die Aleviten nicht mehr das wortwörtliche Gotteswort darstellt, wird der *Buyruk* (türkisch „Gebot") verehrt. Dieses Buch beschreibt die religiöse Lehre und Riten der Aleviten und enthält ihre Ethik. Die Aleviten trachten danach, den Koran nach seinem „inneren Sinn" zu verstehen. Sie lehnen die Scharia ab.

Religiöse Pflichten und Riten

Aleviten orientieren sich nicht so sehr an äußeren Formen der Religionsausübung. Von den fünf Säulen des sunnitischen Islam beachten sie vor allem die erste, das „Glaubenszeugnis", allerdings mit einer Erweiterung: Es gibt keinen anderen Gott als Allah, Mohammed ist sein Prophet *und Ali sein Freund.*" Aleviten verwenden meist die Kurzformel: „Ya Allah, ya Muhammad, ya Ali". Die übrigen Pflichten befolgen sie in abgewandelter Weise. Das fünfmalige rituelle Pflichtgebet in der üblichen islamischen Form praktizieren die Aleviten nicht. Statt die vorgeschriebenen islamischen Gebetspositionen einzunehmen, achten sie auf eine bestimmte Fußstellung. Auch legen sie ihre Hand auf das Herz. Der Hadsch ist für Aleviten kein religiöses Gebot. Rituelle Waschungen und Moscheebesuche spielen keine Rolle. Das *Cem-Gebet* (Cem = religiöse Versammlung) halten die Gläubigen meist in einem großen Cem-Haus ab. An den Cems nehmen Männer und Frauen gleichberechtigt teil. Nach der Klärung strittiger Fragen wird das „Einvernehmen" (*Rizalik*) unter den Gemeindegliedern erzielt. Danach singt man religiöse Klagelieder auf Ali und die anderen Imame.

Charakteristisch für die alevitischen Riten sind Musik und der Reigentanz *Semah* (Himmel). Männer und Frauen tanzen diesen immer schneller werdenden kreisförmigen Tanz, der an den ekstatischen Reigen der Mevlewiyya Derwische erinnert (s. S. 117). Der Reigen wird von der Saz, einer Langhals-Laute, und mystischen Liedern begleitet. Von alevitischen Jugendlichen wird der Semah-Tanz heutzutage immer häufiger folkloristisch umgedeutet, wobei seine tiefe und komplexe religiöse Symbolik allmählich in Vergessenheit gerät. Bei den Cems werden neu vermählte Ehepaare paarweise in die Gemeinschaft aufgenommen. Im Verlauf der Feier gedenkt man der Propheten und der Leiden der Imame. Zum Abschluss speist man gemeinsam das gesegnete Mahl und verteilt symbolisch das „Getränk" (*Dem*). Dann geht die Gemeinschaft gesegnet und im Einvernehmen auseinander.

Die religiöse Leitung liegt traditionell in den Händen des Dede: Männer aus Familien, die als Nachfahren Alis gelten und die wahre Lehre vertreten, auch Persönlichkeiten mit außergewöhnlichen Fähigkeiten und ihre Nachfolger, die nicht von den Familien der 12 Imame abstammen. Im Unterschied zu Muslimen essen Aleviten auch das Fleisch nicht rituell geschlachteter Tiere. Alevitische Frauen kleiden sich weniger streng als ihre türkisch sunnitischen Geschlechtsgenossinnen und tragen keine Kopftücher.

Im islamischen Zentrum der Aleviten Karacaahmet Sultan Dergahi in Istanbul nimmt ein Junge Essen ein, mit dem die Aleviten arme und kranke Muslime kostenlos versorgen.

Die Institutionen der „Weggemeinschaft" (*Musahiplik*) verpflichten zwei Ehepaare zur unbedingten Solidarität und Verantwortung füreinander. Jede alevitische Familie soll einmal in der Cem-Versammlung eine Gemeinschaft mit einer anderen, sozial und

GESCHICHTE

Auf dem Ökumenischen Kirchentag in Berlin 2003 demonstrieren junge Männer und Frauen den Semah, den wichtigsten rituellen Tanz der Aleviten. Er gehört zu den zwölf Pflichten des alevitischen Cem.

finanziell in etwa gleichgestellten Familie eingehen. Dadurch entsteht eine religiöse verwandtschaftliche Beziehung, die auch eine wirtschaftliche Verschmelzung für die beteiligten Familien bedeutet. Diese Familien unterstützen sich gegenseitig in jeder Hinsicht. Die Sünden beider Familien zählen zusammen. Vollwertiges Mitglied der alevitischen Gemeinschaft ist nur derjenige, der eine „Wegbruderschaft" eingegangen ist, das heißt derjenige, der sein eigenes Schicksal an das der Geschwister im Glauben gebunden hat.

Ethische Grundsätze

Die alevitische Ethik findet ihren Ausdruck in der Konzeption der „vier Tore" und „40 Stufen". Um jedes einzelne Tor zu durchschreiten, müssen jeweils zehn ethische Regeln eingehalten werden. Das erste Tor (*Scheriat*) wird nicht schon durch die Geburt in die alevitische Gemeinschaft durchschritten, sondern durch Befolgung der ethischen Regeln. Durch die Initiation in die Gemeinschaft wird das zweite Tor des mystischen Weges (*Tarikat*) zu Sinn und Erkenntnis des Glaubens eröffnet. Der Mensch benötigt hierzu einen ihn begleitenden und Beistand vermittelnden „Wegweiser" (*Rehber*). Das dritte „Tor der Erkenntnis" (*Marifet*) führt zur Erkenntnis des Menschseins als Teil der Gemeinschaft. Das vierte Tor führt zur „Wahrheit" (*Hakikat*). Zu den ethischen Maximen gehört es, „Herr zu sein über Hände, Zunge und Lende". Die Beherrschung der „Lende" beziehungsweise des „Samens" bedeutet Enthaltsamkeit von allen außerehelichen sexuellen Handlungen.

Menschenliebe, Gleichberechtigung aller Menschen, insbesondere von Mann und Frau, Gleichberechtigung der Glaubensgemeinschaften, Solidarität mit den Armen, Mensch und Natur lieben, geduldig, genügsam, freigebig sein, Kampf gegen Unrecht und Unterdrückung: Dies sind wichtige ethische Maxime der Aleviten.

Die grundsätzliche Toleranz gegenüber allen Religionen kommt in der Maxime zum Ausdruck: „Betrachte 72 Volksgruppen / Religionsgruppen als gleichberechtigt".

Ein großer Teil der Aleviten ist heute der säkularisierten Intelligenz zuzurechnen. Die in der Türkei traditionell zwischen Sunniten und Aleviten bestehenden Spannungen haben seit dem Militärputsch von 1980 und der damit einhergehenden Re-Islamisierung zugenommen und bestehen auch in Deutschland. Seit den 1990er Jahren bekennen sich die Aleviten in der Türkei zunehmend zu ihrer religiösen Identität. Alevitische Selbstdarstellungen geben die Gesamtzahl der Gläubigen mit 20 Millionen an. Etwa 20 bis 25 Prozent der Bevölkerung der Türkei sind Aleviten, ein Teil von ihnen (20 Prozent) Kurden. In Deutschland schätzt man die Zahl der Aleviten auf ca. 500 000, was etwa 30 Prozent der Türken entspricht.

DIE BLACK MUSLIMS

An Zahl und Dynamik besonders bedeutsam waren afroamerikanische Konvertiten, die Black Muslims, eine quasireligiöse Gemeinschaft in den USA, die 1931 von Walace D. Fard (etwa 1877 bis 1934) gegründet wurde. Die auch Nation of Islam genannte Organisation vertritt einen schwarzen Nationalismus, will die ökonomische, soziale und politische Lage der Afroamerikaner verbessern. Nach dem mysteriösen Verschwinden Fards radikalisierte sich die Bewegung unter Elijah Muhammad (1897–1975). Unter ihm nahm die Zahl der Anhänger zu und die Organisation verstärkte

Portrait des führenden Predigers der Black Muslims Malcom Little, genannt Malcolm X

SONDERGEMEINSCHAFTEN

Anhänger der Nation of Islam – einer von Wallace D. Fard in den USA gegründeten, radikal-religiösen Vereinigung schwarzer Amerikaner – während ihrer jährlich begangenen Saviour's Day Convention in Chicago

fassung, dass sie mit dem sunnitischen Islam unvereinbar wären. Fard gilt bei den Black Muslims als Inkarnation Allahs, als sichtbar gewordener Gott – eine für den sunnitischen Islam völlig inakzeptabler Gedanke. Elijah Muhammad wird als letzter Bote Gottes betrachtet, eine Rolle, die der Islam sonst nur dem Propheten Mohammed zuschreibt. Nicht nur der abschließende Charakter von Mohammeds Prophetentum wurde kritisiert. Einige Black Muslims stellten auch den Offenbarungscharakter des Korans in Frage. Auch bei Themen wie Jüngstes Gericht und Leben nach dem Tod

ihren Einfluss. Elijah Muhammad forderte unter dem Eindruck der Gründung des Staates Pakistan, der ägyptischen Revolution und der Verstaatlichung des Suez-Kanals seinen eigenen Staat innerhalb der USA.

Eine zeitweilig bedeutsame Rolle spielte Malcolm Little (1925–1965), bekannter als Malcolm X. Der Buchstabe X sollte daran erinnern, dass er ein Ex-Raucher, Ex-Trinker, Ex-Christ war. Malcolm X wurde zum Propagandisten einer separaten Schwarzen Nation in den USA. Öffentlich kritisierte er die rassische Ungerechtigkeit in den USA und verteidigte den Einsatz von Gewalt zur Erlangung der Gleichheit mit den Weißen. So wurde Malcolm X in den 1960er Jahren zum großen Gegenspieler Martin Luther Kings (1929–1968), der einen gewaltlosen Kampf um Bürgerrechte forderte. 1964 trat Malcolm X zum orthodoxen Islam über, nannte sich fortan Al-Hadjdj Malik Al-Schabazz und brach mit Elija Muhammads Nation of Islam. Kurz bevor er 1965 Opfer eines Attentats wurde, gründete er in New York eine noch orthodoxere Muslimorganisation: Muslim Mosque Inc.

Öffnung und Spaltung der Organisation

Während der zweiten Hälfte der 1960er Jahre näherte sich Elijah Muhammads Nation of Islam dem sunnitischen Islam an. Unter seinem Sohn und Nachfolger Warithuddin Muhammad, der 1967 die Hadsch nach Mekka unternahm, wurde der separatistische und exklusive Charakter der Organisation immer mehr aufgebrochen. Die Mitglieder wurden aufgefordert, aus der Isolation auszubrechen und sich sozial, politisch und bürgerlich zu organisieren. Selbst weiße Amerikaner wurden ermutigt, sich der Bewegung anzuschließen.

1976 benannte sie sich in World Community of Islam in the West um. Es gab Widerstand gegen Warithuddin Muhammads Öffnung für die Weißen und Orientierung am sunnitischen Islam. Elija Muhammad sagte sich von ihm los und gründete seine eigene Sektion der Black Muslims, die 1977 als American Muslim Mission hervortrat.

Von Anfang an herrschte bei den Black Muslims oder der Nation of Islam die Auf-

Jimmy X, Anhänger der Black Muslims, während einer Demonstration gegen den Irakkrieg in Oakland, Kalifornien

vertrat die Bewegung eine vom sunnitischen Islam abweichende Auffassung: Gegen Ende des 20. Jahrhunderts erwarteten viele Black Muslims irgendwo in der islamischen Welt das Paradies auf Erden. Amerika sollte von Feuer verzehrt werden und 6000 Jahre weißer Vorherrschaft sollten zu Ende gehen.

GESCHICHTE

WICHTIGE ORGANISATIONEN
Internationale islamische Zusammenschlüsse

Lange bevor in den 1960er Jahren zwei internationale islamische Organisationen entstanden, gab es die Idee eines allislamischen Kongresses. Die beiden Reformdenker Muhammad Abduh (1849–1905) und Dschamal ad-Din al-Afghani (1838–1897) waren von der panislamischen Idee geprägt. Doch erst nachdem das Osmanische Reich zusammengebrochen und das Kalifat durch Atatürk abgeschafft waren, wurde der Weg für internationale islamische Konferenzen frei. Der 1926 gegründete Islamische Weltkongress hat seine Bedeutung gegenüber den beiden anderen internationalen Organisationen inzwischen verloren.

Die Liga der Islamischen Welt

Die von Saudi-Arabien finanzierte panislamische Liga der Islamischen Welt – die wichtigste nichtstaatliche internationale islamische Organisation – wurde während eines Treffens von prominenten islamischen Gelehrten 1962 in Mekka gegründet, wo sich auch ihr Sitz befindet. Sie wird von einem aus 62 Mitgliedern bestehenden Gelehrtenrat geleitet. Generalsekretär ist laut Satzung ein saudischer Staatsbürger. Die Hauptziele der Liga sind die Folgenden:
- Islamische Mission
- Verbreitung der Lehren des Islam
- Wahrnehmung der muslimischen Interessen
- Abwehr von Verschwörungen gegen den Islam
- Betreuung muslimischer Minderheiten in Europa, Asien und Amerika.

1975 wurde der Internationale Oberste Rat für Moscheen gegründet, der sich bemüht, die Aufgaben der Moscheen wiederzubeleben und muslimische Stiftungen zu bewahren. In dem 1978 gegründeten Islamischen Rechtsrat erarbeiten Gelehrte auf der Grundlage von Koran und Sunna Lösungen für Rechtsprobleme. Außerdem gibt es seit 1984 eine Kommission zur Untersuchung der wissenschaftlichen Aspekte in Koran und Prophetenüberlieferung.

Muslimische Teilnehmerinnen bei der Internationalen Islamischen Konferenz in Amman am 4. Juli 2005

ORGANISATIONEN

Zur Eröffnung eines Außenministertreffens der Islamischen Konferenz-Organisation ruft der iranische Präsident Mohammed Chatami (geb. 1943) die islamische Welt am 28.5.2003 zur Distanz von Terrorismus und Fanatismus auf.

Die Satzung der Liga der Islamischen Welt erklärt zum Ziel:

„In Erfüllung der Pflicht, die Gott uns gegeben hat, die Botschaft (Dawa) des Islam zu verbreiten, seine Prinzipien und Lehren zu erläutern, die Zweifel an ihm zu zerstreuen und die gefährliche Verschwörung, durch die die Feinde des Islam die Muslime von ihrer Religion fortlocken und ihre Einheit und brüderliche Verbundenheit zerstören wollen, zu bekämpfen; ferner ist auf die Angelegenheiten der Muslime in einer Weise zu achten, die ihre Interessen und ihre Hoffnungen wahrt und zur Lösung ihrer Probleme beiträgt".

Ein wichtiges Organ der Liga ist die Islamische Hilfsorganisation. Diese karitative Abteilung leistet in Krisensituationen, zum Beispiel im vom Bürgerkrieg geschädigten Bosnien und Kosovo, humanitäre Hilfe. Gegenwärtig unterhält die Liga Büros in 32 Staaten Afrikas, Asiens, Europas und Amerikas.

Die Liga der Islamischen Welt ist vor allem auch deshalb bedeutsam, weil die islamische Welt keine Institution kennt, welche die „rechte Lehre" verkünden könnte. Wenn sich die Liga also zur islamischen Lehre äußert, so verdienen solche Stellungnahmen große Aufmerksamkeit.

Organisation der Islamischen Konferenz (OIC)

Die 1971 in Dschidda/Saudi-Arabien gegründete Islamische Konferenz ist ein Zusammenschluss von Ländern mit nennenswerter islamischer Bevölkerung. 2007 hatte die OIC (Organization of Islamic Conference) 57 Mitgliedsländer, darunter die meisten arabischen Staaten. Ziele der Islamischen Konferenz sind:

- Zusammenarbeit auf wirtschaftlichem, sozialem und kulturellem Gebiet
- Kampf gegen Rassismus und Kolonialismus
- Schutz der heiligen Stätten des Islam
- Unterstützung der Palästinenser
- Förderung des Verständnisses zwischen islamischen und nicht-islamischen Staaten.

Zu den wichtigsten Einrichtungen der IOC gehört der „Islamische Solidaritätsfond" und die „Islamische Entwicklungsbank". Diese wichtigste islamische Bank nimmt gemäß der Scharia keine Zinsen. Der ebenfalls zur IOC gehörende „Jerusalem-Fonds" hat die Aufgabe, den islamischen Charakter dieser drittheiligsten islamischen Stadt zu bewahren. Ein weiteres IOC-Organ ist die Internationale Islamische Nachrichtenagentur (INA).

Der malaysische Ministerpräsident Mahathir Mohammad spricht am 16.10.2003 in Putrajaya zu den Delegierten des Gipfeltreffens der Islamischen Konferenz-Organisation (OIC). Mahathir sagte bei der Eröffnung, die muslimischen Staaten sollten ihre Reihen schließen und gegen Versuche, die islamischen Nationen zu unterdrücken, zusammenstehen.

GLOSSAR

A

Abbasiden: Zweite große islamische Dynastie, benannt nach al-Abbas ibn Abd al-Muttalib ibn Haschim (gest. ca. 653), einem Onkel des Propheten Mohammed.

Abrahami(ti)sche Religionen (Abrahamsreligionen): Christlich-theologische Bezeichnung für die drei Weltreligionen Judentum, Christentum, Islam. In der Erklärung über das Verhältnis der Römisch-Katholischen Kirche zu den nicht-christlichen Religionen (Nostra Aetate, 1965) nehmen die Konzilsväter offiziell zum Islam Stellung: „Mit Hochachtung betrachtet die Kirche auch die Muslime, die den alleinigen Gott anbeten, den lebendigen und in sich seienden, barmherzigen und allmächtigen, den Schöpfer des Himmels und der Erde, der zu den Menschen gesprochen hat. Sie mühen sich, auch seinen verborgenen Ratschlüssen sich mit ganzer Seele zu unterwerfen, so wie Abraham sich Gott unterworfen hat, auf den der islamische Glaube sich gerne beruft".

Absichtserklärung: Vorbedingung für die Gültigkeit religiöser Handlungen. Die Niyya („Absicht") braucht nicht mündlich geäußert zu werden. Betende zum Beispiel müssen sich vor dem Gebet bewusst machen, welches Gebet sie verrichten wollen.

Adhan (arabisch: „Ankündigung"): Ruf des Muezzins zu Beginn der täglichen fünf Gebetszeiten.

Ahl al-kitab (arabisch: „Schriftbesitzer"): Bezeichnung im Koran für Gemeinschaften von Menschen, die im Besitz heiliger Schriften sind: Juden, Christen, Zoroastrier.

Allah (arabisch: „der Gott"): Nach islamischem Verständnis nicht nur der Gott der Muslime, sondern der Gott aller Menschen. Auch arabische Christen nennen Gott Allah.

Almosen → Zakat.

Aqiqa-Zeremonie: Mit dem „Schlachten eines Opfertiers bei der Geburt eines Kindes" ist auch die Zeremonie der Namengebung verbunden.

Arkan: Der Islam unterscheidet zwischen den Pflichten des Menschen Gott gegenüber und den Pflichten gegenüber seinen Mitmenschen und der Gemeinschaft. Bei den religiösen Grundpflichten, oft als die fünf „Säulen" (arabisch: Arkan) des Islam bezeichnet, sind beide Pflichtbereiche betroffen. Die fünf Arkan sind zugleich persönliche und gesellschaftliche Handlungen, die von den Gläubigen gemeinsam und öffentlich verrichtet werden: 1. das Glaubenszeugnis (Schahada); 2. das rituelle Pflichtgebet (Salat); 3. das Fasten (Saum); 4. die fälschlich „Almosen" genannte Pflichtabgabe (Zakat); 5. die Wallfahrt nach Mekka (Hadsch).

Aschura (arabisch: „der Zehner"): Dieser Tag wird am 10. Tag des islamischen Monats begangen. Mit diesem Monat beginnt das islamische Jahr. Für die Schiiten ist Aschura der höchste Feiertag, an dem die Gläubigen des Märtyrertodes Hussains gedenken. Der jüngere Sohn des Kalifen Ali, Hussain, wurde 680 im Gefecht von Kerbela getötet.

Aya (arabisch: „Zeichen"): Der Begriff kommt in verschiedenen Zusammenhängen im Koran vor: Jeder einzelne Koranvers gilt als „Zeichen" Gottes; Himmel und Erde sind für den Gläubigen voller „Zeichen" für die wunderbare Schöpfertätigkeit Gottes; auch die Propheten, von Adam bis zu Mohammed werden als Aya betrachtet.

Ayatollah (arabisch: Aya „Zeichen"; Allah „der Gott" = „Zeichen Gottes"): Höchster Ehrentitel bei den Schiiten.

Azhar, al- (arabisch: „die Leuchtende" [Moschee] in Kairo): Sie gehört zu den ältesten und bedeutendsten Moscheen und ist eine der berühmtesten Universitäten in der islamischen Welt.

Gegründet wurde sie 972 nach der Eroberung Kairos durch die Fatimiden. Die schiitische Gründung entwickelte sich zu einer der angesehensten Hochschulen des sunnitischen Islam. Die drei klassischen (theologischen, juristischen, philologischen) Fakultäten wurden seit 1961 um naturwissenschaftliche und technische Fachrichtungen erweitert.

Seit 1962 studieren auch Frauen an der al-Azhar. Die Gutachten der al-Azhar genießen in der gesamten islamischen Welt Anerkennung. Seit 1971 wird der Rektor der Universität, der Scheich al-Azhar, vom ägyptischen Präsidenten ernannt. Seit jeher war die al-Azhar Missionszentrum und ist bis heute Hort des traditionellen Islam.

B

Basmala: Aus vorislamischer Zeit stammende Kurzform von Bismillahi r-rahmani r-ahimi: „Im Namen Gottes, des barmherzigen Erbarmers". Die Einleitungsformel steht am Anfang aller Koransuren mit Ausnahme von Sure 9.

Bayram (türkisch: „Fest"): Bezeichnung für zwei islamische Feste. Ihre Bezeichnungen lauten im Arabischen → Id al-Adha und → Id al-Fitr.

Bida (arabisch: „Neuerung, Erneuerung, Ketzerei"): Nicht auf Mohammed zurückführbare Anordnungen, Aufhebungen von Vorschriften oder Handlungen und Bräuche. Es gibt unterschiedliche Ansichten darüber, welche Neuerungen als „schlecht" gelten. „Die strengste Auffassung ist diejenige, die jede in der Lehre Muhammads nicht verwurzelte Neuerung ablehnt, auch wenn sie nicht der Lehre widerspricht und auch nicht beansprucht, eine religiöse Handlung zu sein" (Abdoldjavad Falaturi). Sie steht an der Grenze zu Kufr („Unglaube"). Strenge

Richtungen wie die Hanbaliten und Wahhabiten lehnen grundsätzlich alle Neuerungen als verwerflich und häretisch ab. Zahlreiche Phänomene der Volksfrömmigkeit, z. B. die Heiligenverehrung, gelten als Bida.

Bismillah-Zeremonie: Im Alter von vier Jahren, vier Monaten und vier Tagen wird ein islamisches Kind festlich angekleidet und lernt die Segensformel „Bismillah..." (→ Basmala) als Beginn seines erwünschten späteren Koranstudiums kennen.

D

Dawa (arabisch: „Ruf, Einladung, Aufforderung"): Im religiösen Sinn meint Dawa ursprünglich die Einladung, den Ruf zum Islam. Gott ist Subjekt der Dawa, und seinem Ruf muss Gehör geschenkt werden. Jeder *Rasul* (Gesandter) hatte zum Islam „aufgerufen", der bei Gott einzig wahren Religion. Im Zusammenhang mit dem Dschihad beschreibt Dawa als rechtliche Institution die Aufforderung, den Islam anzunehmen, sich zu unterwerfen oder zu kämpfen. Im religiös-politischen Sinn drückt Dawa den Anspruch auf religiöse und politische Führung der islamischen Gemeinschaft aus. Mit Ausnahme von Reformbewegungen wie den Almoraviden und Almohaden in Nordafrika und Spanien (1056–1269) nach dem Ende des Fatimiden-Kalifates, spielte die Dawa im religiös-politischen Sinne nur noch bei einigen fatimidischen Splittergruppen eine Rolle.

Dem Islam ist eine organisierte Form von Mission im Sinne der neuzeitlichen christlichen Missionsbewegung von Hause aus fremd. Die Anfänge der Dawa liegen im Indien des 19. Jahrhunderts. Sie stellt eine Reaktion auf die christliche Mission dar, von der sich die Muslime sehr bedrängt fühlten. Es war wohl der Abduh-Schüler Raschid Rida (1865–1935), auf den die erstmalige Verwendung des Begriffes Dawa als islamische „Mission" zurückgeht. Angeregt durch christliche Vorbilder plante Rida den Aufbau einer Missionsschule (Eröffnung 1911 auf einer Nilinsel bei Kairo), die jedoch nur kurze Zeit in Betrieb war. In Indien und Südostasien entstanden einige islamische Organisationen mit missionarischem Anspruch. Die 1912 in Yogyakarta (Indonesien) gegründete Muhamadiyya richtete sich zunächst nur an die Muslime selbst, schloss aber eine Missionstätigkeit nach außen nicht grundsätzlich aus. Seit Mitte der 1960er Jahre gewann die Mission unter Nicht-Muslimen an Bedeutung. Man betrachtete Dawa als Aufgabe des einzelnen Muslims wie auch der Umma (Gemeinschaft). Die ursprüngliche Praxis der „Verkündigung" wurde erweitert. Sie umfasst heute auch Sozial-, Jugendarbeit, Erziehung, Gesundheitswesen. Dawa wurde im 20. Jahrhundert zunehmend vergeistigt und verinnerlicht, wird zum Glaubenszeugnis, nicht aber zur konkreten Bekehrung der Missionierten, da es in der Religion „keinen Zwang" (2,256) geben dürfe. Die Dawa ist auf die friedlichen Beziehungen der Menschen untereinander ausgerichtet und beruht auf der Grundlage von *Salam* (Friede) und *Aman* (Sicherheit). Gefordert wird der Einsatz für *Adl* (Gerechtigkeit) und *Huriyya* (Freiheit).

Derwisch (persisch: „Armer"; arabisch Faqir): Muslimische Fromme sufischer Richtung, die zum Teil in *Tariqas* (Orden) organisiert sind beziehungsweise als bettelnde Wanderer ein Leben führen, das zur Vereinigung mit Gott führen soll.

Dhikr- (Meditation) (arabisch-persisch-türkisch: „gedenken, erinnern"): In der islamischen Mystik geübte Praxis des „Gottgedenkens": eine Mischung aus litaneiartigen Gebeten und Gottesanrufungen, verbunden mit körperlichen Übungen. Bereits im Koran spielt Dhikr eine wichtige Rolle. So ist das rituelle Pflichtgebet nicht ohne Dhikr zu verstehen: „Und verrichte das Gebet! Das Gebet verbietet, was abscheulich und verwerflich ist. Aber Gottes zu gedenken bedeutet mehr" (29,45). Der Koran hebt das Gedenken des Namens Gottes besonders hervor: „Gedenke nun des Namens deines Herrn und wende dich von ganzem Herzen ihm zu!" (73,8). Oder: „Und gedenke morgens und abends des Namens deines Herrn" (76,25). Das Gottgedenken geschieht einerseits durch die Rezitation der Kurzformeln Subhanallah („Gepriesen sei Gott"), Al-hamduli-lah („Lob sei Gott"), Allahu akbar („Gott ist am größten") beziehungsweise durch die Anrufung der „99 schönen Namen Gottes".

Dhimmi (arabisch: „Schutzbefohlene"): Ausdruck für die „Schriftbesitzer" in einem islamischen Staat. Sie genossen den Schutz der islamischen Oberhoheit als Gegenleistung für die von ihnen zu entrichtende Kopfsteuer.

Diyanet: Abkürzung für „Das Präsidium für Religiöse Angelegenheiten" (Diyanet Isleri Baskanligi) in der Türkei

Dschihad: Der Begriff bedeutet arabisch wörtlich „Anstrengung, Mühe, Einsatz" und findet sich bereits in den ersten mekkanischen Offenbarungen, als das Thema Krieg für die junge muslimische Gemeinde nicht aktuell war. Ausgehend von dieser Grundbedeutung bezeichnet Dschihad in Medina – vermutlich ab dem zweiten Jahr nach der Auswanderung – den Einsatz für den Islam schlechthin, mit der Betonung auf den Einsatz von Vermögen und Leben. In erster Linie ist ein gesellschaftlicher Einsatz gemeint, eine entschlossene geistige Haltung. Wesentlich ist, dass Dschihad von seiner wörtlichen Bedeutung her weder „Krieg führen" noch „Töten" beinhaltet. Im Mittelpunkt steht der Gedanke der Selbstaufopferung, der Opferung des eigenen Vermögens für Gott.

E

Emir (arabisch Amir: „Befehlshaber, Statthalter, Fürst"): Titel unabhängiger islamischer Stammesführer und Fürsten, und in frühislamischer Zeit des Oberbefehlshabers der Truppen beziehungsweise Statthalters der eroberten Provinzen.

F

Al-Fatiha, Sura (arabisch: „die Eröffnende"): Die erste und wichtigste Sure des Korans.

Fasten: → Saum.

Fatwa (arabisch: „Gutachten"): Das von einem *Mufti* (Gutachtender) oder einem religiösen Experten erstellte Gutachten über Fragen des islamischen Rechts oder Kultus. Jeder Gläubige, der in praktischen Alltagsfragen zuverlässige Auskunft für seine Lebensführung benötigt, kann sich an einen Mufti wenden, um sich ein solches Gutachten zu einem speziellen Thema anfertigen zu lassen.

Fromme Stiftungen: → Waqf.

G

Gebet, rituelles: → Salat

Glaubensbekenntnis: Das islamische Glaubensbekenntnis enthält fünf (bzw. sechs) Artikel: 1. Glaube an den einen und einzigen Gott; 2. Glaube an Gottes Engel; 3. Glaube an die Bücher Gottes; 4. Glaube an die Gesandten Gottes; 5. Glaube an den Jüngsten Tag. Die Sunniten fügen den Glauben an die Vorherbestimmung hinzu.

Glaubenszeugnis: → Schahada

Glaubensübertritt: Eine Konversion zum islamischen Glauben gilt im Allgemeinen als gültig, wenn die *Schahada* (Glaubenszeugnis) vor muslimischen Zeugen gesprochen und ein islamischer Name angenommen wird. In einigen islamischen Ländern wird ein Glaubensübertritt urkundlich bestätigt. Fast alle islamischen Gelehrten machen die Konversion für Männer zur Pflicht, die eine Muslimin heiraten wollen. Muslimische Männer dürfen hingegen Christinnen heiraten, ohne dass ein Glaubensübertritt gefordert wird. Allerdings geht man davon aus, dass die Kinder aus einer solchen Ehe, islamisch erzogen werden. Ein Glaubensübertritt von Muslimen zu anderen Religionen wird als Abfall vom Islam bewertet, in einigen Ländern sogar mit dem Tod bestraft.

H

Hadsch: Der Koran (3,97) schreibt allen erwachsenen Muslimen vor, einmal im Leben nach Mekka zu reisen, in Erinnerung an Ibrahim (Abraham) und Mohammed. Der Hadsch ist eine der fünf islamischen Grundpflichten.

Hadith („Mitteilung"): Entscheidungen, Handlungen und Aussagen Mohammeds und anderer frühislamischer Autoritäten. Wenn eine Handlungsweise gerechtfertigt werden soll, ziehen Muslime ein Hadith heran. Abgesehen von Hadithen über vorbildliche Handlungen und Belehrungen des Propheten, gibt es auch solche über die Handlungen von Zeitgenossen Mohammeds und der nächsten Generation, von denen vorausgesetzt wird, dass der Prophet sie gutgeheißen hätte.

Halbmond: Die Sichel des Neumondes (arabisch: Hilal) wird oft ungenau Halbmond genannt. Da das islamische Jahr nach dem Mondkalender berechnet wird, sind zahlreiche religiöse Feste und andere wichtige Termine vom Erscheinen des neuen Mondes abhängig. So beginnt der Ramadan erst mit der Sichtung der Mondsichel.

Hedschra: „Auswanderung" Mohammeds von Mekka nach Medina, die im Jahr 622 stattfand. Sie war keine Flucht, sondern ein geplanter Gang in das Exil. Mit der Hedschra beginnt die islamische Zeitrechnung.

Heilige(r): Der Islam kennt kein Wort, das genau mit Heilige(r) wiedergegeben werden kann. Es gibt aber verschiedene „Typen religiöser Autorität", die unserem Heiligen nahe kommen. Der *Wali* (arabisch: „Der unter speziellem Schutz Stehende"), der „Freund", bezeichnet in der islamischen Mystik den idealen Gläubigen. Dieser hat durch Frömmigkeit und ständige Hingabe an den barmherzigen Gott dessen Nähe gefunden. Von Gott erhält er die *Wilaya* (arabisch: „Heiligkeit, Freundschaft, Bund") sowie das Recht zur Fürsprache. In der himmlischen Welt gibt es eine Hierarchie solcher Heiligen mit dem Zentrum des *Qutb* (arabisch: „Pol, Achse"). Der (mystisch beeinflusste) Volksglaube verehrt die Heiligen vor allem wegen ihrer Wunderkräfte, die *Karamat* (Gnadengaben) genannt und von den „Prophetenwundern" unterschieden werden. Ausschließlich im iranischen Raum kennt man den *Imamzade*. Dieser Ehrentitel bezeichnet u.a. Kinder oder Enkelkinder eines der zwölf schiitischen Imame, die als Heilige gelten und an besonderen Heiligtümern verehrt werden.

Henna (arabisch: Hinna; türkisch: Kina): Bekanntes Arznei- und Färbungsmittel. Aus weißen Blüten, deren Pflanze hauptsächlich in Nordafrika, Ägypten, Iran und Indien angepflanzt wird, werden Essenzen und Öle gewonnen. Die getrockneten Blätter verarbeitet man zu einem Pulver, das im Orient allgemein zur orangeroten Färbung von Finger- und Zehennägeln sowie Hand- und Fußflächen der Frau dient. Bei Hochzeitsfeiern in der Türkei zum Beispiel werden Finger und Zehen der Braut einen Tag vor der Hochzeit mit Henna gefärbt.

Hicret: → Hedschra

GLOSSAR

Hodscha: Türkische Bezeichnung für einen an einer *Madrasa* (Schule) ausgebildeten Geistlichen. Auch Religionslehrer werden so genannt.

I

Id al-Adha: Größtes, vier Tage dauerndes „Opferfest" am Ende des Hadsch. Der türkische Name lautet Qurban Bayram („Großer Bayram"). Die Hingabe des Menschen an Gott und seine Barmherzigkeit haben hohe Bedeutung bei diesem Fest. Sein Anlass ist eine Erzählung aus dem Koran: Gott fordert Ibrahim (Abraham) auf, seinen Sohn Ismail als Zeichen seines Gehorsams zu opfern. Im letzten Augenblick verzichtet Gott jedoch auf das Opfer und schickt ein Schaf an seine Stelle. In Erinnerung daran kaufen viele muslimische Familien zu diesem Fest ein Schaf, das nach den religiösen Regeln geschlachtet und gemeinsam verzehrt wird.

Id al-Fitr: Im Bewusstsein vieler Muslime nimmt dieses dreitägige „Fest des Fastenbrechens" (türkisch: Seker [sprich Scheker] Bayram), das im arabischen Raum Id al-Fitr („Fest des Fastenbrechens") genannt und am Ende der Fastenzeit gefeiert wird, mit seinen Glückwünschen und Geschenken die erste Stelle der Feste ein. Der türkische Name bedeutete zunächst wohl „Dankfest", wird heute mit den Süßigkeiten (Seker) in Verbindung gebracht, die an diesem Tag verschenkt werden. Eine Zeit der Danksagung ist das Fest deshalb, weil Gott den Muslimen die Einhaltung des Fastens ermöglicht und die Übertretungen vergeben hat.

Id al-Ghadir Hum: Schiitisches Fest am 18. Dhu'l hidscha. Nach schiitischem Glauben verlieh Mohammed seinem Vetter und Schwiegersohn Ali am Teich (Gadir) Hum den Rang eines Nachfolgers.

Idschma: „Konsensus" der islamischen Rechtsgelehrten; eine der vier Quellen des islamischen Rechts.

Idschtihad (arabisch: „Sich-Anstrengen"): Methode bei der Auslegung religiöser Quellentexte, um die islamische Gesetzgebung neuen Entwicklungen anzupassen.

Imam („Gemeindeoberhaupt"): 1. Vorbeter in der Moschee beim rituellen Pflichtgebet. 2. Im schiitischen Islam Titel, der in manchen Aspekten dem sunnitischen Kalifen entspricht.

Iman (von arabisch amana: „glauben"): Glaube des Menschen, eine von Gott dem Menschen eingepflanzte, unverdiente Schöpfungsgabe.

Islamismus: Politische Ideologien im 20. Jahrhundert auf islamischer Grundlage.

K

Kaaba: In Mekka dreht sich buchstäblich alles um die Kaaba („Würfel"), ein quaderförmiges Gebäude (13 m lang, 12 m breit, 15 m hoch), umhüllt von einem schwarzen, mit Koranversen goldbestickten Seidentuch. Die Kaaba ist das „heilige" (Haram) Haus des Islam. Haram besitzt das Wortfeld „geschützt, unverletzlich". Das „geschützte Haus Gottes" (2,144) ist vom „geschützten Gebiet" (28,57; 29,67) umgeben – heute ein großes, mit sieben jeweils 85 Meter hohen Minaretten ausgestattetes Gebäude. Auch die Tier- und Pflanzenwelt sind in diesem Bezirk geschützt.

Kadi (arabisch: „Richter"): Islamische Persönlichkeit religiöser Autorität, die an die Rechtsgutachten gebunden ist und islamisches Recht spricht.

Kalifat (von arabisch: „Khalifa"): Politisch-religiöses Nachfolgeamt des Propheten Mohammed, abgeleitet von dem Titel, den Abu Bakr für sich beanspruchte: Khalifat Rasul Allah („Nachfolger des Gesandten Gottes"). Das Wort Khalifa kommt bereits im Koran in der Bedeutung „Stellvertreter, Statthalter" Gottes auf Erden vor.

Khutba: Freitagspredigt, die der *Salat* (Pflichtgebet) vorausgeht. Der *Khatib* (Prediger, Redner) trägt sie in hocharabischer Reimprosa in der Moschee vom *Minbar* (Kanzel) aus vor.

Kibla: → Qibla.

Kismet (arabisch: „Los, Anteil, Geschick"): Dieser nicht aus der Theologie stammende Begriff spielt im Volksglauben eine Rolle und wird häufig verwendet, wenn sich für Schicksalsschläge oder Glücksfälle im Leben keine direkte Ursache angeben lässt.

Koran (arabisch Quran: „Vortrag, Rezitation"): Heilige Schrift des Islam. Der Koran gilt als authentisches Wort Gottes, das dem Propheten Mohammed in arabischer Sprache offenbart wurde.

Kurban Bayram: → Qurban Bayram

M

Mahdi (arabisch: „Rechtgeleiteter"): In der ganzen islamischen Welt verbreitete eschatologische Rettergestalt. Bei den Schiiten nimmt er eine zentrale Position ein.

Medina („Stadt"): Zweitheiligste Stadt des Islam neben Mekka und Jerusalem. Medina war der letzte Wohnsitz des Propheten Mohammed seit der Hedschra von Mekka nach Yathrib (= Medina) 622. In Medina befindet sich seine Grabmoschee, die vor allem in spätosmanischer Zeit prachtvoll ausgeschmückt wurde.

Mekka: Stadt in Saudi-Arabien, östlich von Dschidda in einem sandigen, unfruchtbaren Tal gelegen; reines Religions- und Kulturzentrum; heiligste Stadt des Islam. Mekka ist die Geburtsstadt Mohammeds und des Islam.

GLOSSAR

Mihrab: Nach Mekka ausgerichtete Gebetsnische in der Moschee.

Millet (türkisch: „Religionsgemeinschaft, Nation, Volk"): Bezeichnung für nicht-islamische Minderheiten unter islamischer Oberherrschaft.

Minarett (arabisch: „Ort des Lichtes, des Feuers"): Turm jeder Freitagsmoschee, von dem aus der Muezzin (heutzutage oft ein Tonband) die Gläubigen zum rituellen Pflichtgebet ruft.

Minbar (arabisch: „Kanzel"): Ort in der Moschee, von dem aus die Freitagspredigt gehalten wird.

Moschee: Der Begriff stammt vom arabischen Begriff Masdschid (arabisch: „Der Ort, an dem man zum Gebet niederfällt") ab. Schon zu Mohammeds Lebzeiten wurde das Wort auf die Gebäude angewandt, in denen man Gott verehrte und sich zum Gebet versammelte.

Mudschtahid: Islamischer Rechtsgelehrter. Er trifft religiöse und juristische Entscheidungen auf der Grundlage seines eigenen Wissens und ist befugt, den Koran selbstständig auszulegen. Bei den Schiiten genießt der Mudschtahid sehr große Autorität.

Muezzin (arabisch Muadhdhin: „Gebetsrufer"): Er ruft die Gläubigen vom Minarett der Moschee fünfmal täglich zum Pflichtgebet.

Mufti (arabisch: „Gutachtender"): Ein Experte, der in Rechtsgutachten Fragen religiös rechtlicher Natur behandelt. Von dem arabischen Verb *afta* (arabisch: „Gutachten") werden *al-Mufti* (Gutachtender) und *al-Fatwa* (Gutachten) abgeleitet.

Mullah (arabisch Maula: „Herr"): Anrede, etwa „Hochwürden". Titel des rangniedrigsten Geistlichen bei den Schiiten, der mit einem christlichen Gemeindepfarrer vergleichbar ist.

P

Pflichtabgabe: → Zakat.

Pflichtgebet, rituelles (die Salat): Fünfmal am Tag, zu genau festgesetzten Zeiten, schreibt der Islam seinen Gläubigen das rituelle Pflichtgebet vor.

Pilgerfahrt: → Hadsch.

Q

Qibla (arabisch: Gebetsrichtung"): Die von Mohammed ursprünglich in Richtung Jerusalem vorgeschriebene Gebetsrichtung wurde von ihm ab 624 nach Mekka geändert.

Qiyas (arabisch: „Analogieschluss"): Vierte Quelle des islamischen Rechts, neben Koran, Sunna und Idschma (Konsensus der Gelehrten einer Generation).

Qurban Bayram: → Id al-Adha

R

Raka (arabisch: „Beugung", Gebetsabschnitt): Teil des islamischen rituellen Pflichtgebets.

Ramadan: Neunter Monat des islamischen (Mond-)Kalenders mit 29 beziehungsweise 30 Tagen. Jedes Jahr beginnt der Fastenmonat Ramadan im europäischen Kalender ca. 11 Tage früher als im Vorjahr.

Recht: → Scharia.

Rechtgeleitete Kalifen (arabisch: Raschidun): Bezeichnung für die vier ersten Kalifen nach dem Tode Mohammeds bis zur Übernahme der Regierungsgewalt durch die Omajjaden. Zu den Raschidun gehören Abu Bakr (um 573–634), Omar (585 bis 644), Othman (577–656) und Ali (600 bis 661).

Rosenkranz: → Tasbih.

S

Salat: Der Islam kennt zwei Arten von Gebeten: das „rituelle Pflichtgebet" (die Salat), das zu den „fünf Grundpflichten" gehört, und das freiwillige spontane Gebet (Dua), das jeder Gläubige zu beliebigen Zeiten sprechen kann, wann immer er sich an Gott wenden will.

Saum (arabisch: „Fasten"): Eine der fünf *Arkan* (Säulen) des Islam. Das Fasten gilt als ein Gebot Gottes: „Ihr Gläubigen! Euch ist vorgeschrieben zu fasten, so wie es den Menschen, die vor euch lebten, vorgeschrieben war. Vielleicht werdet ihr gottesfürchtig sein (…). Gott will es euch leicht und nicht schwer machen" (2,183.185). Fasten ist Ausdruck der Ehr- beziehungsweise „Gottesfurcht" (*Taqwa*) vor Gottes barmherziger Gegenwart. Das Fastengebot stellt die Muslime ausdrücklich in die jüdischen und christlichen Fastentraditionen hinein, ist also Ausdruck einer ökumenischen Haltung.

Schahada (arabisch: „Zeugnis"): Das „Zeugnis" des islamischen Glaubens lautet: „Ich bezeuge, dass es keine Gottheit gibt außer dem Gott. Ich bezeuge, dass Mohammed der Gesandte Gottes ist". Der Islam kennt keine dem Christentum vergleichbare Taufe zur Mitgliedschaft in der Gemeinde. Daher darf sich jeder als Muslim betrachten, der diese Worte in bewusster und aufrichtiger Absicht vor Zeugen (deren Anzahl unterscheidet sich bei den Rechtsschulen) ausspricht. Damit bezeugt er seine Zugehörigkeit zur islamischen Gemeinschaft.

Scharia (arabisch: „Weg, Straße"): Gemeint ist der „Weg" zur Verwirklichung der Einheit von Glaube und Handeln, der in der islamischen Glaubens- und Pflichtenlehre dargestellt wird. Häufig wird unter Scharia die Gesamtheit der Vorschriften verstanden, welche die Handlungen des Menschen im privaten und öffentlichen Leben betreffen. Die Gleichsetzung Scharia und „islamisches Gesetz" kann Anlass zu Missdeutungen sein, wenn Begriffe wie Recht und Gesetz im säkularen Sinne verstanden werden. Nach islamischem Verständnis sind die Vorschriften nicht Selbstzweck, sondern Hilfen, sich richtig auf Gott auszurichten. In diesem Sinne regelt die Scharia alle Lebensbereiche: rituelle Handlungen, Familien-, Erb-, Handels-, Wirtschafts-, Zivil- und Strafrecht sowie Regeln der Wiedergutmachung von Schäden unter der Rechtsprechung. Insgesamt umfasst sie mehr als 50 Sachgebiete.

Schiiten (von arabisch Schia: „Abspaltung"): Anhänger einer der beiden großen Glaubensrichtungen des Islam: Sunna und Schia. Schiiten leben heute vor allem in Iran, Irak, Syrien und Pakistan.

Schirk (arabisch: „Beigesellung"): Die Beeinträchtigung der Einheit Gottes durch Polytheismus oder das Absolutsetzen weltlicher Werte und Normen.

Schleier: Der Koran enthält keine eindeutigen Bestimmungen darüber, dass sich Frauen verschleiern und ihren Wirkungsbereich auf das Haus beschränken müssen. Sure 24,31 legt es guten Musliminnen nahe, sich außerhalb des Hauses schamvoll zu kleiden.

Schriftbesitzer: → Ahl al-kitab.

Schutzbefohlene: → Dhimmi.

Sufismus (arabisch: tasawwuf, wohl von Suf „Wolle": „sich in Wolle kleiden"): Mystische Traditionen des Islam.

Sunna: Gewohnte Handlungsweise, Sunna des Propheten, Sammlung der Aussprüche und Handlungen Mohammeds und seiner frühen Gefährten; zweite Quelle des islamischen Rechts.

Sunniten: Bezeichnung für diejenigen Muslime, die entsprechend der geschichtlichen Realität Abu Bakr, Omar, Othman und dann erst Ali für die vier ersten rechtmäßigen Kalifen halten; mit 90 Prozent die Mehrheit der Muslime.

Sure: Abschnitt des Korans. Insgesamt gibt es 114 Suren.

T

Tariqa (arabisch: „Art und Weise, Weg, Pfad, Methode, Mittel, Glaubenssystem"): Religiöse Bruderschaft beziehungsweise Orden in der islamischen Mystik.

Tasbih: Wie andere Religionen so kennt auch der Islam „Gebetsketten" aus Perlen. Sie sind Gedächtnisstützen, dienen der Kontrolle der Zahl der zu sprechenden Gebete. Ursprünglich stammt der Rosenkranz aus Indien. Er ist in den Sufismus eingedrungen, von wo er den Weg in das mittelalterliche Christentum fand. Man schreibt die Christianisierung des Rosenkranzes dem Dominikus zu. Die aus 99 (seltener 33 oder 100) Perlen aus Türkis, Bernstein, Korallen, heute auch Plastik bestehende islamische Gebetskette symbolisiert nicht, wie öfter behauptet wird, die 99 schönen Namen Gottes. Beide für sich genommen richtigen Sachverhalte haben nichts miteinander zu tun. Ein Muslim, der seine Gebetskette abzählt, spricht 33-mal Subhanallah („Ehre sei Gott"), 33-mal Alhamdullilah („Lob sei Gott") und 33-mal Allahu akbar („Gott ist größer"). Vom Tasbih geht Segenskraft aus.

Tauhid (arabisch: „Einheit"): Islamische Lehre von der Einheit Gottes. Allah ist eins und ungeteilt, und niemand ist ihm gleich.

U

Ulama (Plural von arabisch: Alim „Rechtsgelehrter"): Bei Sunniten und Schiiten eine wichtige Persönlichkeit der Rechtsprechung. Ulama legen die Scharia aus und verteidigen die islamische Orthodoxie.

Umma (arabisch: „Gemeinde"): Im Anschluss an seine Hedschra von Mekka nach Medina 622 n. Chr. schuf Mohammed eine religiöse und politische Gemeinschaft, welche die alten Stammesbande ersetzte. Nach dem Koran ist die islamische Umma die in Gottes Heilsplan vorgesehene beste Gemeinschaft (3,106).

W

Waqf: Religiöse Stiftung, insbesondere von Grund und Boden. Auf der Grundlage der Prophetentradition bildete sich der Waqf seit dem 7./8. Jahrhundert heraus. Zunächst sollte er den ungeteilten Fortbestand eines Familienbesitzes oder den Unterhalt von Bedürftigen sichern. Seit der Abbasidendynastie vergrößerte sich die Zahl frommer Stiftungen zu gemeinnützigen Zwecken. Waqf-Vermögen diente dem Bau und Unterhalt von Moscheen, Schulen, Spitälern, Brücken, Bewässerungskanälen, Märkten und Verteidigungsanlagen.

Z

Zakat: Neben dem freiwillig gespendeten Almosen (*Sadaqa*) gibt es eine Steuer (*Zakat*) als Bestandteil der fünf Grundpflichten.

Personen- und Sachregister

Die Ziffern geben die Seitenzahl der jeweiligen Themenseiten an, auf der das Stichwort behandelt wird. Die *kursiv* gesetzten Ziffern verweisen auf Abbildungen.

1. Weltkrieg 19, 131, 166, 168, 170, 172, 174, 194
2. Weltkrieg 131, 170, 174, 195
11. September 143, 193

A

Abbasiden 154ff.
Abraham 23, 24, 34, 39, 41, 52, 54, 124, 125, 176, 204, 206, 207
Abtreibung 78ff.
Adoption 185
Afrika 76, 77, 129, 144, 164, 165, 168, 191, 203
Alkohol 76, 94, 95, 136, 147, 156
Allah *21*, 25, 35, 55, 57, 66, 125, 140, 141, 197, 199, 204, 207, 209
Almosen 32, 84, 85, 95, 204, 209
Amerika 190ff., 202
Anstand 95, 102
Antijudaismus 125
Arbeit 127, 142, 143, 146, *146*, 147, 157, 170, 195
Arbeitskleidung 91
Arbeitslosigkeit 98, 113, 142
Armenküche 51, 84, 164
Arzt 44, 96, 97, 98, *98*, 99, 154, 155, 157
Aschura-Tag 38, 39, 148
Asien 165, 190, 202, 203
Askese 86
Asyl 13, 123, 125, *127*
Asylrecht 123

Atatürk, Kemal 90, 172, 186ff., *187*
Atomstreit 193
Avicienna *155*, 156

B

Badebekleidung 103
Balfour-Erklärung 174
Bank *145*, 147, 169, 189, 203
Barmherzigkeit 14, 22, 25, 30, 41, 46, 47, 52, 66, 74, *84*, 88, 104, 118, 129, 206
Bauern *69*, 90
Begräbnis 47, *47*
Beruf 32, 61, 89, 90, 97, 99, 138
Berufung 15, 17, 149
Beschneidung *43*, 44, 76, 77
Beten 14, *17*, 31, 36, 44, 50, 51, *61*, 64, 80, *89*, 116, 163, *192*, *194*, 204, 205, 208
Bilderverbot 112
Bildung 50, 52, 58, 61, 64, 71, 80ff., 98, 99, 111, 113, 133, 154, 169, 185, 187, 195
Bodenschätze 106, 146
Brauch 47, 72, 76, 77, 91, 185, 204
Brüderlichkeit 17, 82
Bruderschaft 19, 61, 86, 115, 116, 123, 141, 170f, 186, 200, 209
Buddhismus 20, 80, 124, 197
Bürgerkrieg 87, 124f, 141, 142, 148, 152, 163, 202
Bürgerrechte 175, 194, 200
Burqa *70, 90*, 90

C

Chatami, Mohammed 180, *180*
Chated, Amr 113
Chamenei, Seyyed Ali 180ff.
Chimar 90, 91

Chomeini, Ruhollah 180f., *180*
Christen 14, 15, 24, 25, 29, 57, 89, 119, *123*, 124, 125, *127*, 129, 148, 152, 159, 162, 163, 164, 169, 171, 173, 175, 176, 180, 195, 204
Christentum 20, 24, 47, 54, 82, 106, 107, *128*, 176, 191, 194, 197, 204, 208, 209
CIA 179
Coitus interruptus 78
Córdoba 115, 153, 158ff.

D

Dankgebet 88
Derwisch 61, 62, *63*, 64, 115, 117, *117*, 182, 187, 189, 199, 205
Dhikr-Meditation 63f., 116
Diabetiker 96
Diener Gottes 14, 66, 79
Djilbab 91
Drogenmissbrauch 76, 136
Dscharfariten 136
Dschihad 55, 118ff., 135, 140, 141, 142, 147, 205

E

Ehe 10, 46, 70, 71, 74, 76, 206
Ehebruch 76, 136, 137
Ehepaar 199
Eheschließung 46, 75, 82, 185
Ehrauffassung 77, 122
Ehre 47, 77, 95, 137, 209
Ehrenmord 77
Eigentum 71, 79, 86, 121, 124
Empfängnisverhütung 78, 79
Erbschaft 124, 185
Erdöl 140, 179
Erziehung 72, 80ff., 97, 103, 131, 138, 167, 180, 181, 194, 205

PERSONEN- UND SACHREGISTER

Essen 39, 43, 42, 46, 82, 85, 92ff., *93*, 110, 142, 199, *199*
Europa 98, 101, 102, 113, 115, 125, 128, 131, 132, 154, *156*, 159, 164, 165, 167ff., 185, 186, 198, 202, 203
Euthanasie 97
Exekutive 181

F

Fakultät 113, 187
Falaturi, Abdoldjavad 58f.
Familie 14, 41, 42, 46, 47, 57, 70, 71, 77, 79, 82, 92, 94, 98, 103, 116, 137, 148, 150, 152, 163, *178*, 195, 199, 200,
Familienplanung 79
Fanatismus 87, 203
Farbe 42, 64, 89, 90, 123, 159
Fasten 31, 32, 33, 62, 97, 204, 205, 208
Fastenzeit 33, 41, 95, 207
Feind 24, 94, 104, 119, 121, 125, 129, 169, 173, 184, 203
Fernsehen 33, 113, 143
Fernsehsender *112*, 113
Fes 90, 187
Film 112, 113, *113*
Fleisch 93, 94, 95, 103, 111, 199
Flüchtling *86*, 125, *125*, 143, 185, 194, 198
Fortpflanzung 74
Frau 10, 25, 25, 26, 31, 32, 34, 35, 36, 39, 42, 43, 44, *44*, 46, 47, 50, 51, 59, 70ff., 76, 77, 78, *78*, 79, 81, 82, *84*, 88ff., 100ff., 113, *113*, 121, 129, *131*, *136*, 137, *137*, 138, 143, *178*, 180, 181, 186, *187*, *192*, 195, 197, 199, 200, 200, 204, 206, 209
Frauenrechtlerinnen 91, *131, 137*

Frauensport *100*, 101ff.
Freiheit 71, 86, 127, 129, 133, 140, 142, 167, 173, 189, 205
Freiheitskämpfer 140
Fremder 95, 122ff.
Freund 22, 24, 57, 110, 124, 163, 199, 206
Frieden 32, 35, 96, 97, 118ff., 143, 164, 175,
Friedhof 47, *47*, 54, *174*
Frömmigkeit 32, 52, 57, 74, 112, 123, 149, 152, 198, 206
Fünf Säulen 30ff., 198, 199, 204, 208

G

Gabriel 22f.
Gast 46, 47, 95, 122, 125
Gastfreundschaft 86, 123, 125
Gastrecht 122
Gebet 49, 50, 63, 93, 94, 199, 204, 205, 206, 208
Gebetsruf 49, 115
Geburt 10, 14, 42, 43, 44, 59, 78ff., 200, 204
Geburtstag 15, 40, 44, 65, 191
Geistlicher 42, 43, 46, 61, 69, 106, 112, *134*, 149, 156, *175*, 181, 185, 187, 199, 206, 208
Gelehrter 24, 57, 61, 76, 82, 89, 98, 114, 127, 134, 135, 142, 154, 167, *178*, 181, 182, 187, 202, 206, 208
Genitalverstümmelung 76
Gentechnologie 69
Geschäft 33, 79, 90, 95, 144ff., 179, *193*, 195
Geschwister 71, 200
Gesetzgebung 133, 167, *178*, 186, 187, 207
Gesichtsschleier 72, 91

Gesundheit 79, 82, 86, 93, 96ff., 101, 205
Getränk 32, 94, 199
Gewalt 118ff., 130, 140, 142, 175, 201
Gier 107
Ghom 53
Glaube 20, 22, 23, 72, 84, 87, 96, 98, 122, 149, 185, 204, 206, 207, 208
Gläubige/r 10, 14, 17, 20, 25, 28, 31, 34, 38, 39, 47, 49, 50, 52, 59, 70, 71, 80, 82, 85, 87, 89, 96, 98, 108, *114*, 119, 121, 124, 125, 134, 138, 143, 148, 149, 163, 172, 196, 197, 199, 200, 204, 206, 208
Gleichberechtigung 168, 200
Glücksspiel 146, 147

H

Hadith 134f.
Hadsch 33, 34, 41, 82, 189, 199, 201, 204, 206
Hafiz 29
Hanafiten 136
Hanbaliten 136
Handel 85, 124, 147
Hassan 39, 148
Hedschra 13f.
Heilig 29, 34, 37, 38, 50, 52ff., 118, *123*, *134*, 138, 152, 175, 176, 197, 198, 203, 206, 207
Heilige Städte 52ff., 54, 57, 125, 203
Heiliges Buch 197
Heirat 102, 124
Hilfsorganisation *124*, 203
Himmelfahrt *14*, 17, 39, 176
Himmelsreise 17, 39, 54, 176
Hinduismus 20, 124, 152, 197

PERSONEN- UND SACHREGISTER

Hinrichtung 76, 129, 136, 143
Hinterhofmoschee 185
Hochschule 51, 101, 116, 142, 159, *186*, 204
Hochzeit *44, 46, 46*, 110, 115, 176, 206
Homosexualität 76, 136
Homosexuell 15, 76
Hussain 38, 39, 148 f., 180
Hut 89
Hygiene 97, 101

I

Idschtihad 178
Imam 15, 31, 42, 46, 47, *50*, 51, *51*, 54, 55, 56, 57, 61, *83, 87*, 112, 135, 136, 148, 149, *149*, 180, 181, 187, 194, *195*, 197, 199, 206, 207
Impotenz 75
Inflation 147
Inkarnation 59, 197, 201
Internet 103, 112ff., 117
Isaak 24, 41, 176
Islam, Yusuf *66*, 116, 117
Islamische Frauenspiele 103
Islamischer Weltkongress 195, 202
Ismailiten 149, 197

J

Jenseits 28, 87, 146
Jerusalem 14, 19, 25, 38, 52, 54, *89*, 135, 152, 165, 172, 175, 175, 176, *177*, 195, 203, 207, 208
Jesus 14, 23, 24, *24*, 25, 39, 52, 54, 96, 198
Jom Kippur 176
Juden 14, 24, 57, 89, 113, 119, 124, 125, 129, 152, 163, 175, 176, 180, 195, 204
Judentum 20, 24, 54, 197, 204

Judikative 181
Jugend 82, 142, 171, 191, 204
Jugendliche 80, *95*, 113, 117, 199
Jungfräulichkeit 102
Jüngstes Gericht *24*, 26, 43, 84, 176, 201

K

Kaaba 34ff., *34*, 52
Kaftan 90
Kalifat 18, 19, 72, 121, 131, 153, 154, 156, 158, 159, 163, 172, 186, 202, 205, 207
Kamel *24*, 25, 90, 94, 100, 109, 110, *110*, 112
Kapitalismus 168, 170
Kerbela 56, 57, 148f., *149*
Kind 10, 14, 15, 29, 32, 41, 42, 43, 66, 71, 72, 76, 79, 80, 81, 82, 85, 85, 101, 103, 116, 121, *124*, 136, 159, *174*, 191, 204, 206
Kino 113, 143
Kleidung 31, 34, 62, 88ff., 102, 103, 138, 142, 163
Kolonialismus 121, 125, 140, 167, 169, 203
Kommunismus 170
Konvertit 86, 163, 194, 200
Kopfbedeckung 62, 89, 90, 91, *91*, 182
Kopfschleier 91
Kopftuch 90, 91, *91*, 113, *186*
Koranschule 29, *29*, 61, 80, *80, 82, 83*, 189, 195
Korruption 118, 131, 143, 147, 167
Krankenhaus *97, 98*, 157
Krankheit 56, 69, 82, 93, 96ff., 154
Krise 68, 107, 113, 124, 140, 169, 173, 174ff., 179, 203
Kufiya 90, *91*
Künstliche Befruchtung 99

L

Lahore-Gruppe 197, 198
Lausanner Pakt 184
Legislative 181
Lehre 20ff., 29, 64, *81*, 96, 133, 135, 136, 144, 149, 199, 203, 209
Leiden 39, 82, 98, 176, 199
Liebe 82, 86, 115, 129, 200
Lesbisch 76
Lyzeum 185

M

Mädchen 28, 71, 76, 77, 79, *89, 97*, 102, 103, 143
Mädchenbescheidung 76, 77
Madrasa 80, *80*, 185, 206
Mahdi 149
Maktab/Kuttab 80
Malikiten 136
Mann 10, 14, 25, 31, 34, 39, 44, 47, 48, 50, 51, 57, 70, 71, 72, 74, 75, 76, 77, *77*, 78, 84, 85, 87, 88ff., 95, 100, 101, 102, 103, *103, 107, 109*, 110, 121, 129, 134, 137, *137, 185*, 195, 197, 199, 200, *200*, 206
Massentierhaltung 110
Medina 13, 14, 19, 37, 38, 48, 52, 55, 58, 59, 115, 115, 119, 122, 124, 129, 136, 148, 152, 162f, 165, 175, 176, 205, 206, 207, 209
Meditation 63, 82, 116, 205
Medizin 69, 79, 93, 96, 98, 99, 110, 154
Medizin-Ethik 99
Mekka 10, 13, *13*, 14, *15*, 19, 24, 25, 26, 28, 31, 33, 34ff., 38, 39, 41, 43, 47, 49, 50, 52, *52*, 54, 58, 64, 69, 82, 115, 116, 118, 119, 122, 129, 150, 152, 165, 172, 174, 175, 176, 189, 198, 201, 202, 204, 205, 206, 207, 208, 209

PERSONEN- UND SACHREGISTER

Militär 89, 101, 141, 167, 194, 200
Minderheit 18, 127, 136, 138, 149, 152, 169, 180, 182, 185, *185*, 188, 195, 202, 207
Minderheitenschutz 127, 180
Mission 168, 198, 201, 202, 205
Mittelalter 51, 84, 86, 89, 98, 115, 127, 154, 156, 182, 197, 209
Mohammed-Karikatur 15, 193
Moral 59, 74ff., 86, 87, 107, 113, 118, 144, 167
Mose 14, 22, 24, 38, 54, *197*
Mudschtahid 178
Muezzin 49, 114f., *114*
Muharram 38
Musik 112, 114ff., 143, 153, 156, *156*, 157, 199
Muslimbrüder 140ff., 171
Mutter 10, 14, 25, 29, 38, 42, 43, 52, 79, 99
Mystik 17, 25, 55, 57, 62ff., 84, 86, 87, 98, 116, 117, 129, 205, 206, 209

N

Nächstenliebe 59, 86
Nachtreise 15, 39, 54
Napoleon Bonaparte 19, 167, *169*
Nasr, Seyyid Hossein 106f.
Nasser, Gamal Abd An 171f., *171*, *172*
Nationalismus 170, 171, 172, 200
Natur 26, 59, 99, 104, 106, 107, 200
Nay 116
Niqab 90, 91

O

Offenbarung 10, 17, *17*, 20, 24, 29, 40, 59, 66, 118, 135, 189, 197, 201, 205
Ökologie 106
Öl 140, 142, 164f, 179, 206

Ölgeschäft 178
Ölindustrie 178
Ölpreis 142
Olympische Spiele 101, 102, 103
Omajjaden 18, 115, 149, 150ff., 159ff.
Operation 44, 98, 99, 154, 155
Opferfest 24, 37, *39*, 41, 111, 206
Organtransplantation 69, 99
Osmanisches Reich 19, 90, 115, 164ff., 170, *170*, 171, 172, 174, 182, 184, 186, 194, 202,

P

Paradies 22, 23, *23*, 25, 47, 59, 63, 68, 70, 74, 115, 135, 147, 201
Pessach-Haggada 176
Pferd 54, 110
Pflichtabgabe 32, 33, 84, 85, 97, 125, 156, 204, 208
Pflicht 30ff., 34, 43, 46, 61, 70, 75, 80, 83, 84, 90, 97, 99, 121, 122, 127, 135, 136, 199, *200*, 203, 204, 206, 208, 209
Pflichtgebet 30, 31, *31*, 49, 50, 63, 97, *114*, 176, 199, 204, 205, 207, 208,
Pilger *17*, 34ff., 52, 54, 55, 58, 97
Pilgerfahrt 34ff., 41, 64, *136*, 208
Polytheismus 24, 119, 124, 209
Prophetenmedizin 96
Prostitution 75

Q

Qadiani-Gruppe 197, 198
Qawwali 116
Qina 91, 142

R

Radio 112, 113, 117
Rahma 22, 74
Ramadan 31ff.

Rassismus 203
Rechtsgelehrter 51, 76, 79, 121, 129, 134, 135, 136, 147, 149, 164, 181, 195, 207, 208, 209
Rechtsschule 51, 54, 79, 94, 136, 149, 180, 188, 198, 208
Reform 52, 70, 71, 77, 90, 126ff., 131, 132, 135, 141, 142, 143, 165, 167, 168, 169, 173, 180, 186ff., 197, 202, 205
Reformislam 173
Reigentanz 199
Rein 23, 31
Reinheit 25, 35
Reinigung 24, 138
Reinkarnation 197
Re-Islamisierung 72, 76, 94, 102, 116, 121, 129, 138ff., 152, 172, 186ff., 200
Reiten *24*, 100, 101, 103
Religionsunterricht 44, 186. 187, 191
Revolution 19, 103, 127, 138, 141, 169, 178, 179, 180, 181, 191, 201
Reza Pahlewi, Mohammed *178*, 178ff.
Riba 147
Riba-Verbot 147
Riten 36, 82, 199
Ruhetag 138

S

Säkularismus 140, 172
Salat 30, 31
Satan 15, 66, 70, 77, 94, 109, 129, 181
Saum 31ff.
Schächten 111
Schafiiten 136
Schah 20, 57, 90, 141, 178, *178*, 179, 181, 204
Schahada 20, 21, 30, 64
Schamlos 77, 137
Schande 77, 84, 129, 137

PERSONEN- UND SACHREGISTER

Scharia 72, 74, 102, 127, 129, 133, 134ff., 138, 140, 142, 181, 185, 186, 187, 199, 203, 208, 209
Scheich 62, 76, 83, 117, 121, 141, *141, 142*, 168, 186, 188, 189, 197, *198*
Schiit 18, 38, *52, 54, 55*, 56, 57, *57, 58*, 61, 68, 89, 90, 106, 112, *124, 134*, 135, 141, 148ff., 153, 156, 178, 180, 181, 188, 195, 196, 197, 199, 204, 206, 207, 208, 209
Schlachtung 111
Schleier 35, *70, 71*, 72, 90, 91, 112, 209
Schmerz 97, 98
Schönheit 63, 79, 101, 117
Schöpfung 10, 20, 29, 64, 66, 68, 69, 74, 77, 104, 106, 107, 108, 109, 110, 129, 176, 207
Schriftbesitzer 119, 124, 204, 205, 209
Schweinefleisch 93, 94
Seelenwanderung 197
Sekte 87
Selbstmord *68*, 97
Selbstmordanschlag *68*, 141, 175
Sozialismus 86, 170, 173
Soziallehre 144, 170
Speisevorschrift 92ff.
Sportkleidung 102, 103
Sprache 15, 28, 29, 30, 110, 112, 113, 123, 138, 146, 152, 156, 162, 163, 164, 171, 182, 189, 207
Staatspräsident 180, 181, 188
Steinigung 37, *37*, 76, *136*
Sterben 15, 17, 20, 25, 47, 82, 111
Sünde 22, 26, 37, 40, 47, 59, 66, 93, 98, 101, 147, 200
Sunna 17, 64, 75, 106, 113, 129, 133, 134, 135, 148, 189, 202, 208, 209
Sunnit 18, 20, 58, 61, 136, 148ff., 150, 156, 178, 180, 182, 188, 189, 195, 197, 199, 200, 201, 204, 206, 207, 209

T

Taliban 143
Tanz 47, *64*, 102, 114ff., *182*, 199, *200*
Technik 154, 167
Terror 113, 121, 140, 141, *142*, 143, 175, 193, *203*
Terroraktion 113
Terrorismus 121, *203*
Theologie 68, 98, 106, 107, 186, 207
Tiertransport 110
Tierversuch 110
Tischgebet *93*, 95
Tod 10, 13, 14, 15, 17, 19, 22, 25, 29, 34, 38, 39, 47, 56, 59, 69, 74, 76, 82, 98, 116, 117, 119, *127*, 128, *128*, 129, 134, *136*, 148, *148*, 149, 175, 181, 191, 197, 201, 204, 206, 208
Todesstrafe 128, *128*, 129
Todesurteil *127, 128*, 129, 181
Toleranz 64, 86, 119, 124, 125, 127, 129, 200
Trinken 82, 110, *123*
Tschador *89*, 90
Turban 90
TV 112, 113

U

Umma 14, 33, 44, 58ff., 122, 123, 138, 148, 172, 205, 209,
Umweltzerstörung 107
Unfall 30, 98
Unfruchtbarkeit 79

Unglaube 84, 108
Ungläubiger 25, 26, 28, 59, 87, 96, 108, 119, 121, 124, 125, 133
Universität 18, 51, 71, 76, *106*, 111, 113, 121, *131*, 131, *132, 135, 186*, 204
Unrein 35, 69, 112

V

Vergewaltigung 77, 136
Volksschule 185

W

Wallfahrt 10, 13, 14, 24, 33, 34ff., 40, 52, 57, 82, 97, 117, *134, 149*, 204
Wanderer 25, 86, 205
Waschung *30*, 49, 52, 89, 199
Weltflucht 87
Wert 58, 68, 80ff., 107, 114, 121, 132, 147, 168, 173, 209
Wetten 100, 101, 146
Wiedergeburt 172
Wirtschaft 13, 71, 78, 79, 82, 86, 98, 106, 107, 113, 119, 121, 129, 138, 143, 144ff., 164, 167, 168, 169, 173, 185, 186, 189, 191, 200, 203, 209
Wohnen 82, 194
Wüste 36, 110, *100, 124*, 165

Z

Zakat 33, 84, 86, 125, 146, 204, 208, 209
Zeugung 79
Zinsnehmen 146
Zoroastrier 124, 152, 180, 197, 204
Zwölferschia 76, 136

Weiterführende Literatur

Virtuelle Einführung
„Religiopolis – Weltreligionen erleben". CD-ROM (Ernst Klett Verlag), Leipzig 2004 (mit Buch 2006)

Religion-Kultur-Politik
Altermatt, Urs u.a. (Hg.): Der Islam in Europa. Zwischen Weltpolitik und Alltag, Stuttgart 2006
Amirpur, Katajun/Ammann, Ludwig (Hg.): Der Islam am Wendepunkt. Liberale und konservative Reformer einer Weltreligion, Bonn (Bundeszentrale für Politische Bildung) 2006
Antes, Peter: Der Islam als politischer Faktor, Hannover (Niedersächsische Landeszentrale für Politische Bildung) 2001
Balić, Smail: Islam für Europa. Neue Perspektiven einer alten Religion, Köln-Weimar-Wien 2001
Bauschke, Martin: Jesus im Koran, Köln-Weimar-Wien 2001
Bobzin, Hartmut: Mohammed, München 2006[3]
Der Islam (= Die Religionen der Menschheit, Bde. 25,1-3), Stuttgart 1980–90.
Duncker, Anne: Menschenrechte im Islam. Eine Analyse islamischer Erklärungen über die Menschenrechte, Berlin 2006
Ende, Werner/Steinbach, Udo (Hg.): Der Islam in der Gegenwart, Bonn (Bundeszentrale für Politische Bildung) 2005[5]
Gottes ist der Orient – Gottes ist der Okzident. Festschrift für Abdoldjavad Falaturi, hg. von Udo Tworuschka, Köln-Wien 1991
Haarmann, Ulrich (Hg.): Geschichte der arabischen Welt, München 2001[4]
Halm, Heinz: Der Islam. Geschichte und Gegenwart, München 2004
Ders.: Die Schiiten, München 2005
Ibric, Almir: Islamisches Bilderverbot. Vom Mittel- bis ins Digitalzeitalter, Münster 2006
Kermani, Navid: Gott ist schön. Das ästhetische Erleben des Korans, Sonderausgabe München 2000

Klöcker, Michael/Tworuschka, Udo (Hg.): Ethik der Weltreligionen. Ein Handbuch, Darmstadt 2005
Krämer, Gudrun: Gottes Staat als Republik. Reflexionen zeitgenössischer Muslime zu Islam, Menschenrechten und Demokratie, Baden-Baden 1999
Dies.: Geschichte des Islam, Bonn (Bundeszentrale für Politische Bildung) 2005
Noth, Albrecht/Paul, Jürgen (Hg.): Der islamische Orient. Grundzüge seiner Geschichte, Würzburg 1998
Rohe, Mathias: Der Islam – Alltagskonflikte und Lösungen. Rechtliche Perspektiven, Freiburg i. Br. 2001[2]
Schimmel, Annemarie: Die Zeichen Gottes. Die religiöse Welt des Islams, München 2002[3]
Schleßmann, Ludwig: Sufismus in Deutschland. Deutsche auf dem Weg des mystischen Islam, Köln-Weimar-Wien 2003
Schulze, Reinhard: Geschichte der islamischen Welt im 20. Jahrhundert, (Sonderausgabe, aktualisiert u. erweitert) München 2002[2]
Thyen, Johann-Dietrich: Bibel und Koran, Köln-Wien 2003[3]
Tworuschka, Monika/Tworuschka, Udo: Der Koran und seine umstrittenen Aussagen, Düsseldorf 2002
Wunn, Ina: Muslimische Patienten. Chancen und Grenzen religionsspezifischer Pflege, Stuttgart 2006

Islam in Deutschland
Handbuch der Religionen. Kirchen und andere Glaubensgemeinschaften in Deutschland, hg. von Michael Klöcker und Udo Tworuschka, Landsberg/München 1997ff. (Loseblattwerk mit jährlich drei Ergänzungslieferungen, zurzeit EL 15 [2007]).
Wunn, Ina: Muslimische Gruppierungen in Deutschland. Ein Handbuch, Stuttgart 2007

Abbildungsnachweis

aisa, Barcelona: 6, 51; **akg-images, Berlin:** 4/Forman, 5 o., 7, 8/9, 10, 11, 15/Lessing, 20/Sorges, 21/Nou, 22/Lessing, 26 l., 48 u./Forman, 52 o., 56/Degeorge, 63, 74, 82 u./Almasy, 101 u./Electa, 109/Degeorge, 123, 148 u., 154, 157/Degeorge, 158/Nou, 166/Visioars, 167, 168, 169 o., 182, 195 u.; **Associated Press GmbH, Frankfurt:** 34/Nabil, 55/Kamran Jebreili, 60, 66/Plunkett, 86/Dejong, 87/Marti, 96/Malla, 97 u./Lisnawati, 106/Ramson, 113 o./McConnico, 116 u./Nasser, 124 o./Khalid Mohammed, 128 u./Borgia, 128 o./Ariana Television, 133/Mori, 135 o./Joao Silva, 138/Khalil Hamra, 141/Hana, 143, 145/Andy Wong, 148 o./Mizban, 175 u./Zatari, 200 u./Adams, 201 o./Conroy; **Bildarchiv Preußischer Kulturbesitz, Berlin:** 81, 159 l.; **Bridgeman Art Library Ltd., London:** 12/13, 23, 67, 98 o.; **Caro Fotoagentur GbR, Berlin:** 70/Trappe, 71 o./ Sorge, 72/73/Trappe; **Christoph & Friends, Essen:** 43/Bolesch, 144/Arslan, 198/Vollmer, 199 l./Innes; **Cinetext Bild- und Textarchiv GmbH, Frankfurt:** 113 u./Movienet; **Corbis GmbH, Düsseldorf:** 150/151/Wood; Corbis GmbH, Düsseldorf: 62/Kowall, 80/Reuters, 82 o./Setboun, 84/Bensemra/Reuters, 92/93/Kashi, 95 o./Van Hasselt, 127/Hartwell, 135 u./Shandiz/Sygma, 156/Bartruff, 188 o./Turnley, 190/Talaie, 192 u./Christensen/Reuters, 192 o./Bettmann, 202/Jarekji/Reuters; **Corbis-Bettmann, New York:** 118/UPI, 170, 171/UPI, 172/UPI, 173/Reuters, 181/UPI, 187; **ddp Nachrichtenagentur GmbH, Berlin:** 194/Fontane; **Document Vortragsring e.V., München:** 107/Matthäi-Latocha, 152/Haberland, 160/161/Haberland; **dpa Picture-Alliance GmbH, Frankfurt:** 5 u./Lissac/Godong, 16/17/Haider, 26 r./Lissac, 27/Shabbir Hussain Imam, 28/Lissac, 30/KNA/Radtke, 32/Deloche/Godong, 33/Deloche/Godong, 36/Naamani, 37/Naamani, 38/Nelson, 39/Pierre, 40/epa, 46, 50/Schröder, 54/Mounezr, 59/Hamzeh, 65/Khaled El-Fiqi, 68/Seklawi, 69/Rahmat Gul, 78/Weda, 79 u./Berg, 79 o./Grimm, 83/Godong, 85/Karim Sahib, 88/Taherkenareh, 89 u./Aresu, 90/Can Merey, 91 o./Peled, 91 u./Stevens, 94 o./Suyk, 97 o./Schiller, 102/Taherkenareh, 112/Barrak, 114/Koch, 117/Okten, 119/Lehtikuva Oy, 120/Fotoking, 122/Lissac, 124 u./Hassan Ali, 125/Zaklin, 126, 130/Qutena, 131/Mangen, 132/Kenare, 134/Mehri, 137/Naamani, 139/AFP, 140/Tomas, 142 l., 146/Mike Nelson GmbH, 147/Mohamed Messara, 180 u./Taherkenareh, 183/Huber/Simeone, 184/Huber/Simeone, 185 u./Hackenberg, 188 u., 189 u./AFP, 189 o./Wennström, 191 u./Kubisch, 195 o./Nietfeld, 199 r./Neetz, 200 o./Langrock, 203 u./Drake, 203 o.; **Edinburgh University Library, Edingburgh:** 24; **Footage – Thomas Höfler, Hüsingen:** 169 u.; **Dr. Georg Gerster, Zumikon:** 48 o.; **IFA-Bilderteam GmbH, Ottobrunn:** 49/Cassio, 52 u./Koubou, 53/Stadelmann, 89 o./Tschanz, 104/Diaf, 111 o./Diaf, 196/Jon Arnold Images; **Interfoto, München:** 99/Karger-Dekker, 178 r.; **laif, Köln:** 31/Ortola, 41/Krause, 47/Baltzer/Zenit, 71 u./Holland.Hoogte/Fossen, 76/Kimmig, 77/Kimmig, 94 u./Kirchgessner, 95 u./Kimmig, 100/Kimmig, 101 o./Kimmig, 103/Kimmig, 108/Emmler, 174/Hilger, 175 o./Spectrum Pictures, 176/Hemispheres, 177/Schliack, 178 l./Keystone France, 179/Riehle, 180 o./Kirchgessner, 185 o./Hemisperes, 186/Butzmann, 191 o./Lefranc/Gamma, 193/Greilick/The Detroit New, 201 u./Neema; **Mauritius, Mittenwald:** 35/Photri, 44/45/Flüeler, 110/Weyer, 111 u./Morandi, 153/Raga, 149/SST; **Medizinhistorisches Institut der Universität, Bonn:** 98 u./Prof. Dr. Friedrun R. Hau; **mev, Augsburg:** 105; shutterstock.com: 159 r./Adriaan Thomas Snaaijer; **Sipa Press, Paris:** 142 r./Jacobson; **TopFoto, Kent:** 14/Roger-Viollet, 42/Walker, 64/AA-AC, 75/Forman, 115/Kilby/ArenaPAL, 116 o./Gillett/ArenaPAL; **University Library, Glasgow:** 155; **Wissen Media Verlag GmbH, Gütersloh:** 58.